北朝鮮経済体制の変化

1945〜2012
社会主義圏の盛衰と改革・開放

朴鍾碩・著

北海道大学出版会

北海道大学は，学術的価値が高く，かつ，独創的な著作物の刊行を促進し，学術研究成果の社会への還元及び学術の国際交流の推進に資するため，ここに「北海道大学刊行助成」による著作物を刊行することとした。
2009年9月

まえがき

　突然ですが，次のような質問をします。考えてみてください。

　質問：次の二つのグループにある国々の，日本との貿易量を合計すると，どちらのグループがより多いでしょうか？

　　　　　グループA：イギリス，フランス，スペイン，イタリア
　　　　　グループB：韓国，台湾，香港，タイ

　恐らく，"グループAの国々の日本との貿易量の総計が，グループBのそれをはるかに上回るのは間違いないでしょう。"と答える方が多いであろう。ところが，正解はそうではない。グループBの方がはるかに多い。近年における日本の貿易相手を，貿易量の多い国から並べると，次のようになる（カッコの中の数字は，その順番を表す）。

　　　　中国(1)，アメリカ(2)，韓国(3)，台湾(4)，香港(5)，ドイツ(6)，
　　　　タイ(7)，オーストラリア(8)，マレーシア(9)，インドネシア(10)

　この順番には，ヨーロッパの経済大国としてその経済規模を誇るイギリス，フランス，スペイン，イタリアは登場しないし，逆に近隣の国々が多く含まれていることが分かる。この現象が示唆するのは，近隣国家は，ある国にとって，その世界経済における客観的な大きさが示すよりはるかに重要な相手になる，ということである。この点から，北朝鮮は，今は経済規模が大きくなく日本との貿易量も多くはないが，状況の変化（両国の関係改善，北朝

鮮経済の発展など)によっては，将来，日本にとって重要な相手になりうると言える。このような点で，北朝鮮は，政治・軍事的な側面だけではなくて，経済的な側面においても注目する必要があることを強調したい。

　本書は，筆者の博士論文(『北朝鮮経済体制の変化に関する研究』，2010年6月，北海道大学大学院法学研究科)を基にして，若干修正・加筆したものである。筆者がこのような研究を行ってきたのは，次のような考えからである。第一に，北朝鮮の変化を理解しそれに適切に対応するのは，東アジアの平和と発展，朝鮮半島の統一のためには欠かせないことである。第二に，北朝鮮経済体制の変化は，北朝鮮の変化の中で重要な一側面である。第三に，今までの北朝鮮経済体制の変化を理解することは，今後の北朝鮮経済体制の変化や北朝鮮の行方を展望し，それに適切に対応するためには欠かせないことである。このような課題に応えるのは，勉強不足な筆者にとって手に余る作業であったが，私の問題意識を解決してくれる研究が十分には行われていないと感じたので，力量不足を痛感しながらも取り組んできた。達成度が低いのではないかという心配もあるが，一応の「中間報告」にはなりうると思い，またこのような方面の研究の活性化につながることを期待して，一度読んでいただくことを望む次第である。

　筆者がこのような問題意識を持って，修士課程と博士課程で勉強し，修士論文と博士論文を完成させるまで，多くの方から恩恵を受けている。ソウル大学の修士課程で指導教員としてご指導いただいた張達中先生，北海道大学に留学したとき，留学生委員として面倒を見ていただいた鈴木賢先生，私が研究生であった期間，博士課程に進学するまで指導教員としてご指導いただいた川島真先生(現在東京大学)，博士課程に進学してから論文を完成させるまで貴重なお時間を割愛して丁寧にご指導いただいた中村研一先生，中村研一先生と共に博士論文を審査していただいた鈴木一人先生と中島岳志先生，中村先生の退職以後指導教員としてご指導いただいている遠藤乾先生，大学院の授業や研究会などでいろいろとご指導いただいた松浦正孝先生(現在立教大学)，権左武志先生，辻康夫先生，眞壁仁先生，吉田徹先生，空井護先

生，山崎幹根先生，博士課程の先輩であり朝鮮半島研究者として生活から学問に至るまでいろいろと助けていただいた清水敏行先生（札幌学院大学）と池炫周直美先生，2011年の〈現代韓国朝鮮研究会〉にて北朝鮮の経済特区について報告した際，貴重な助言をいただいた室岡鉄也先生（防衛大学），本書の要旨を中国語に翻訳してくださった友人の田凱先生（中国遼寧大学）らには，ここに記して心から感謝の意を表す次第である。また，ここにお名前は出さないが，ゼミや勉強会そして懇親会などで大胆な仮説を提出して議論したり，持論の展開で改善すべき点を指摘しあったり，学位論文がなかなか書けない焦りを分かちあったり，不安な未来について一緒に心配したりする過程を通じて，お互いにその時期を耐えられる支えになった多くの先輩，同輩，後輩にも感謝する。

　また，博士論文を完成させるまで，上のような精神的な恩恵だけでなく，いろいろと物質的な支援もいただいた。北海道大学とソウル大学との協定に基づく，北海道大学と北海道庁による奨学金（2005～2009年），野村真紀記念基金による研究支援（2007年），G-COEプログラム「多元分散型統御を目指す法政策学」（代表者＝田村善之先生）による研究支援（2008年），G-COEプログラム「境界研究の拠点形成」（代表者＝岩下明裕先生）による研究支援（2009年）がなかったら，論文を完成させることができなかったと思っている。関係者らに深く感謝する。

　以上のような精神的な恩恵・物質的な支援があって完成できた私の博士論文が，単行本として出版されるようになったのは，幸運にも，北海道大学の出版助成をいただくようになったからである。この出版助成については，今までの研究成果に対する評価というよりは，今後の研究への奨励として受け止めて，さらに進んだ成果を出せるよう努力する心構えである。そして，北海道大学出版会の皆様，特に，外国人である私の間違いだらけの原稿を読んで多くのおかしいところを指摘してくださった滝口倫子さんのご苦労があってこそ，実際に本にすることができた。

　最後に，韓国現代史の激流に一方では巻き込まれ，また一方では飛び込んだせいで，やむをえず遅れて勉強する息子を応援してくれた両親，あまり経

済活動をしない夫を支えてくれた妻(李英淑)，自分が成人になるまで勉強する父親に不満があったであろうが我慢してくれた息子(朴致済)にも申し訳ない気持ちと感謝の気持ちを伝えたい。

　今まで勉強・研究する過程で苦労するのは私だと思っていたが，今振り返って見ると，本当に多くの方のおかげで論文を完成させることができ，さらに単行本として出版されるにまで至ったと切実に感じている。改めてみなさんに感謝する。

　　　2013年7月　札幌にて

　　　　　　　　　　　　　　　　　　　　　　　　　　　　　　朴鍾碩

目　次

まえがき　i
目　次　v
本書の独創的な見解　ix
凡　例　xi

第1章　序　論 …………………………………………………… 1

1-1. 研 究 課 題　1
1-2. 方法論と本書の構成　1
1-3. 社会主義圏の変遷　3
1-4. 北朝鮮経済体制分析論　7

第2章　社会主義体制論 ………………………………………… 15

2-1. Kornai(1992 と 2000)　15
  2-1-1. Kornai(1992)の内容　16
  2-1-2. Kornai(2000)の内容　19
  2-1-3. 批　評　21
2-2. Chavance(1992)　27
  2-2-1. 内　容　27
  2-2-2. 批　評　30
2-3. 私　見　34
  2-3-1. 構 造 論　35
  2-3-2. 変 化 論　40

第 3 章　変化の概観　57

3-1. 経済路線の変化　57
- 3-1-1. 私的経済活動に関する経済路線　59
- 3-1-2. 自立性と開放度に関する経済路線　61
- 3-1-3. 経済部門の内的連関に関する経済路線　64

3-2. 生産組織の変化　70
3-3. 流通構造の変化　77
3-4. 物量的変化　88

第 4 章　農業の変化　113

4-1. 予備的考察　113
- 4-1-1. 農業生産量の決定要因　113
- 4-1-2. 家族農の形態　114
- 4-1-3. 社会主義体制下の農業　116

4-2. 概　　観　120
- 4-2-1. 基礎的状況　120
- 4-2-2. 農政の変化と成果　125

4-3. 生産組織の変化　128
- 4-3-1. 農業集団化の過程　129
- 4-3-2. 集団農場の変化　134

4-4. 営農指導の変化　141
4-5. 農業生産量の変化　148
補　論　北朝鮮の穀物生産量に対する推算　153

第 5 章　経済特区の実験　173

5-1. 作動の構想　177
- 5-1-1. 羅津先鋒特区　177
- 5-1-2. 新義州特区　181

5-1-3. 金剛山特区　184
　　5-1-4. 開城特区　186
　5-2. 成　　果　188
　　5-2-1. 羅津先鋒特区　188
　　5-2-2. 新義州特区　190
　　5-2-3. 金剛山特区　190
　　5-2-4. 開城特区　193
　5-3. 評　　価　195
　　5-3-1. 意　　味　196
　　5-3-2. 戦略的変化　196
　　5-3-3. 不振の原因　198
　　5-3-4. 立 地 条 件　200
　　5-3-5. 課　　題　205

第6章　結　　論 ……………………………………………… 219

あ と が き　231
付　　録　235
　役に立つインターネットサイト　235 ／　参考文献案内　237 ／
　和文要旨　242 ／　한국어 요지　245 ／　中文摘要　248 ／
　English Abstract　250

本書の独創的な見解

　未熟な研究であることは感じつつも，この本の議論の中で独創的だと思われる点について，ここで簡単に整理しておくことにする。そうした方が，この本で何が独創的な点なのだろうか，と思いながら本を読む方には，判断材料の提供になるかと思うからである。

・北朝鮮の経済体制の変化を歴史的・理論的に概観することを課題として提起し，その変化を判断できる三つの基準［開放度，私的経済活動の程度，経済成長の程度］を提示した点(1-2. 方法論と本書の構成. 1-4. 北朝鮮経済体制分析論)。
・世界史的な社会主義圏の変遷を五つの局面として捉えた点。特に，1990年前後の社会主義圏の崩壊以後の局面を「残存社会主義体制の局面」として捉えた点(1-3. 社会主義圏の変遷)。
・社会，経済体制，社会主義体制の構造を三つの領域として捉えた点。それによって，社会主義体制の構造を［国家—理念・政策—現実経済］として把握した。(2-3. 私見)。
・社会主義体制の下位類型として五つを提示した点。特に，社会主義政治家が目指した「純粋形」を構成した点，「改革的体制」とは別に「転換的体制」を設けた点(2-3. 私見)。
・2009年の「貨幣交換」について，その経済的・政治的意味を体系的に分析した点(3-3. 流通構造の変化)。
・社会主義化過程の土地改革の結果出現した土地制度は私的所有制の一種である「農民所有制」ではなくて，事実上の「国家所有制」であると捉えた点，そして，その段階の農民は自営業者の一種である「自作農」ではなくて，労働者的存在である「割当耕作農」であると捉えた点(4-1-2. 家族農の形態. 4-1-3. 社会主義体制下の農業. 4-3-1. 農業集団化の過程)。
・「共同所有」は「国家所有」と対等に並べられる独自の所有制ではなくて，「国家所有」の一種にすぎないと指摘した点(4-1-3. 社会主義体制下の農業. 4-3-1. 農業集団化の過程)。
・北朝鮮の穀物生産量について「どの統計を信じるか？」として接近する方法の問題点を是正する一つの試みとして，社会的状況を考慮し，「不足率」の推算に基づいて実際の生産量を推算してみた点(第4章 農業の末尾，「補論：北朝鮮の穀物生産量に対する推算」)。
・北朝鮮の経済体制の変化を社会主義圏変遷との関係で捉えた点(第1章 序論や第6

章 結論)。
・北朝鮮経済特区の開発過程に現れる戦略的変化を整理した点(5-3-2. 戦略的変化)。
・北朝鮮経済特区の戦略と立地条件に関連して,北朝鮮東部に日本資本を誘致するためには「元山」を経済特区として指定すべきで,「自治特区」としては「新義州」ではなくて「南浦」を指定すべきと指摘した点(5-3-5. 課題)
・北朝鮮は,2002年以後にも,改革はためらい,開放にはかなり積極的であると指摘した点(第6章 結論)

凡　例

・本書では，「図」と「表」は区別せず，「図表」と表記する。区別することにより紛らわしくなるのを防ぐためである。
・論文のタイトルは「北朝鮮経済特区の実験」のように一重カギで表示する。
・単行本，論文集，学位論文などは，『北朝鮮経済体制の変化に関する研究』のように二重カギで表示する。
・他の研究から引用する場合，"北朝鮮では，1990年代後半から，さまざまな部門で経済改革が行われた。"のようにダブルクオーテーションで表示する。
・数値は，区切りが必要な場合には，4桁ごとに切る。そうすることで，「万，億，兆」の区切りを表現できるようになるからである。
・外国語から訳した引用文には，なるべく原文を併記する。原文を味わいたい読者がいるであろうし，訳文が正しいかどうかを，直接参照できるようにしたいからである。
・引用文のページは，原文の言語の種類に関係なく「頁」と一律に表示する。原文の言語の種類によってページの表示方法が異なることを避けるためである。
・引用が再引用である場合，矢印を利用して表現する。たとえば，「出典：A ← B ← C」なら，私が引用するのはAからであり，Cが最初で，それがBを経てAに引用されていることを意味する。

第1章 序　論

1-1. 研究課題

　本書は,「北朝鮮経済体制の歴史的変化を, 成立から現在までの過程 (1945～2012)において, 社会主義圏[1]の変遷という世界史的な文脈を考慮しながら, 体系的に把握する」ことを課題として設定する。このような課題設定は, 次のような考え方に基づいている。
　第一に, 北朝鮮経済体制変化の全体像をつかみたい, という動機がある。よって, 北朝鮮経済体制の成立と変化の全過程(1945～2012)を研究対象とする。
　第二に, 北朝鮮経済体制の変化は, 一国的な観点のみからは十分解明できないと考えられる。よって, 社会主義圏の変遷という世界史的な文脈を考慮する必要がある。
　第三に, 事実の羅列からは全体像をつかむのは難しい。よって, 理論的枠組みを構築して体系的な把握を図る。

1-2. 方法論と本書の構成

　上のような課題を遂行するため, 次のように議論を進めることにする。
　第一に, 世界史的次元での社会主義圏の変遷をいくつかの局面(phase)として整理する(1-3. 社会主義圏の変遷)。具体的には, 後述するが, 五つの

局面を設定する。第二に，北朝鮮経済体制の変化を分析する方法論を設定する（1-4. 北朝鮮経済体制分析論）。もちろん，北朝鮮経済体制のためだけの方法論はありえず，他の経済体制にも適用できるはずなので，経済体制一般に対する方法論になろうが，本書の方法論の核心は，次のような二つにある。

一つは，経済体制の変化を理解するため，いくつかの「基準」を設定することである。どの経済体制であれ，いろいろな部分でさまざまな変化が起こるが，それをすべて分析することはできない。そのため，ある経済体制の変化を把握できる基準を設定する必要がある。本書では，そのような基準として，後述するが，私的経済活動の程度，体制の開放度，経済成長の程度という三つを設定することにする。

もう一つは，経済体制を「上下関係」そして「並列関係」に分割することである。経済体制を「上下関係」に分割するということは，それをいくつかの「領域」(sphere)として把握することを意味する。後述するが，次のような三つの領域を設定する。1) 国家，2) 理念と政策，3) 現実経済。また，経済体制を「並列関係」に分割するということは，それをいくつかの「分野」(field)として把握することを意味する。たとえば産業別に，農業，工業，サービス業などに分ける方法である。

第三に，北朝鮮経済体制を分析する第一の基準である「私的経済活動の程度」と関連して，社会主義体制論を若干詳しく論じる（第2章 社会主義体制論）。具体的には，主な先行研究としてKornai(1992, 2000)[2]とChavance(1992)[3]を検討し，それらを踏まえて本書の立場を定立する。このような作業は，北朝鮮経済体制を分析する際，社会主義体制論をもって分析できる側面とできない側面を区別するのに必要となろう。

第四に，上述した北朝鮮経済体制分析論を利用して，実際に北朝鮮経済体制の変化を分析する。つまり，北朝鮮経済体制を「上下関係」また「並列関係」に分割して，私的経済活動の程度，体制の開放度，経済成長の程度という三つの基準に基づいて分析を行う。この議論は，大きく二つに分けて行う。一つは，北朝鮮経済体制を「上下関係」に分割して，三つの領域で現れる変化を全般的に分析することである（第3章 変化の概観）。具体的には，理念

と政策の領域では経済路線を，現実経済の領域では生産組織，流通構造，物量的変化を分析する。もう一つは，北朝鮮の経済体制を「並列関係」に分割して，いろいろな分野で起こる変化を分析することである。なお本書では，すべての分野を取り上げるのではなく，その中で相対的に変化が目立つ「農業」と「経済特区」のみを対象とする(第4章 農業の変化，第5章 経済特区の実験)。

第五に，第5章までの議論に基づいて，北朝鮮経済体制の変化を社会主義圏の変遷という世界史的文脈に位置づけ，その特徴を整理し，今後の変化の可能性を展望する(第6章 結論)。

1-3. 社会主義圏の変遷

ここでは，「世界史的次元での社会主義圏の変遷」を整理してみる。これについてはいろいろな見解がありうるが，本書では，次のように「五つの局面」として把握する。

第一は，現実には社会主義体制が成立しておらず，それを成立させようとした「社会主義運動の局面」である。この局面は，実存社会主義との関連から見ると，19世紀初頭に始まり，1917年のロシア革命によって現実に社会主義体制が樹立されることで終わる。この局面を特徴づけるのは，次の二つである。

一つは，権力掌握を目指す社会主義思想の形成である。初期の社会主義思想は，おおむね，権力掌握を通じてではなくて，意識改革を通じて自分の理想を実現させようとした。しかし，マルクスとエンゲルスは，社会主義勢力が権力を握ってこそ社会主義社会を実現できると主張した。彼らの考え方は「共産党宣言」(1848年)[4]でよく表現されている[5]。

もう一つは，権力掌握を目指す社会主義運動の胎動である。これは，以前の社会主義思想とは異なって，現実で権力を握ることが必要であるという思想に従う勢力が形成されたことを意味する。

図表 1-1　社会主義体制の成立方式による分類

類型	国家(成立年度)
内因型	ソ連(1917)，アルバニア(1944)，ユーゴスラビア(1945)，中国(1949)，北ベトナム(1954)，キューバ(1959)，コンゴ(1963)，ソマリア(1969)，南イェメン(1969)，ベニン(1972)，エチオピア(1974)，モザンビーク(1975)，ニカラグア(1979)，ジンバブエ(1980)。
外因型	モンゴル人民共和国(1921)[6]，チェコスロバキア(1948)，ハンガリー(1948)，ポーランド(1948)，ルーマニア(1948)，北朝鮮(1948)，東ドイツ(1949)，アンゴラ(1975)，カンボジア(1975)，ラオス(1975)，アフガニスタン(1978)。

出典：Kornai(1992：6〜7，24〜25頁)に基づいて作成。

このようにして，権力掌握を目指す社会主義勢力が現実政治的勢力として登場したのである。

第二は，現実で最初に社会主義体制が成立した「社会主義体制登場の局面」である。この局面は，ロシアでソビエト革命が成功した時点(1917年)から，初期の混乱を乗り越えて社会主義体制が定着した1930年代にまで亘る[7]。この局面は，主にレーニンとスターリンの活動をもって理解できる。

第三は，「社会主義圏の形成と拡大の局面」である。この局面は，ソ連が「最初の社会主義体制」でありながら，他の社会主義体制を誕生させ，率いる「先導国」(the leading state)の役割を果たすことによって可能になった。つまり，ソ連の登場以来，相次いで「追従国」(following state)が登場したのである。この局面は，おおよそ，1940年頃から1985年頃までに亘る。

この過程で，追従国の登場は，二つの方式で行われた。一つは，主にソ連の勢力圏の拡大によって社会主義体制が成立する類型である。「外因型」と呼ぶことにする。もう一つの方式は，主に自力で社会主義体制が成立する類型である。「内因型」と呼ぶことにする。この類型化を利用して，現実に現れた社会主義諸国を分類すれば，図表1-1のようになる。

このような過程を経て，社会主義圏が形成され，1980年代中盤には最大版図を確保するようになった。その時点で，世界の人口と面積の1/3を占めるようになったのである。その状況を整理すれば，図表1-2のようになる。

第四は，「社会主義圏崩壊の局面」である。この局面は，1985年頃から1991年までに亘る。この局面は，さらに二つの小局面に分けて理解するこ

図表 1-2　社会主義圏の最大版図（1987 年）

番号	国名	成立年度	人口（名）（1986 年）	面積（万km²）（1986 年）	所得（USA＝100）（1985 年）	農業人口（％）（1985 年）
1	ソ連	1917	2億8110万	2240.2	50.0	19
2	モンゴル	1921	200万	156.5	－	53
3	アルバニア	1944	300万	2.9	－	50
4	ユーゴスラビア	1945	2330万	25.6	40.4	30
5	ブルガリア	1947	900万	11.1	40.8	23
6	チェコスロバキア	1948	1550万	12.8	59.2	12
7	ハンガリー	1948	1060万	9.3	46.0	20
8	ポーランド	1948	3750万	31.3	39.2	30
9	ルーマニア	1948	2290万	23.8	34.1	28
10	北朝鮮	1948	2090万	12.1	－	48
11	中国	1949	10億5400万	956.1	19.5	74
12	東ドイツ	1949	1660万	10.8	－	10
13	ベトナム	1954	6330万	33.0	－	70
14	キューバ	1959	1020万	11.5	－	25
15	コンゴ	1963	200万	34.2	8.7	90
16	ソマリア	1969	550万	63.8	3.1	82
17	南イェメン	1969	220万	33.3	－	44
18	ベニン	1972	420万	11.3	4.1	60
19	エチオピア	1974	4350万	122.2	2.4	86
20	アンゴラ	1975	900万	124.7	4.5	60
21	カンボジア	1975	770万	18.1	－	90
22	ラオス	1975	370万	23.7	－	76
23	モザンビーク	1975	1420万	80.2	4.1	85
24	アフガニスタン	1978	1860万	64.8	－	83
25	ニカラグア	1979	340万	13.0	15.6	65
26	ジンバブエ	1980	870万	39.1	7.6	35
合計			16億9260万	4165.4		
対世界比率			34.4％	30.7％		

出典：Kornai（1992：6〜7 頁）。

とができる。

　一つは，「追従国放棄の局面」である。それは，社会主義圏の先導国であるソ連が追従国の進路に干渉することをあきらめた状況を指す[8]。この局面は，西ドイツによる東ドイツの吸収によって象徴される。この局面が現れたのは，主にソ連で社会主義に対する執着が弱くなったことによる。もう一つは，「先導国消滅の局面」である。それは，1991 年，先導国であるソ連で社

会主義体制が消滅したことを指す。このような過程を経て，社会主義圏は崩壊したのである[9]。

　第五は，「残存社会主義体制の局面」である。この局面は，1991年以降，現在に亘る。それは，社会主義圏が崩壊した後も，中国，ベトナム，北朝鮮，キューバで，社会主義体制が続いているという局面である。しかし，残っている四つの国家の間には，「改革」と「開放」に対する態度に相当大きな差が生じている。これには二つの異なる傾向が観察される。一つは，中国とベトナムで現れる傾向である。中国は1978年に，ベトナムは1985年に経済路線における重要な方向転換を決定した。私的経済活動を清算しようとする立場から，それを大幅に活性化させようとする立場へ変わり，同時に資本主義圏に対して閉鎖的ではなく開放的に変わったのである。つまり，この二つの国家は，改革と開放に乗り出したのである。もう一つは，北朝鮮とキューバで現れる傾向である。この二つの国家は，改革と開放について迷っている。これまでの経済運営で，満足な成果を挙げることができなかったのが明らかにもかかわらず，かなり長い間，改革と開放をためらっている。時間が経つにつれ，開放については相対的に積極的な立場を取るようになったが，改革については，いまだに迷っている。

　このような差は，二つの要因から来るものと見られる。そのうち一つが主な要因で，もう一つは副次的な要因である。

　主な要因は，経済運営に対する「原理主義的」態度と「実用主義的」態度の差である。まず，開放に対する原理主義的態度は，経済の自立性が重要なので，仮に閉鎖的態度によって経済の状況が悪くなっても開放に乗り出すべきではないとするものであり，実用主義的態度は，経済の自立性も重要であるが，閉鎖的態度によって経済の状況が悪くなったとすれば，自立的な経済という特定の経済の構造よりも大衆の生活の改善の方が重要なので，特定の経済構造にこだわる必要はないとみなす考え方である。そして，実用主義的立場を取ると，閉鎖的立場から開放的立場に変わる。また，私的経済活動に対する原理主義的態度は，私人ではなくて国家が経済活動を組織するのが，政治的抑圧と経済的搾取をなくすことを意味するので重要であり，仮に経済

の物量的成果が悪い場合も堅持すべきであるとみなす。実用主義的態度は，期待したとおり，私的経済活動を清算することによって，抑圧と搾取がなくなり，経済が成長して大衆の生活が豊かになるとしたら歓迎すべきであるが，私的経済活動を清算しようとする路線によって経済の物量的成果が悪くなって大衆が貧困に苦しむとしたら，私的経済活動が消滅したかどうかという特定の経済構造にこだわる必要はなくて，私的経済活動が大衆を豊かにさせる道であるとすれば，認めるべきであるとみなす。

　副次的な要因は，改革と開放を否定する，正統的で閉鎖的な路線を堅持する場合の結果に対する予測が異なることである。中国とベトナムは，正統的で閉鎖的な路線を堅持する場合には経済的結果が悪くなると予想していると言える。そして，その路線にこだわる必要がないと判断しているのであろう。しかし，北朝鮮とキューバは，正統的で閉鎖的な路線を堅持する場合にも経済的結果が悪くなるとは限らないとみなしていたらしい。そして，できるだけ改革と開放を遅らせようとしたと考えられる。しかし，このような立場を取った結果，経済的状況がほとんど改善されないので，まず，経済の構造的側面に影響が少ないと考えられる開放には相対的に積極的になっている。改革は，未だに，できるだけ遅らせようとする態度を固守している。

　このような二つの要因によって残された社会主義諸国の間にかなり差が生じている。

1-4. 北朝鮮経済体制分析論

　北朝鮮経済体制の変化を分析するためには，適切な分析の方法論が必要となる。ところが，特定の経済体制のための分析方法論はありえないため，実際は，より一般的な経済体制分析論を用意する必要がある。経済体制分析論についてはいろいろな見解がありうるが，本書では，次のように設定する[10]。

　ある経済体制について分析する際，まず，分析の「対象」を確定する必要がある。一応，対象になりうるのは，経済体制の「三つの次元」である。そ

れらは，第一にその「経済体制全体」であり，第二にその経済体制のある「部分」であり，第三にその経済体制のある「現象」である。そして，この三つの次元において，どう分析するかを考えてみる必要がある。

まず，ある経済体制全体を対象とする場合について考えてみる。これは，当該の経済体制が全体としてどのような状態にあるか，あるいは，どのように変化するか，というような問題を設定した場合である。この場合，全体的な状態や変化を一気に評価するのは不可能であるため，その状態や変化を表す何らかの「基準」を設定し，それを評価するのが適切である。本書では，次のような基準を設定する。

第一の基準は，経済体制における「私的経済活動の程度」である。この基準の設定は，近代的な両大経済体制である資本主義体制と社会主義体制の差を把握する上での本書の考え方に基づいている。二つの経済体制の差についてはいろいろな見解がありうるが，本書では，その核心的な差は，「経済活動を誰が組織するか」ということにあると把握している。つまり，資本主義体制では主に私人が経済活動を組織するが，社会主義では主に国家が組織する，ということである。また，社会主義体制である場合，その体制の範囲の中でも，国家が経済活動を組織する「程度」には差がある。このような観点から，経済体制の変化を把握する第一の基準として「私的経済活動の程度」を設定する。

この基準をもって，国家の理念と政策，現実経済といった領域を観察できる。理念の次元では，私的経済活動が望ましいか否か，私的経済活動を清算すべきか，あるいは部分的に活性化させる必要があるか，それとも大幅に認めるべきか，といった観点と態度として現れる。政策の次元では，ある私的経済活動（たとえば，米の私的販売）を認めるか，禁止するか，といった形で現れる。現実経済の次元では，実際にどれほど私的経済活動が行われるか，という形で現れる。

この基準で評価する方法は，次のように設定できる。まず，大きくは，「資本主義的か」それとも「社会主義的か」というふうに分類できる。「資本主義的」とは，経済活動を「私人が組織する」ことを意味する。そして，典

型的な資本主義体制であれば，理念の次元では，私人が経済活動を組織する社会を望ましいとみなし，政策の次元では，私人が経済活動を組織できるように幅広く認め，現実経済では，実際に主に私人が経済活動を組織する。「社会主義的」とは，経済活動を「国家が組織する」ことを意味する（逆に言えば，私人は経済活動をほとんど組織できないということを意味する）。そして，典型的な社会主義体制であれば，理念の次元では，国家が経済活動を組織する社会を望ましいとみなし，政策の次元では私人が経済活動を組織することを禁じ，現実経済では，実際に主に国家が経済活動を組織する。

　ところが，社会主義体制の範囲の中でも，この側面でかなり差がありうる。そして，より細かく分類する必要がある。そのため，本書では，社会主義体制の「下位類型」を設定することにする。それらは，純粋形，建設期体制，正統的体制，改革的体制，転換的体制である。純粋形は，社会主義思想家，政治家が望ましいとみなす，私的経済活動が清算された社会である。建設期体制は，社会主義理念を持つ政治勢力が権力を握って，現実経済を社会主義化する過程，私的経済活動を清算しようとする過程にある社会である。正統的体制は，建設期を経て，私的経済活動がごく衰退した社会である。改革的体制は，社会主義権力が，私的経済活動を清算しようとした正統的体制が期待した結果をもたらさなかったので，私的経済活動を部分的に活性化させる必要があると判断してその方向へ経済路線を変えた結果，私的経済活動が部分的に活性化する社会である。転換的体制は，改革的体制が持続した結果，私人が組織する私的経済活動が，国家が組織する公的経済活動の持つ主導性を脅かし，体制の転換を迫る社会である。

　第二の基準は，経済体制の「開放度」である。どの経済体制であれ，特定の権力が支配する一つの社会であり，他の社会と区別される一つの「単位」である。そして，当該の社会は，他の社会とさまざまな関係を結ぶ。つまり，「体制の開放」の問題は，その経済体制を理解する際，重要な側面の一つである。このような観点から，経済体制の変化を把握する第二の基準として「開放度」を設定する。

　この基準をもって，国家の理念と政策，現実経済という領域を観察できる。

理念の次元では，体制を開放するのが望ましいか否か，体制をできるだけ開放的に運営すべきかそれとも閉鎖的に運営すべきか，といった観点と態度として現れる。政策の次元では，ある点で外部社会との経済的接触（たとえば，米の輸入）を認めるか，禁止するか，といった形で現れる。現実経済の次元では，実際に外部社会との接触がどれほど行われているか，といった形で現れる。

　この基準で評価する方法は，次のように設定できる。理念の次元では，「開放主義的か」それとも「閉鎖主義的か」というふうに評価できる。政策と現実経済の次元では，どれほど「開放的か」「閉鎖的か」というふうに評価できる。

　第三の基準は，「経済成長の程度」である。ある社会がどのような経済体制を成していても，その社会の人々にとって一つの重要な側面は，彼らが「どれほど豊かに暮らしているか」ということである。このような観点から，経済体制の変化を把握する第三の基準として，「経済成長の程度」を設定する。

　この基準をもって，国家の理念と政策，現実経済という領域を観察できる。理念の次元では，経済成長をどれほど重視するか，といった観点と態度として現れる。政策の次元では，経済成長のためどのような政策を取るか，といった形で現れる。現実経済の次元では，経済成長の「水準と速度」がどうか，といった形で現れる。

　この基準で評価する方法は，次のように設定できる。理念の領域では，「原理主義的か」それとも「実用主義的か」というように評価できる。つまり，大衆の物質生活以外のもの（たとえば，信仰生活とか特定の経済構造とか）を重視し，経済成長を重視しない方が原理主義的であり，経済成長を重視する方が実用主義的である。現実経済の領域では，「水準」と「速度」という側面で評価できる。経済成長の水準の面では，「先進国」，「中進国」，「後進国」のように評価でき，経済成長の速度の面では，速く成長しているとか，停滞しているとか，縮小しているとか，というふうに評価できる。

　続いて，経済体制のある「部分」を分析する場合について考えてみること

にする。どの部分を分析の対象とするかは，研究者の問題関心によるが，それを決める過程で，適切な体制の「分割法」を利用する必要がある。本書では，「二つの分割法」を設定する。

　分割法の一つは，経済体制を「上下関係」に分けることである。この方法を利用すると，大きく，経済体制の三つの「領域」(sphere)を設定できる。つまり，「国家，理念・政策，現実経済」である。また，この三つの領域は，もっと細かく分けることもできる。たとえば，現実経済の領域では，生産手段の所有問題，生産組織の形態問題，流通構造などである。

　分割法のもう一つは，経済体制を「並列関係」に分けることである。この場合，さらに，いろいろな具体的な分割法を採択できる。たとえば，地域的に分割する方法，産業別に分割する方法などである。

　対象となる部分が決まると，その部分の状態や変化を表す基準を設定する必要がある。それは，どの部分であるかによって，適切に設定すべきである。たとえば，農業を対象とする場合なら，農業に対する国家の経済路線，農業に対する予算の割合，農業分野での生産組織の変化，農業生産量の変化といった基準を設定できる。そして，各々の基準について適切な評価方法を設定する必要がある。たとえば，農業生産組織の形態を評価する場合，正統的とか改革的などと評価できる。

　続いて，経済体制のある「現象」を対象とする場合について考えてみることにする。経済体制には，多数の現象が生じる。その中で何を研究対象とするかは，研究者の問題関心による。たとえば，穀物生産量の変化を対象とすることができる。そして，その現象をきちんと表す基準を設定する必要がある。たとえば，穀物生産総量の変化，農家当たり生産量の変化，1人当たり生産量の変化，単位面積当たり生産量の変化などである。続いて，その基準で評価する方法を設定する必要がある。たとえば，穀物生産総量が必要量に比べて，余るとか，十分であるとか，不足するといった評価ができる。

　以上のような分析方法論を利用すれば，北朝鮮経済体制を適切に分析できるであろう[11]。そして，このような方法論を利用して第3章から第5章まで分析を行うことにする。

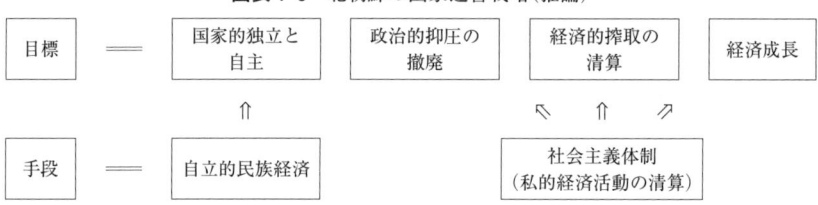

図表1-3 北朝鮮の国家運営戦略(推論)

　ところで，分析を進める前に，北朝鮮の指導部が，元々，どのような「国家運営戦略」を持っていたかを把握しておくと，経済体制の変化を理解するのに役に立つであろう。本書で考えている北朝鮮の国家運営戦略を図として提示すると，図表1-3のようになる。

　図表1-3で表されるように，北朝鮮の指導部は，国家運営の「目標」として四つを設定していたと推論できる。第一の目標は国家の独立と自主を確保することであり[12]，第二の目標は政治的抑圧を撤廃することであり，第三の目標は経済的搾取を清算することであり，第四の目標は経済成長を遂げることである。

　北朝鮮の指導部は，このような目標を達成するための「手段」を二つ設定していたと推論できる。一つは，「自立的民族経済」を樹立することである。そうすることによって，国家的独立と自主が実現できるとみなしたのである。もう一つは，私的経済活動が消滅した「社会主義体制」を樹立することである。そうすることによって，政治的抑圧が撤廃され，経済的搾取が清算され，また，経済が速く成長するとみなしたのである。

　このような把握に基づいて，前の三つの基準と関連させると，次のように言える。

　第一の基準と関連して，元々，北朝鮮の指導部は，「私的経済活動を清算」しようとした。先ほど述べたように，それが，三つの目標を達成するために必要であるとみなしたからである。

　第二の基準と関連して，元々，北朝鮮の指導部は，できるだけ開放度を低くしようとした。先ほど述べたように，それが，国家的独立と自主を確保す

るために必要であるとみなしたからである。

　第三の基準と関連して，元々，経済を物量的側面で速く成長させようとした[13]。それが人民生活を向上させる道であるとみなしたからである。

1) 社会主義圏とは，経済体制という点で社会主義体制をなしている国々を一つのまとまりとしてみなす表現である。社会主義体制とは，経済体制の一種類で，後述するが，経済活動を主に国家が組織・指揮する社会を指す。
2) Janos Kornai, 1992,『The Socialist System—The Political Economy of Communism—』, Princeton University Press, Princeton, New Jersey。
Janos Kornai, 2000,「What the Change of System from Socialism to Capitalism Does and Does Not Mean」,『The Journal of Economic Perspectives』, Vol.14, No.1 (Winter, 2000), 27-42 頁。
3) Bernald Chavance, 1992,『Les réformes économiques à l′Est de 1950 aux années 1990』, NATHAN, Paris。／和訳・1993,『システムの解体—東の経済改革史 1950〜90 年代—』, 斎藤日出治・斎藤悦則訳, 藤原書店, 東京。
4) Marx & Engels, 1848 = 1959,「Manifest der Kommunistischen Partei」,『Karl Marx Friedrich Engels Werke Band 4』, Dietz Verlag, Berlin。／和訳・1960,「共産党宣言」, 村田陽一訳,『マルクス=エンゲルス全集第 4 巻』, 大月書店, 東京／英訳・1976,「Manifesto Of The Communist Party」,『Karl Marx Frederick Engels Collected Works Volume 6』, Progress Publishers, Moscow。
5) 彼らは，以前の社会主義は「空想的」であり，自分たちの社会主義は「科学的」であると規定した。Engels, 1880,「Socialisme utopique et socialisme scientifique」,『Revue Socialiste』, Paris。／和訳・1968,「空想から科学への社会主義の発展」, 寺沢恒信・村田陽一訳,『マルクス=エンゲルス全集第 19 巻』, 大月書店, 東京。
6) なお，モンゴルでの社会主義体制の登場は，社会主義圏が本格的に形成される前の第二局面で行われた。
7) この点から見ると，現実で社会主義体制が登場するであろう，というマルクスとエンゲルスの予想は的中したと言える。もちろん，彼らが元々予想したこととは異なって，社会主義体制は，先進国ではなくて，後進国で樹立された。しかし，この点をもって彼らの予想が外れたと評価することは適切ではない。どのような社会で社会主義体制が先に現れるかという「些細な」点では外れたが，現実に社会主義体制が現れ，しかも，彼らの思想に従う人々によって社会主義体制が樹立されると予想した「大筋」では的中したのである。また，彼らは後進国で社会主義体制が先に現れる可能性を全く否定したのではない。現実での革命運動の進展を目撃しながら，エンゲルスは，ロシアで社会主義体制が先に現れる可能性を慎重に認めた (Engels, 1883/03/22 ／和

訳・1968,「カール・マルクスの葬儀」,土屋保男訳,『マルクス＝エンゲルス全集第19巻』,大月書店,東京)。ただし,エンゲルスは,自分たちの以前の理論と新たな可能性に対する予想を整合的に結びつける論理は,提示しなかった。正しいかどうかは別にして,それに対する説明は後に,レーニンによって提示される(Lenin, V.I., 1916.06∥和訳・1957=1978,「資本主義の最高の段階としての帝国主義」,マルクス＝レーニン主義研究所訳,『レーニン全集第22巻』,大月書店,東京)。

8) これは,1985年登場したゴルバチョフによるソ連外交の方向転換によるものである。

9) なお,社会主義圏が崩壊したということが,社会主義国が全部なくなったことを意味するのではないことに注意すべきである。これは,第五局面で分かる。

10) この点については,第2章(社会主義体制論)で若干詳しく論じることにする。

11) このような観点から見ると,社会主義体制と呼ばれる経済体制であっても,それを「社会主義体制論」という単一の観点から把握しようとする方法論は適切ではない,ということが分かる。ある社会が社会主義体制であるとしても,その社会で現れるいろいろな現象を社会主義体制論という観点からだけでは十分解明できるわけではないのである。たとえば,ベトナムはコメコン体制に積極的に参加したが,北朝鮮はそれと対照的に加入することを拒んだ。この差は,社会主義体制論からは説明できない。その差は,私的経済活動に対する理念からではなく,「体制の開放」に対する理念から理解することができる(社会主義体制論は,私的経済活動に対する理念,政策,現実経済については説明の論理を提供してくれるが,体制の開放の問題についてはそうではない)。

12) 独立とは植民地にならないことであり,自主とは従属しないことである。このような考え方によると,独立していても自主的でない場合がありうる。

13) 社会主義理論では,経済の「発展」の問題を二つの側面に分けて捉える。一つは,「構造的」側面である。それは,私的経済活動が活発に行われているか,消滅したか,を基準とする。つまり,私的経済活動が経済活動で大きな比重を占める資本主義体制を古い社会,遅れた社会とみなし,私的経済活動を清算しようとする社会主義体制を新しい社会,発展した社会とみなす。もう一つは,「物量的」側面である。それは,文字どおり,生産量の問題である。このような観点から,社会主義体制は,構造的側面では,誕生の瞬間から資本主義体制より発展した社会とみなされ,物量的側面で資本主義体制を追い越すと社会主義体制が勝利するとみなされたのである。

第2章 社会主義体制論

　この章では，「社会主義体制論」について若干詳しく検討することにする。それは，社会主義体制論が，第1章で述べたように，北朝鮮経済体制の変化を把握する三つの軸の一つである「私的経済活動の程度」を分析する方法論になりうるからである。

　この主題に関連する先行研究は多くあるが，ここでは絞って検討することにする。選択の基準は，次のとおりである。

　第一に，具体的な事項に関する研究はそれに関わる部分で言及することにし，ここでは一般的な原理を提示する研究に限って検討する。第二に，1985～1991年の「社会主義圏の崩壊」の経験を考慮した研究に限って検討する。この経験を考慮するのは，社会主義体制全般を理解する原理を構築するのに必要であると考えられるからである。第三に，多くの研究者に大きな影響を与えたであろう研究に注目して検討する。

　このような基準をもとに，たくさんある先行研究の一部ではあるが，Kornai(1992と2000)およびChavance(1992)のみを検討することにする。そして，このような検討を踏まえて，本書の見解を定立することにする。

2-1. Kornai(1992と2000)

　Kornai(1992と2000)では，体系的な「社会主義体制論」が展開されている[1]。そこで，この二つの文書の内容を簡単に要約し，批評することにする。

2-1-1. Kornai(1992)の内容

ここでは,「移行」および「体制内的変化」が論じられている。その内容を要約すると, 以下のとおりである。

社会主義体制において生じる変化は,「下位類型」(prototypes)を設定することにより把握することができる。このような類型として, 以下の四つを設定できる[2]。1) 革命的・移行的体制(the evolutionary-transitional system), 2) 古典的体制(the classical system), 3) 改革的体制(the reform system), 4) 脱社会主義体制(the postsocialist system)(19〜21頁)。

「革命的・移行的体制」は, 資本主義体制で革命が起こり, 社会主義体制へ移行する期間の体制である(the transition from capitalism to socialism)。歴史的にこのような革命・移行は, マルクスの予想とは異なり, 発展した資本主義諸国ではなく, 経済・社会・政治的に後進的な国々で起きた(21〜26頁)。

(社会主義化)移行期を経て,「古典的体制」が成立する。古典的体制は, 図表2-1のような「因果的連関」を持つ構造を成している(361頁)。

ここには, 古典的社会主義体制の多くの「現象」(phenomena)の間で成り

図表2-1 古典的社会主義体制の構造(The Main Line of Causality)

領域1 (Block 1)	領域2 (Block 2)	領域3 (Block 3)	領域4 (Block 4)	領域5 (Block 5)
マルクス-レーニン主義政党の権力独占(undivided power of the Marxist-Leninist party) 公式的理念の支配的影響力(dominant influence of the official ideology)	国家・準国家所有の支配的地位(dominant position of state and quasi-state ownership)	官僚的調整の優勢(preponderance of bureaucratic coordination)	計画駆け引き(plan bargaining) 生産量重視(quantity drive) 温情主義(paternalism) ゆるい予算制約(soft budget constraint) 価格に対する弱い反応(weak responsiveness to prices)	強制的成長(forced growth) 慢性的不足経済(chronic shortage economy) 労働力不足および隠蔽された失業(labor shortage and unemployment on the job) 体制特有な貿易(the system-specific situation and role of foreign trade)

出典:Kornai(1992, 361頁)。

立つ「主な因果的連関」(the main line of causality)が表現されている。なお，便宜上，現実社会で実際に現れる反作用(reaction)は，表示していない(361頁)。

　古典的体制を理解する鍵は，「政治構造」(the political structure)にある。この体制では，「一党体制」(one-party system)が成り立つ。ところが，すべての一党体制が古典的体制に至るわけではないので，この執権政党は社会主義体制の公式理念(the official ideology)で武装しなければならない。このような政党は，マルクス－レーニン主義政党(Marxist-Leninist party)と言われる。これが，領域1に表現されている(360～361頁)。

　古典的体制では，「国家所有」(state ownership)が優勢であるか，少なくとも核心的な部門(the key positions)が国家所有の下にある。これが，領域2に表現されている。ところが，社会主義体制で，所有問題を政治構造の問題と対等に扱っている見解もあって，国家所有が社会主義経済を成立させる主要基準(the chief criterion)であるという見解もある。しかし，歴史的事実が示すように，国家所有が社会主義の政治構造を成立させるのではなく，社会主義の政治構造が国家所有を作り出すという点で，政治構造は所有制度よりもっと規定的であると言える(361～362頁)。

　古典的体制に独特な政治構造，公式理念，所有形態が成立すると，経済活動を調整するために，「官僚的調整」(bureaucratic coordination)が主な役割を果たすようになる[3]。私的企業活動や市場から自律的な経済行為者および競争を除去し，政策決定・情報を中央に集中させて，水平の関係より位階的・垂直的関係が支配的になる。これが，領域3に表現されている(362～363頁)。

　続いて，領域4に至る。これは，古典的体制で生きていく行為者ら(actors)の利害関係，動機，彼らの持続的な行動，彼らの関係の主な特徴などを表す。計画作成過程の駆け引き(plan bargaining)，生産量重視(the quantity drive)，上級者の温情主義的(paternalistic)行動，ゆるい予算制約(the soft budget constraint)，価格に対する弱い反応(the weak responsiveness to prices)などを挙げることができる(363頁)。

最後の領域5は，古典的体制に典型的で持続的な「経済的現象」を表す。強要された成長(forced growth)，労働力不足(labor shortage)，隠蔽された失業(unemployment on the job)，慢性的不足経済(the chronic shortage economy)，貿易の体制特有な役割(the system-specific role of foreign trade)などを挙げることができる(363頁)。

　このように古典的体制は「凝集性」(coherence)を持っていて，これは強みでもあるが，弱点でもある。古典的体制は，密接に絡み合っている織物のようなもので，1本でも切れれば，すぐに全体が解けてしまう。このような古典的体制は，相当な期間存続できるが，深刻な内的問題による蓄積された緊張と矛盾に変化を強いられるようになる。

　このような変化を強要する「誘引」(inducements)は，次の四つに整理することができる。1)蓄積された経済的困難，2)経済・社会生活に対する大衆の不満，3)権力層の自信感喪失，4)他の国々で起きる変化の事例など(383～386頁)。

　このような誘引によって，古典的体制の多くの分野で変化が生じる。この変化は，多次元の(multidimensional)ものであるが，分析のために単純化すれば，二つの次元で把握することができる。第一は，変化の「深さ」(depth)である。変化の生じる領域が，図表2-1で，左側であるほどより深く(deeper)，右側であればより皮相的(more superficial)である。第二は，変化の「徹底性」(radicalism)である。同じ領域で変化が生じても，その徹底性は，相異なる場合がありうる(386～387頁)。

　このような基準で，古典的体制で生じる変化は，いくつかに類型化することができる。第一は，「似以改革」(pseudoreform)である。これは，領域1,2,3の基本的属性の中，どの一つにおいても「それなりに徹底的な変化」(a moderately radical alteration)さえ起こすことができない変化を言う(388頁)。統制の「完全化」(perfection of control)とは，この範疇に属する(565頁)。

　第二は，「改革」(reform)である。これは，領域1,2,3の基本的属性の中で，少なくともいずれかの一つを，永久的・本質的に変化させるものの，社会主義体制という範囲を脱しない変化を言う(388頁)。この範疇には，政治

的自由化(political liberalization)，私的部門の復活(revival of private sector)，自律経営(self-management)，市場社会主義(market socialism)，価格改革(price reforms)，マクロ的緊張(macro tensions)などがある(565〜568頁)。ところが，改革過程で成り立つ改革体制は安定性がない。古典的体制を成す要素同士は，凝集性を持ってお互いに引き寄せあうが，それとは反対に，改革体制を成す要素同士は，凝集性がなく，お互いに排斥しあう。したがって，改革体制は，二つの選択肢に直面するようになる。一つは古典的体制に戻ることであり，もう一つは革命的な政治的変化の過程に入ることである(570〜574頁)。

第三は，「革命」(revolution)である。これは，領域1でもっとも根本的な変化が生じること，すなわち，共産党の権力独占が崩れることを言う。続いて，資本主義市場経済に向かう「脱社会主義移行」(postsocialist transition)が起きる(388〜389頁)。だが，(革命で現れる)政府の変化だけでは，体制変化とは言えない。これは，体制変化のための政治的前提条件の一つにすぎない。体制変化は，かなり長い時間を要する歴史的過程である。したがって，脱社会主義社会では，「二重体制」(dual system)がかなり長く持続するであろう(577〜580頁)。

このような四つの類型は，一見，継起的(consecutive)に見えるが，実際の過程は複雑である。(社会主義体制への)移行期が終われば，古典的体制が成立するが，必ずしも改革体制へと続くとは限らない。(1991年の時点で)古典的体制が持続している国々もあって(北朝鮮，キューバ)，古典的体制から(改革体制を経ずに)脱社会主義へ「跳躍」(jump)した国々もある(東ドイツ，チェコスロバキア)(19〜20，392〜395頁)[4]。

2-1-2. Kornai(2000)の内容

ここでは，社会主義体制から資本主義体制へ移行する問題が論じられている。その内容を要約すると，以下のとおりである。

資本主義体制および社会主義体制は，20世紀を支配した二つの体制であ

図表 2-2 社会主義体制および資本主義体制（Model of the Socialist and Capitalist Systems）

社会主義体制のモデル（Model of the Socialist System）

1	2	3	4	5
マルクス−レーニン主義政党の権力独占（undivided power of the Marxist-Leninist party） ⇨	国家所有および準国家所有の支配的地位（dominant position of state and quasi-state ownership） ⇨	官僚調整の優勢（preponderance of bureaucratic coordination） ⇨	ゆるい予算制約（soft budget constraint）価格に対する弱い反応（weak responsiveness to prices）計画駆け引き（plan bargaining）生産量重視（quantity drive） ⇨	慢性的不足経済（chronic shortage economy）販売者市場（sellers' market）労働力不足（labor shortage）隠蔽された失業（unemployment on the job）

資本主義体制のモデル（Model of the Capitalist System）

1	2	3	4	5
私的財産および市場に友好的な権力（political power friendly to private property and the market） ⇨	私的財産の支配的地位（dominant position of private property） ⇨	市場調整の優勢（preponderance of market coordination） ⇨	硬い予算制約（hard budget constraint）価格に対する強い反応（strong responsiveness to prices） ⇨	慢性的不足なし（no chronic shortage）購買者市場（buyers' market）慢性的失業（chronic unemployment）景気循環（fluctuations in the business cycle）

出典：Kornai（2000, 29頁）。

る（27頁）。この二つの体制は，「体制に特有な諸属性」（system-specific attributes）を通じて，分別することができる（28頁）。図表2-2は，これを表す（29頁）。

この図表2-2で，政治権力，財産権の分布，調整機構の様相を表す左側の三つの領域は，各体制の「根本的属性」（the fundamental features）である。これらは，各体制で経済主体に典型的な「行為パターン」（the type of behavior）［領域4］，典型的な「経済現象」（the typical economic phenomena）［領域5］を規定する（29頁）。

このように二つの体制を理解すれば，社会主義体制から資本主義体制へ移

行する過程を解明することができる．ある社会が，領域1, 2, 3で叙述された社会主義体制の根本的特徴から遠くなれば「移行」(transition)過程が始まって，これらの領域が資本主義体制に特徴的な様相に至れば変化が終わる．そして新しい状況が根づいて，不可逆的にならなければならない(30頁)．移行には政治権力，財産および調整機構の相互作用が重要であるが，中でも政治的領域が主な役割を演じる．時には，領域2, 3で移行が始まる場合もありうるが，領域1で，必要な変化が生じたときに，移行が完成しうる．政治的領域が私的所有・市場に友好的にならなければならないのである(33頁)．

移行を「政治的性格」(political nature)という側面から見れば，三つの類型に区別することができる．第一に，共産独裁が反共独裁によって交代させられるという類型である．ハンガリーでベラ・クン(Bela Kun)政権(1919年)，チリでアジェンデー(Allende)政権，アフガニスタンで社会主義政権が崩れて，反共独裁政権が成立したことなどを例として挙げることができる．

第二に，1989年以後の「ビロード革命」(velvet revolution)を経験した東欧のいくつかの国々で現れた類型である．このような国々は，以前の政治体制が崩れて，民主的体制が成立する過程にあると言える(ただし，東欧のかつての社会主義国家や，ソ連の解体で誕生した国々が，皆，この類型に属するとは限らない．例：ユーゴスラビア，いくつかの中央アジアの国々，ベラルーシなど)．

第三に，中国(おそらく，ベトナムも)が新しい類型の可能性を示している．共産党が内部から変化しつつある．反資本主義的(anti-capitalist)政治勢力から親資本主義的(pro-capitalist)政治勢力に変わっているのである(33頁)．

2-1-3. 批　　評

このように整理されうるKornai(1992と2000)の理論は，非常に説得力のある社会主義体制論を提示していると言える．なぜなら，二つの体制を分別する「平行な」基準を設定して対比させているし，体制の因果的連関で，政

治権力の問題をもっとも核心的な領域として設定している点が目立つ。しかし，いくつかの論点は再検討する必要があると思われる。

　1) 古典的体制を説明するモデルを，そのまま社会主義体制全般を説明するモデルとして採択したのは，方法論上問題がある［Kornai 1992 の 19〜21 頁では，社会主義体制において(下位類型として)古典的体制と改革的体制があると設定されていて，古典的体制を説明するモデルが 361 頁に提示されている。ところが，Kornai 2000 の 29 頁では，このモデルが社会主義体制を説明するモデルとして提示されている］。包含範囲の異なる二つの体制を説明するモデルが同じであるということは，このモデルが，二つのうち，少なくとも一つには適用することができない，ということを意味する。社会主義体制全般を説明するモデルとしては，いくつかの下位類型に「共通的」な特性を提示すべきであろうし，ある下位類型を説明するモデルとしては，他の下位類型と区別される，「分別的」な特性を提示すべきであろう[5]。

　2) Kornai(1992)での「下位類型」(prototypes)が，どの体制に属するのかが曖昧な場合がある。社会主義体制の「内」で，革命的・移行的体制，古典的体制，改革的体制という「三つの下位類型」が分別されうるし[6]，このような三段階の後に体制変化が起こる場合に「新たな一類型」として脱社会主義体制を設定することができる[7]，と言っている。

　この説明で曖昧なことは，脱社会主義体制がどの体制に属するかということである。社会主義体制なのか，資本主義制なのか，それとも「過渡期」なのか。恐らく，ここでは「過渡期」にあると設定しているように見える[8]。

　だとすると，社会主義体制から資本主義体制へ移行する脱社会主義体制は，過渡期にあると設定され，他方で資本主義体制から社会主義体制へ移行する革命的・移行的体制は，社会主義体制へ属すると設定されることになり，一貫性がなくなる。

　このような曖昧さを回避するためには，「移行的体制」に対する一貫した解釈が必要となろう。可能な解決策は，二つあると言える。一つは，ある体制から他の体制に変化する過渡期にあると解釈することである。こう処理すると，革命的・移行的体制と脱社会主義体制は，二つとも，過渡期にあたる。

もう一つは,「新しい」体制に属すると解釈することである。こう処理すると,革命的・移行的体制は社会主義体制に属し,脱社会主義体制は資本主義体制に属することになる[9]。

3)領域1で,権力独占・一党体制を設定しているが,権力独占・一党体制が社会主義体制の必須要素かは疑問である。「政治的領域」が経済体制を規定する「もっとも深い」要因だと見たのは,優れた分析だと思うが,その政治的領域の具体的内容として権力独占・一党体制を提示したのは正しくないと思われる。

ある社会が社会主義体制である根拠は,権力を握っている勢力が社会主義政党(＝マルクス-レーニン主義政党)であるからであって,一党体制を通じて権力を独占しているからではない。ある政治権力がどのような社会を建設するのかは,政治制度が一党制か多党制か,権力が独裁的か民主的か,という問題とは次元が異なる。どのような政治構造を持っているかは,当該の権力が自分の構想を実現させるのにぶつかる「困難さ」の程度に関わる問題にすぎない。権力独占が保障される一党制は,そうではない多党制より,権力側の青写真をより実現しやすくなるということだけを意味する。つまり「必須条件」とは言えないのである。

もちろん,歴史的・経験的に見て,社会主義体制では,必ず一党体制が成立してきたと言える。しかしこれは,歴史的・偶然的な現象であって,論理的・必然的な現象だとは言えない。ここでは,二つの議論を「傍証」として提示することができる。

一つは,中国,ベトナムで予想されるように,一党体制・権力独占が維持される形で,体制移行が起きる可能性である。なぜ,権力独占・一党体制が維持されたまま,体制移行が起きる可能性があるのだろうか。これは,Kornai(2000：33頁)でも述べられているように,反資本主義的政党から親資本主義的政党へと政党の性格が変わる可能性があるからである。もう一つは,政治構造が一党制か多党制か,政治権力が独裁的か民主的かということが資本主義体制を形成・維持することとは関係がなかった,という歴史的経験である。資本主義体制が特定の政治構造を必要としない現象は,社会主義

体制も特定の政治構造を必要としない可能性を示唆する。

つまり，体制類型を決める要因は「政治権力の性向」であって，特定の「政治構造」ではない，ということを表しているであろう。資本主義体制の場合には経験的にまで「実証」されたが，社会主義体制の場合には経験的には実証されていない，という差が存在すると言えよう。

4) 領域2で，「財産」(property)または「所有」(ownership)という概念をもって，生産手段の所有問題と生産組職の類型問題を包括しているが，これはモデルが持つ分析力を弱めるように見える。たとえば，生産手段を国家が所有している状態で，自営業者や私的企業など私的主体がこれを借りて生産を組織する場合，このような現象を財産または所有という単一の概念をもって説明できるか。無理だろう。生産手段の所有主と生産活動の組織者は同じであるとの保障がないので，生産手段の所有問題と生産組職の類型問題を分けて把握する必要があろう。

5) Kornai(1992)ではっきり区分されていた体制内変化である改革と体制間変化である移行という概念が，Kornai(2000)では曖昧になっている。

Kornai(1992)では，改革は，古典的体制を改革的体制に変えるが，社会主義体制という範囲を脱しない体制内変化であり，領域1, 2, 3の基本的属性の中で少なくとも一つを永久的・本質的に変化させることだとし，体制間変化である移行は，革命で成立した新しい政権が市場経済体制を目標として推進する変化であるとしている。つまり，改革と移行は，概念的に明確に区分されているのである。これは，移行が起きる核心的な「きっかけ」として，権力が急激な政治的過程で交代させられる革命を設定しているからだと思われる。

ところで，Kornai(2000)では，改革という概念に関する説明がないまま，移行という概念だけが現れる。すなわち，領域1, 2, 3が社会主義体制に典型的な形状から遠くなれば移行が始まり，資本主義体制に典型的な形状へ至れば移行が終わる[10]。そして，ある場合には，領域2, 3で移行が始まりうるが，この場合には，政治的領域が私的所有・市場に友好的になった後にこそ，移行が完成する[11]としている。

ここで問題になるのは，領域2，3で移行が始まる場合，Kornai(1992)で言う改革とどのような連関を持つのか，という点である。この点は，明確に説明されていない。改革は，移行が始まる過程なのだろうか。それとも，改革が一定の「段階」に到達すれば，移行段階に入るのだろうか。このような困難は，主に，Kornai(1992)で想定されたこととは異なり，「革命的な政治的変化過程」(a process of revolutionary political changes：1992, 574頁)で起きる権力交代なしに，移行が起きる場合がKornai(2000)で新たに想定されているからであろう。

これを理論的に処理するのは，容易ではないであろうが，試みる価値はあろう。Kornai(2000)では，結果的に政権交代なしに移行する場合，移行開始の時点を改革の始まりとして暗黙のうちに設定しているようである。領域2，3で移行が始まる場合，領域1で必要な変化が生じてはじめて，移行が完成するという叙述(33頁)，および鄧小平時期に行われた農業改革を，体制移行の文脈で取り扱っている(32頁)ことから窺える［ところが，この現象は，Kornai(1992)では，改革現象として取り扱われたものである］。

このような処理は，体制内変化である改革，体制間変化である移行という概念を維持しにくくさせる。しかし，それらを区分することは，社会主義体制の変化を説明するために重要である。その際，Kornai(1992)で説明されるように，体制移行が権力交代をきっかけに行われるなら，問題は簡単である。権力交代がない変化は改革であり，権力交代がある変化は移行になるからである。ところが，Kornai(2000)で想定されるように，権力なしに体制間変化が起きる可能性(中国，ベトナム)を考えた場合，二つの概念を区別することは難しい。これに対してKornai(2000)では，満足な解決策が提示されていない。権力の交代ではなく，権力の性格が変化することで体制移行が起きる可能性を予想しながらも，性格の変化の様相を「あまりにも単純に」解釈しているからである。つまり，Kornai(2000)では，権力の性格が「反資本主義的か，親資本主義的か」という二分法にしか設定していない。このような図式では，権力というものが，古典的体制においては反資本主義的であるが，改革的体制においては親資本主義的になると解釈されるはずである。つまり

権力交代なしに体制移行が起こるとき,「革命的な政治的変化過程」のない「連続的」な過程と解釈され,移行開始の時点が改革開始の時点と解釈されるであろう。

しかし,このように処理すれば,ある変化が体制内変化に属するか,体制間変化に属するかを,判断する基準が消えてしまう。たとえば,鄧小平時代の中国における農業変化について,その時点で研究を遂行する場合,改革という範疇に入れるべきか,それとも移行という範疇に入れるべきかを判断できなくなる。以後,権力交代が起きた上で体制移行が起きると改革という範疇に入れて,権力交代が起きずに体制移行が起きると移行という範疇に入れる,としてしまうと,結果論的な理論になってしまい,同じ現象を相異なる範疇に入れてしまう,という誤りを犯すことになる。

権力の性格を,反資本主義的か親資本主義的かという二つの分類ではなく,次のように,三つに分類することで,難点を解決することができるだろう。

a) 私的経済活動を清算しようとする場合。
b) 私的経済活動を部分的に活用しようとする場合。
c) 私的経済活動を全面的に許容する場合。

このように分類すると,b) は体制内変化である改革を推進する状況であり,c) は体制間変化である移行が起きる状況となる。すると,鄧小平時代の農業改革は移行の一部ではなく,依然として改革の一部になる。当時の中国政府は,私的経済活動を部分的に活用しようとしていたからである[12]。

6) Kornai(2000)では,移行を「政治的性格」という側面から,三つの類型に分類しているが[13],かなり問題があると思われる。

まず,基準が曖昧である。類型1は共産独裁が反共独裁に取って代わる現象であり,類型2は民主体制が成立する現象で,類型3は権力交代なしに移行する現象であると言えるが,ここではどのような基準で類型化しているのであろうか。「政治的性格」という基準は,漠然としている。

さらに,(筆者自ら指摘しているところでもあるが)類型化から抜け落ちた国々(かつてのユーゴスラビア,いくつかの中央アジアの国々,ベラルーシなど)さえある。これは,提示された類型化が「包括的」ではないことを示

している[14]。

2-2. Chavance (1992)

続いて，Chavance (1992)[15]の社会主義体制論を考察することにする。

2-2-1. 内　容

Chavance (1992) は，社会主義の「伝統的体制」(le système traditionnel) を定義して，この体制で現れる変化を大きく二つ，すなわち，「改革」(réforme) と「解体」(déstructuration) に類型化し，また，改革を「手直し」(ajustement) と「根本的改革」(réforme radicale) に分けている（和訳：12～15頁，原文：9～11頁）[16]。その内容は，次のように要約できる。

まず，社会主義の「伝統的体制」は，図表 2-3 として示すことができる（和訳：21頁，原文：12頁）。

この体制は，1930年代のソ連で，スターリンによってつくられたもので

図表 2-3　伝統的体制 (Le Système Traditionnel)

複合体 (Complexe systémique)	1. 制度的基盤 (Socle institutionnel) 　国家所有 (Propriété d'État) 　単一政党 (Parti unique) 2. 中央計画化 (Planification centralisée) 　管理のヒエラルキー (Hiérarchie de contrôle) 　計画目標の分解 (Désagrégation des objectifs) 　行政によるインプットの割り当て (Allocation administrative des inputs) 　行政による価格決定 (Fixation administrative des prix) 　利潤の再分配 (Redistribution des profits) 　賃金ファンドのマクロ経済的統制 (Contrôle macro-économique des fonds de salaire) 　モノバンク［単一銀行］(Monobanque)
その他の要素 (Autres éléments)	集団農業 (Agriculture collectivisée) 外国貿易の国家独占 (Monopole du commerce extérieur) 私的セクターの制限 (Restrictions du secteur privé) 専制的な企業経営 (Direction unique dans l'entreprise)

出典：Chavance (1992, 12頁)。

ある。これは内部摩擦をはらみながらも，総体としては整合的で，一つの「複合的・有機的全体」(une totalité organique complexe) を形づくっている。そして，このような伝統的体制は，いったんできあがると強力な慣性をそなえる（和訳：19頁，原文：14頁）。

このような伝統的体制で核心をなすのは，「制度的基盤」(socle institutionnel) と「中央計画化」(planification centralisée) に基づく「複合体」(complexe systémique) である（和訳：19頁，原文：14頁）。

「制度的基盤」について見ると，歴史的体制として考えた場合，社会主義経済の「特殊性」(originalité) は，国家所有と単一政党という異質な二つの原理を結びつけたところにある。社会主義といえども，商品経済であり，貨幣経済であるという性格や，賃金制度を持つ点では，西欧の（資本主義）経済と同じである。その一方で，国家所有制と単一政党制こそが社会主義体制の基盤であり，その根幹であると言える（和訳：22頁，原文：17頁）。

中央計画化について見ると，中央計画経済はこの体制の根幹とは言えない。なぜなら，これは制度的基盤の上に成り立つものだからである（和訳：22頁，原文：17頁）。中央計画化では，その国の工業部門が第一優先の領域とされる。計画化体制は，主観が先行した発展と構造改革の戦略を実現させるためのものであり，所有制度の統合および政治的・経済的権限の甚だしい集権化によって可能となる（和訳：27頁，原文：21頁）。このような中央計画は，経済管理のヒエラルキー，計画目標の分解，行政によるインプットの割り当て，行政による価格決定，利潤の再分配，賃金ファンドのマクロ経済的統制，モノバンク［単一銀行］などからなる（和訳：27～37頁，原文：21～30頁）。

「その他の要素」を見ると，集団農業，外国貿易の国家独占，私的セクターの制限，専制的な企業経営といったおなじみの構造は，実際には柔軟で，かなりの適合能力を持っていることが知られている。したがって，これらの構造は伝統的体制にとって非本質的な「その他の要素」である（和訳：19頁，原文：14頁）。しかし，その他の要素は，伝統的モデルの副次的・付随的な要素ではない。しかしながら，制度的基盤と中央計画化がリジッドに体制として複合体をなしているのに比べれば，その他の要素は改革を通してフレキ

シブルな姿をとる(和訳:38頁,原文:31頁)。

このような構造を持つ「伝統的体制」では,ある状況である変化が生じる。その変化は,大きく「改革」と「解体」という二つの類型に,また改革は「手直し」と「根本的改革」という二つの(下位)類型に分けられる。まず,「改革」について見ると,社会主義体制における改革とは,一連の制度的措置をとりつつ,「(伝統的)体制の機能改善と運営の円滑化」を目指す総合的な改造の企てである。すなわち,国家所有制および単一政党制からなる制度的基盤はそのまま保持しながら,経済における「垂直的関係の縮小と水平的関係の拡大」を全体の軸とするものである(和訳:13～14頁,原文:9～11頁)。

このような改革は,さらに二つの(下位)類型に分けることができる。一つは,体制の「手直し」である。これは,制度を大きく変えることなく,中央計画化の方式や体制の諸要素(農業,対外関係など)に柔軟性を盛りこもうとすることである(和訳:14頁,原文:11頁)。そこにおける問題意識は,労働する個人と企業と国家の行動をよりいっそう調和のとれたものにすることにある。したがって,改革の関心は,中央計画化の枠内における管理方法と,人々の,とりわけ企業経営者の意欲をかきたてるインセンティブのメカニズムに集中する。社会主義諸国のどの政府も,歴史のいずれかの局面で体制の手直しに取り組んできた。三つの特徴的なケースを挙げると,ポーランド(1956～79年),ソ連(1957～85年),東ドイツ(1963～89年)である(和訳:57頁,原文:44頁)。

改革のもう一つの(下位)類型は,「根本的な改革」である。これは,中央計画化を放棄し,農業の脱集団化をはかるなど,いくつかの制度を大きく変えてしまおうとすることである。もちろん,制度的基盤に関わるものは除かれる(和訳:14頁,原文:11頁)。根本的な改革の本質的なテーマは,まさしく計画と市場を結びつけることにある。計画は長期的な視野での成長と投資のしなやかな統制を目指し,市場は日常的なミクロ経済的決定の調整を引き受ける。根本的な改革は,体制の複合性の変質につながるばかりでなく,体制のその他の諸要素をも実質的に変化させていく。このような改革の経験

は歴史的に四つある。ユーゴスラビア（1950～64 年），チェコスロバキア（1966～69 年），ハンガリー（1968～79 年），中国（1979～89 年）の経験がそれである（和訳：93 頁，原文：72 頁）。

　次に，「解体」について見ると，制度的基盤を支える二つの柱（国家所有制と単一政党制）が片方でも形を崩せば，それは「体制の解体」につながる。そして，変化は「質的なもの」となる。それはもはや「体制内部の変化」ではなくて（体制内部の変化はまさしく改革に値する），それを超えて「体制間」に及ぶ（和訳：14 頁，原文：11 頁）。質的な変化が中央計画化の領域やその他の諸要素にとどまらず制度の基盤にまで及んだとき，社会主義体制は，伝統的なものであれ改良されたものであれ，解体する。単一政党制の廃止が解体の最後の決め手となる。なぜなら，この単一政党と国家所有の支配の結びつきがまさしく制度的基盤の根幹だったからである。1989 年の東欧革命，さらに 1991 年のソ連八月クーデターの失敗に続くソ連共産党の活動停止は，いわば社会主義体制の要石を取り払うものであった。このような解体の経験としては，ユーゴスラビア（1965～91 年），ポーランド（1980～91 年），ハンガリー（1980～91 年），東ドイツ（1990～91 年）を挙げることができる（和訳：173 頁，原文：130 頁）。

2-2-2. 批　　評

　このように，Chavance（1992）で提示された社会主義体制論は，社会主義圏で起こった多様な変化を「歴史的視角」から一般化した理論であると言える。なぜなら，全体的に，現実の多様な経験を総合して均衡の取れた形で叙述しているからである。特に変化過程において政治指導者たち，知識人たちがどのように考えていたかをよく捉えているし，歴史的洞察に基づいて解体・移行過程で現れる資本主義に対する幻想的な期待を批判している[17]。また，社会主義を放棄しその後新しい体制を建設する過程において，長期的に現れると予想される困難を鋭く指摘している[18]。しかし，理論構造においては，いくつかの論点を再検討する必要があると思われる。

1) 商品貨幣経済という特性で，社会主義体制が資本主義体制と同じであるとみなしているが[19]，果たしてそうであるか？ 社会主義体制でも商品が存在して，貨幣が流通しているという「事実」から，これが「西欧の経済と同じ」であると解釈するのは，あまりにも単純である。そもそも，ある経済体制が商品経済・貨幣経済であるということは，ただ商品・貨幣が存在しているということを意味するのではなく，商品が生産物の中で「高い」比重（おそらく50％以上）を占めていて，貨幣が交換過程で「重要」な役割を果たしている，とみなした方が適切であろう。そして，商品・貨幣の「存在」という次元ではなく，その「程度および性格」という次元で二つの体制を比べることが必要である。社会主義体制においても商品・貨幣は存在するが，資本主義体制に比べて，その役割が「衰退」しており，その機能が「歪曲」されている[20]と把握した方が適切である[21]。

2) 制度的基盤を成すものとして提示されている国家所有制と単一政党制との関係について説明が不十分である。"歴史的体制として考えた場合，社会主義経済の特殊性は，国家所有と単一政党という何とも異質な二つの原理を結びつけたところにある（和訳：22頁）"[22]と説明しているが，これはあまりにも漠然としている。たぶん，私的経済活動を清算しようとする社会主義理念を持つ政治権力が，所有制度では，社会主義理念から自然に導かれる国家所有制を採択し，政治構造では，社会主義理念から自然には導かれない単一政党制を採択したと説明した方が適切であろう[23]。

3) 制度的基盤を成すものとして「単一政党制」が提示されているが，果たして，それが社会主義体制で必須であると言えるだろうか？ Chavance (1992)は，政治権力の問題で，単一政党制という政党制度を重視しているが，それより「政党の性格」を重視した方が適切であろう。つまり，社会主義体制における「制度的基盤」は，単一政党制が固守されているという事実よりは，権力を握っている政党が社会主義理念を堅持し，これを実現させようとする点にある，とみなす方が適切である。ある国家の政党が社会主義体制を樹立したとしても，その政党が固定不変な理念を持つとみなすのは適切ではない。社会主義体制を樹立したのと同じ政党が，「手直し」だけではなく，

「根本的改革」をも積極的に行った事例があるということは，歴史的事実としてすでに十分に示されている。さらに，もしかしたら「解体」あるいは「放棄」まで行うかも知れない[24]。このような事情を考慮すると，制度的基盤において，単一政党制という形式ではなく，権力を握っている政党が持つ性格を重視すべきである。

4）伝統的体制の「構造」を適切にモデル化しているのだろうか？ 関連した諸要素が無理やりに分割されているのではないか。伝統的体制の複合体に入っている諸要素がその他の要素に入っている諸要素と成す関連が見えない構造になっているのではないか。国家所有制と集団農業を例として考えてみよう。

社会主義体制の農業で，集団農場を維持するか，家族農業に戻るかという問題は「生産組織」の類型に関する問題であるが，農業での核心的な生産手段である土地の所有をどうするかということは所有の問題であり，これは国家所有と関わっている。社会主義体制では，一般に，国営農場ではなく協同農場が主要な農業生産組織である場合にも，事実上，土地は協同農場の所有ではなくて，国家所有である[25]。さらに，家族農業を主な形式にしていても，土地は，家族所有ではなくて国家所有である可能性さえある[26]。そして，農業分野の状況を把握しようとするならば，「国家所有制対集団農業」として分割することは「一面的」である。土地所有の問題，生産組織の問題，生産物処分の問題などに分割して把握した方が適切であろう。そうすると，生産物処分や生産組織の類型問題は「初期」改革段階でも扱われるが，土地所有問題はそうではない，ということを説明するのに便利である[27]。

5）「手直し」を「改革」に含むのは適切だろうか？ 提示された概念規定および実例を参考にすれば，改革と呼ぶには弱すぎないか。"制度を大きく変えることなく，中央計画化の方式や体制の諸要素（農業，対外関係など）に柔軟性を盛りこもうとする（和訳：14頁）"現象を改革と解釈すれば，社会主義体制は常に改革の過程にあったとすることになってしまい，社会主義体制の進行過程において改革を「特殊な歴史的局面」として把握することができなくなる。

第 2 章 社会主義体制論　33

　6）「根本的な改革」の過程で中央計画化が「放棄」されるか？　根本的改革の過程で中央計画化が放棄されると叙述されているが[28]，そのような考えには無理がある。中央計画化というのは何か。それは，国家が「経済活動を組織すること」である。すなわち，国家が生産を組織し，分配を遂行し，経済活動組織者の分け前を取り，結果に責任を負う，ということを意味する[29]。そして，中央計画化が放棄されるという状況は，私的主体がこのような役割を担う場合である。果たして，Chavance(1992)において事例として提示された，ユーゴスラビア(1950〜64年)，チェコスロバキア(1966〜69年)，ハンガリー(1968〜79年)，中国(1979〜89年)の変化過程で中央計画化は「放棄」されただろうか。「緩和」されたとは言えるが，「放棄」されたとは言えないだろう。中央計画化が放棄されるのは，社会主義体制をあきらめるときである。

　7）一部の東欧の国々，すなわち，ユーゴスラビア，ポーランド，ハンガリーで，1989年以前にあった「改革的な過程」と1989年以後の「変革過程」を「解体」という一つの過程として括ることができるだろうか？　同書で提示されている社会主義体制の変化の類型と事例を整理すると，図表2-4のようになろう[30]。

　ここで特徴的な現象は，東ドイツでは「解体」という過程が「短い」変革

図表 2-4　社会主義体制の変化の類型と事例

	1950年代	1960年代	1970年代	1980年代	1990年代
ソ連		手直し(57〜85)			
ユーゴスラビア	根本的改革(50〜64)		解体(65〜91)		
ポーランド		手直し(56〜79)		解体(80〜91)	
ハンガリー			根本的(68〜79)	解体(80〜91)	
チェコスロバキア		根本的(66〜69)			
東ドイツ			手直し(63〜89)		解体(90〜91)
中国				根本的(79〜89)	

出典：Chavance(1992)を基に筆者再構成。

過程に当たるのに比べて，ユーゴスラビア，ポーランド，ハンガリーでは，1989年以前にあった，「かなり長い」改革的過程を含んでいる，という点である。ここで問題になるのは，果たして，これら三つの国々で，1989年以前にあった「改革的過程」と1989年以後の「変革過程」を一つの過程として括ることができるか，という点である。

これに対する叙述は曖昧ではあるが，「手直し」(第2部)や「根本的改革」(第3部)と分離して「解体」(第4部)を叙述している点から[31]，1989年以前の過程と1989年以後の過程を括り，一つの過程として把握していると見られる。

しかし，このように括るのは無理がある。東ドイツ，ルーマニア，アルバニアにおいては，ユーゴスラビア，ハンガリー，ポーランドで1989年以前にあったような改革的な過程がないまま，社会主義体制が崩壊したという事実から推論できるように，ユーゴスラビア，ハンガリー，ポーランドで，1989年以前の改革的な過程と1989年以後の変革過程を一つとして括ることはできない[32]。

むしろ，1989年以前の過程と1989年以後の過程を切り離して取り扱った方が適切であろう。なぜなら，1989年以後の過程は，社会主義体制をあきらめて，資本主義体制を樹立する過程である。つまり，1989〜1991年のどこかの時点で社会主義体制を否定する評価を下して，あきらめたのである。これは，それ以前にどのような改革的な過程を経たのか，ということとは関係ない。というのも，国によっては，以前に「急激」な改革が試みられた場合もあるし(例：ユーゴスラビア，ハンガリー，ポーランド)，そうではない場合もあるからである(例：東ドイツ，ルーマニア，アルバニア)。

2-3. 私　　見

ここでは，社会主義体制論に対する先行研究の検討を踏まえて，私見を提示することにする。

2-3-1. 構　造　論

　社会主義体制はどのような構造を成しているだろうか。それを解明するため，社会の構造，経済体制の構造，社会主義体制の構造という順番で考えてみることにする。

　まず，社会の構造について考えてみることにする。社会はどのような構造を成しているだろうか。社会はいろいろな角度から把握できるが，「政治・経済的」な側面で分析しようとすると，社会を「上下関係」または「並列関係」に分割する必要があろう。

　まず，社会を「上下関係」に分割するということは，社会をある種の「上下関係」として捉えることである。その場合，国家が成立している社会は，図表2-5のようにモデル化することができよう[33]。

　第1の領域は，「国家」である。国家は，ある社会の一部でありながら，その社会を統治し，その社会を特定の方式に作動するようにさせる主体であるという点で，政治経済的側面において社会の第1領域として設定できる。その役割は，次のように，ある「循環」が起きる過程の中で把握できる。図表2-5の記号①，②，③がそれを表している。つまり，記号①は，国家が社会を統治する過程で統治手段を用いることを表している。記号②は，国家が統治手段を用いて社会を統治する過程を表している。記号③は，社会が国家に「反作用」する過程を表す。この過程は，国家が社会の作動を分析・評価する過程でもある。そして，その結果は記号①の過程に反映される。

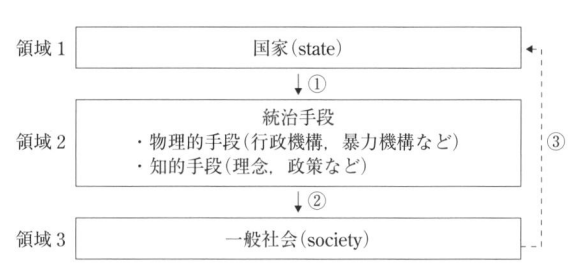

図表2-5　社会の構造（上下関係）

領域1	国家(state)
	↓①
領域2	統治手段 ・物理的手段(行政機構，暴力機構など) ・知的手段(理念，政策など)
	↓②
領域3	一般社会(society)

（右側に③が領域3から領域1へ戻る矢印として示されている）

第2の領域は，国家が社会を統治する過程で用いる「統治手段」である。それは，大きく二つに分かれる。一つは物理的手段で，もう一つは知的手段である。物理的手段は，「国家の身体」とも言える。つまり，国家は自分を構成するいろいろな組織を統治過程で用いる。行政機構，暴力機構が代表的である。特に，軍隊や警察など暴力機構は，国家が統治過程で頼る最後の砦である。知的手段は，国家の「知的生産物」とも言える。理念と政策が代表的である。理念は，国家がどのような社会が望ましいとみなすか，ということを包括的に設定するものである。政策は，社会がどう作動すべきか，ということを具体的に規定するものである。そして，理念は包括的・間接的・説得的であり，政策は具体的・直接的・強制的であるという性質を持っている。

　第3の領域は，「一般社会」である。これは，ある社会でそれを統治する国家を除いた部分である。国家によって統治される単位である点で，一つの領域として設定できる。

　次に，社会を「並列関係」に分割するということは，社会をいくつかの分野として捉えることである。その具体的な方法は，多数ありうる。たとえば，社会を地域的に分割する方法がありうる。

　続いて，社会主義体制の構造を理解するための第二の段階として，「経済体制一般」の構造について考えてみることにする。経済体制とは，ある社会をその経済的構造の角度から捉えたものであると言えるので，社会の構造を応用して考えることができる。そして，経済体制も上下関係または並列関係に分割して把握できる。

　まず，上下関係に分割すると，図表2-6のように把握できる。

　図表2-5と比べると，「変容」があることがすぐ分かる。第1の領域は，全く同じである。第2の領域では，理念一般と政策一般ではなくて，その一部を成す，経済体制に関る理念と政策が入っている。そして，経済理念と経済政策などと表現できる。第3の領域は，一般社会を経済的角度から捉えたものであるので，「現実経済」と表現できる。

　次に，経済体制を並列関係に分割して把握できる。たとえば，産業別に分割して，農業，工業，サービス業などとして把握できる。

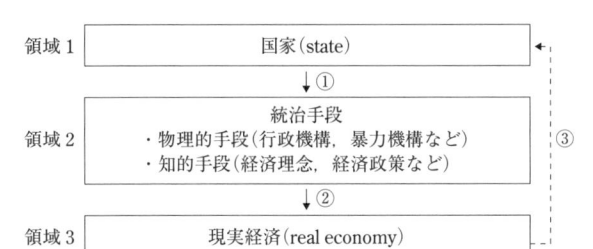

図表 2-6　経済体制の構造(上下関係)

```
領域1     国家(state)                              ←┐
            ↓①                                      │
領域2     統治手段                                    │
          ・物理的手段(行政機構，暴力機構など)         ├③
          ・知的手段(経済理念，経済政策など)           │
            ↓②                                      │
領域3     現実経済(real economy)                    ←┘
```

図表 2-7　社会主義体制の構造(上下関係)

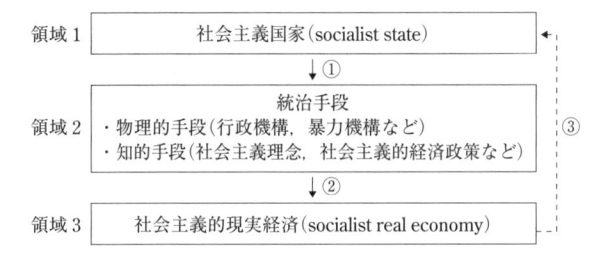

```
領域1     社会主義国家(socialist state)              ←┐
            ↓①                                        │
領域2     統治手段                                      │
          ・物理的手段(行政機構，暴力機構など)           ├③
          ・知的手段(社会主義理念，社会主義的経済政策など)│
            ↓②                                        │
領域3     社会主義的現実経済(socialist real economy)  ←┘
```

　以上のような社会と経済体制一般に対する構造把握に基づいて，社会主義体制の構造について考えてみることにする。

　まず，上下関係に分割すると，図表2-7のように把握できる。つまり，社会主義体制とは，経済体制の一つの類型であるので，経済体制の構造を応用すれば，次のように設定できる。

1) 社会主義国家

　社会主義国家は，社会主義体制が誕生し，作動する過程で「核心的」な役割を果たす。すなわち，社会主義国家は，社会主義体制を成す一部分でありながら，それを誕生させ，その維持・変化の過程で非常に大きな力を発揮する。

　ところが，どの体制においてであれ，社会を統治する組織体である国家は，その組織体自体としては特定の性格を表すのではない。その性格は，理念や

政策を通じてのみ現れるのである。構造面では，社会主義国家が社会主義経済体制の第1領域を成しているが，体制の性格は，国家自体ではなく，理念・政策や現実経済に現れる[34]。

2）社会主義的理念・政策

理念・政策は，ある社会が特定の経済体制として作動するために国家が用いる「知的手段」と言える。

その中で理念は，国家がどのような社会を望ましいとみなすか，ということを包括的に説明するものである。そのような理念の中で経済体制に関連する部分は，さらに二つに分けられる。

一つは，「生産組織の分布」に対する志向である。社会主義国家は，私的生産組織を「清算・制限」しようとし，公的生産組織が優勢となる状態を目指す[35]。これは，経済体制に対する志向の中で「核心的」部分であり，現実の経済に「強い連関」を持つ。

もう一つの部分は，どのような「社会的価値」(social values)を重視するか，ということである。これは，非常に抽象的な領域ではあるが，普通「社会主義的価値」(socialist values)と認識されるものは，平等重視，社会的連帯重視，弱者保護などである[36]。このような社会的価値は社会主義体制に限定されるものではないし，また社会主義体制だからといってそれが実現するという保障もないが，社会主義思想が形成される過程と社会主義体制が作動する過程で，一定の作用をすることは認められる。このような社会的価値は，経済体制に対する志向の中における「補助的」部分で，現実の経済に「弱い連関」を持つ。

政策は，現実の経済がどう作動するかということを具体的に規定するものである。社会主義国家は，自らの理念に基づいて，私的生産組織を清算・制限するため，いろいろな政策を打ち出して実行する。たとえば，農業部門で私的生産組織を清算するために家族農を協同農場へ再編するようなものである。なお，このような政策に対しては，第3章以下の具体的な叙述で取り扱うことにし，ここではこれ以上言及しないことにする。

3) 社会主義的現実経済

現実経済は，多様な経済活動が行われる領域である。生産手段の所有，生産活動の組織，労働などがその例である。このような経済活動は，その「社会的性格」を基準として，二つの類型に分けることができる。

一つは，公的経済活動である。公的経済活動は，公的主体が遂行する活動であるが，公的主体とは，社会全体，社会を統治する国家，また，国家の指示で働く個人・組織などである。また，公的経済活動とは，国家が生産手段を所有すること，生産活動を組織すること，余剰[37]を受け取ることなどである。

もう一つは，私的経済活動である。私的経済活動は，私的主体の活動であるが，私的主体とは，公的主体から独立的に行動する主体である。また，私的経済活動とは，私的主体が生産手段を所有すること，生産活動を組織すること，余剰を受け取ることなどである。

社会主義体制では，国家の理念・政策によって，私的経済活動が衰退したために，公的経済活動が優勢となる。

そして，どちらの経済活動がどの程度行われるかを確かに表すのが，生産組織の分布である。生産組織は，その社会的性格を基準として，二つの類型に分けることができる。

一つは，公的生産組織であるが，これは公的主体が組織者たる生産組織である。そこでは，公的主体が生産手段を所有し，生産活動を組織して，余剰を受け取る。もう一つは，私的生産組織であるが，これは私的主体が組織者たる生産組織である。そこでは，私的主体が生産手段を所有し[38]，生産活動を組織して，余剰を受け取る。

社会主義体制は，生産組織の分布から見て，公的生産組織が優勢となる社会である。このような生産組織では通常，国家が，自ら所有する生産手段を動員し，労働者を使って，生産活動を組織し，その結果として余剰を受け取る。

4）資本主義体制との対比

　ある経済体制を理解するためには，他の経済体制と対比する方式を用いると便利である。社会主義体制の場合は，「競争的」な(competitive)関係[39]にある資本主義体制と対比すると理解しやすいであろう。

　まず，その二つの経済体制の共通的な属性としては，次のようなものがある。

　第一に，国家が，その領域の中にあるすべての財産の究極的な所有者であるという点である(もちろん，これはすべての国家成立社会で現れる共通的属性である)。第二に，身分的束縛から解放された自由な労働者を使うという点である。

　続いて，その二つの経済体制を分ける属性としては，次のようなものがある。

　第一に，資本主義国家が私的経済活動を全面的に[40]許容する一方で，社会主義国家はこれを清算・制限しようとする。第二に，資本主義国家が生産手段の私的所有を全面的に許容する一方で，社会主義国家はこれを清算・制限しようとする。第三に，資本主義国家が私的生産組織を全面的に許容する一方で，社会主義国家はこれを清算・制限しようとする。第四に，資本主義体制では社会的価値として競争，個人的利益の追求，効率などを重視する一方で，社会主義体制では平等，社会的連帯，弱者保護などを重視する。第五に，資本主義体制では私的生産組織が優勢である一方で[41]，社会主義体制では公的生産組織が優勢である。

　このような考察を土台にして，社会主義体制を資本主義体制と対比し，簡単に特徴を表すと，「私的経済活動を清算・制限しようとする経済体制」と表現することができる。

2-3-2. 変化論

　社会主義体制の変化を分析する方法論にはさまざまなものがありうるが，本書では，社会主義体制を「下位類型化」する方法を利用することにする。

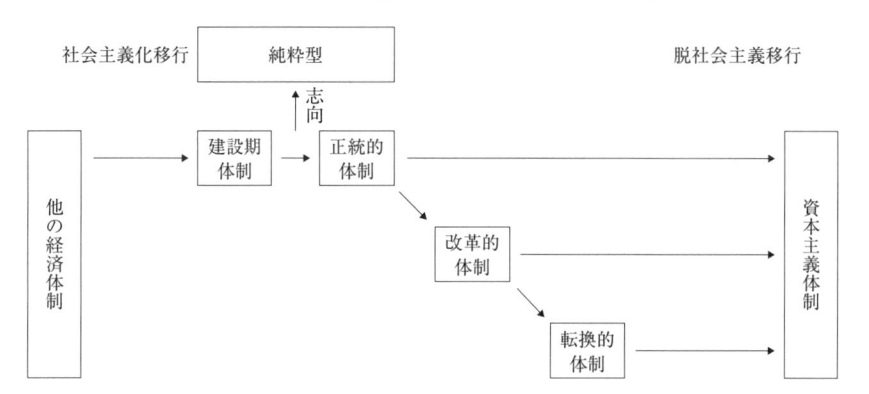

図表2-8 社会主義体制の変化（下位類型化を利用）

```
社会主義化移行        純粋型              脱社会主義移行
                      ↑志向
              ┌──────┐  ┌──────┐
他         →  │建設期│→│正統的│─────────→  資
の            │体制  │  │体制  │              本
経                    └──────┘              主
済                        ↓                  義
体                    ┌──────┐              体
制                    │改革的│─────────→    制
                      │体制  │
                      └──────┘
                          ↓
                      ┌──────┐
                      │転換的│─────────→
                      │体制  │
                      └──────┘
```

まず，どのような下位類型を設定し，それらがどのような関係にあるのかを，図表2-8として提示することにする。

このモデルは，大きく見れば，他の経済体制から社会主義体制へ変わる「社会主義化移行」(transition to the socialist system)，社会主義体制という範囲の中で変わる「体制内的変化」(changes within the socialist system)，社会主義体制から他の体制（現実的に資本主義体制）に変わる「脱社会主義移行」(transition from the socialist system)を表現している。そして，体制内的変化を説明するために，次のように，五つの「下位類型」(subclass)を設定している。

1) 純粋型

社会主義体制に関する変化を理解するためには，まず，「理念型」(the ideal socialist system)，あるいは「純粋型」(the pure socialist system)を設定する必要がある。これは，「正統的」な社会主義思想家・政治家[42]が建設しようとした体制であり，現実で成立した体制を論理的に「純粋化」すれば，構想できる体制である。このような純粋型は，そのまま現実化することはできないが，現実社会主義体制がどの「位置」にあるかを理解する「基準点」になりうる[43]。

とすると，純粋型とは，具体的にどのような体制なのか。現実の社会主義体制を樹立するのに必要な理論的基礎を提供したマルクスとエンゲルスは，次のように言っている[44]。

マルクスとエンゲルスが構想した社会

（A）共産主義の特徴は，所有一般を廃止することではなくて，ブルジョア的所有を廃止することである。しかし，近代のブルジョア的私的所有は，階級対立にもとづく一部の人間による他の人間への搾取にもとづいた，生産物の生産および取得の最後の，そしてもっとも完全な表現である。この意味で共産主義者は，自分の理論を，私的所有の廃止という一言にまとめることができる（Marx & Engels, ／和訳・1960,「共産党宣言」, 村田陽一訳, 『マルクス＝エンゲルス全集第4巻』, 大月書店, 東京, 488頁）[45]。

（B）ひとたび私的所有にたいする最初の根本的な攻撃が加えられると，プロレタリアートはどしどし前進し，いっさいの資本，いっさいの農業，いっさいの工業，いっさいの運輸，いっさいの交易をますます国家の手に集積せざるをえないことがわかるであろう。[……] すべての資本，すべての生産と交易が国民の手にあつめられるならば，私的所有は自然になくなり，貨幣は無用になり，生産が増え，また人間が変化するので，旧社会の最後の交通形態はなくなるであろう（Engels, ／和訳・1960,「共産主義の原理」, 山辺健太郎訳, 『マルクス＝エンゲルス全集第4巻』, 大月書店, 東京, 391頁）[46]。

純粋型は，国家が「私的経済活動を清算した社会」と想定することができる。その核心は，私的所有主と私的組織者が消えたことである。国家が唯一の生産手段所有主で，自分が所有している生産手段を直接動員し，労働者を独占的にかつ完全に雇って，公的生産組織を結成して，生産活動を組織する。このように生産した結果物を，国家流通網（配給網）を通じて，必要とする人々に正確に分配する。そして，分配以前にも以後にも交換は行われない。

交換が行われないので，市場が消えて，貨幣が消える。労働者は，全知全能な国家が正確に分配してくれる生産物を受け取って消費しさえすればよい。

2) 建設期体制

建設期体制は，社会主義体制ではない他の経済体制[47]から社会主義体制へと変わる，社会主義化移行が起こるときに成立する。このような移行が起こる「指標」は，社会主義理念を持つ権力，すなわち，「社会主義国家」が成立することである[48]。

この体制では，国家は「社会主義的」であるが，現実経済は社会主義的なものへ変化する過程にある[49]と言える。そして建設期体制は「上部構造的社会主義体制」と呼ぶこともできよう。

そして，この体制では，その志向が「純粋型」を建設することであるため，私的経済活動を清算する作業が猛烈に行われる。だが，純粋型に完全に至ることはできず，あくまでそれに接近した状態，私的経済活動がきわめて衰退した「正統的体制」に変わる。なぜ，そうなってしまうのか。

第一に，多数の経済主体が抵抗するからである。社会主義国家が進める強力な宣伝・煽動や強制的な行政的措置にもかかわらず，いろいろな経済主体が私的経済活動を持続しようとする抵抗がかなり強く起こる。そして，時には，社会主義国家が構想した政策を現実化できない事態も生じる[50]。

第二に，社会主義国家が全知全能の主体ではないからである。純粋型は，生産・分配の側面で，国家がすべての生産活動を組織して，生産物を必要とする社会構成員に直接かつ正確に配給する体系である。しかし，これを完璧に実現することは不可能である[51]。

とにかく，建設期体制は，純粋型を目標とするにもかかわらず，「自然」に正統的体制へと変わる。

3) 正統的体制

前述のように，社会主義国家が成立して建設期を経れば，「正統的体制」(orthodox system)が成立する。これはどのような体制なのだろうか。それ

は，公的経済活動が圧倒的優位を占めて，私的経済活動はきわめて衰退した体制である。私的生産組織はきわめて弱く，公的生産組織で行われる私的経済活動もきわめて弱い。

このような正統的体制の成立について，二つの特徴を指摘することができる。一つは，社会主義国家が私的経済活動を清算するのに非常に効率的であるということである。つまり，非常に短い期間に経済構造を変えることに成功しているのである。もう一つは，それにもかかわらず，きわめて弱いながらも「しつこく」私的経済活動が生き残るということである。

では，成立した正統的体制はどう変化していくだろうか。三つの方向性が考えられる。

第一に，少しずつ純粋型に近づくか，または特別な変化なしに持続する場合がある。このような状態は長期に亘って持続可能であることが現実に確認されている[52]。

第二に，後述する改革的体制へ変わる場合がある。これは，国家が私的経済活動を清算しようとする政策では，生産量の十分な増加など満足な経済的変化を成就できないので，私的経済活動を部分的に活性化する必要があると判断する場合に起こりうる変化である。

第三に，社会主義体制それ自体をあきらめる場合がある。正統的体制か改革的体制かというような下位類型の次元ではなく，社会主義体制そのものが望ましい変化を生むことができないと判断すると，脱社会主義移行が起こりうる。それは，権力交代を通じても起こりうるし，社会主義権力が理念的志向を自ら変える「自己変身」によっても起こりうる。また，権力交代は，暴力的な方法でも，平和的な方法でも起こりうる。

4) 改革的体制

正統的社会主義の理念は，私的経済活動の清算という志向を核心としている。また建設期を経て成立した正統的体制は，前述のように長く持続しうるという特性がある。

しかし，正統的体制で予想どおりの満足な経済的変化を成し遂げることが

できない場合，権力側に問題意識が生じうる。そして，代案として私的経済活動を部分的に活性化する必要があると判断する場合がありうる。そうすると，私的経済活動に対する態度に「方向転換」が起こる。つまり私的経済活動を清算しようとする方向から部分的に活用しようとする方向へ向かう[53]。

このように改革的体制は，国家が私的経済活動を「活用」しようとする体制である。そして，私的経済活動が少しずつ活性化する。私的生産組織が活性化し，公的生産組織の中においても私的経済活動が活性化する。

ところが，国家は公的経済活動の「主導的」な地位は維持しようとするので，私的経済活動を「制限」しようとする現象も同時に起こる。そのため，社会主義体制の根幹を揺さぶらないであろう領域からまず私的経済活動を活性化させる傾向がある。たとえば農業，中小企業，対外経済（貿易や外資誘致など）などである[54]。

では，改革的体制はどう変化していくだろうか。三つの方向性が考えられる。

第一に，改革的体制をあきらめて，正統的体制へ戻る場合である。改革が悪い結果を生んだと判断する場合に起こりうる。

第二に，改革が漸次的に深化する場合がある。そうなると，私的経済活動はより活性化する。そして，公的経済活動の主導性を脅かす状態に至ると，後述する「転換的体制」に変わる。

第三に，社会主義体制それ自体をあきらめる場合がある。これは，ある理由で私的経済活動を活性化するにとどまらず，全面的に許容するほうが望ましい，と判断する場合に起こりうる[55]。それは，権力交代を通じても起こりうるし，社会主義権力の「自己変身」によっても起こりうる。また，権力交代は，暴力的な方法でも，平和的な方法でも起こりうる。

5）転換的体制

改革的体制には，いちど許容された私的経済活動が自然に活性化する傾向がある。そのメカニズムは次のように言える。一方では，新しい私的生産組織が生まれ，私的経済活動が拡大し，もう一方では，公的生産組織が私的生

産組織へ変わったり，公的生産組織という基本的な性格を維持しながらも，私的経済活動が部分的に現れたりする。このような変化が重なれば，私的経済活動が公的経済活動の主導性を「脅かす」に至る。このような状態にあるのが「転換的体制」(transformative system) である[56]。

一方，改革的体制でも理念上の混乱が現れるが，転換的体制ではより著しい。改革的体制では，私的経済活動を活用すると同時に制限するという意志が確実にあるが，改革が深化し，私的経済活動が効率的であることが明らかになればなるほど，制限しようとする意志は弱くなる。私的経済活動が効率的で，国家経済を発展させているなら，なぜ，それを敢えて「副次的」なものに制限しなければならないのか，という疑問が生じうるのである[57]。

では，転換的体制はどう変化していくだろうか。三つの方向性が考えられる。

第一に，正統的体制へ戻る場合がある。私的経済活動の活性化は社会主義体制の理想を毀損するとみなして，再び私的経済活動を清算する方向へ帰る場合である。

第二に，徐々に私的経済活動を拡大しつつも，基本的にはこの状態を維持する場合がある。相当期間，これが一番現実的な方向性であろう。それは，それまで主張してきた社会主義という「大義」を公然とあきらめずに，私的経済活動の長所をより生かそうとすることである。しかし，これはその場しのぎの性格が強い。なぜなら，社会主義というスローガンと私的経済活動が拡がる現実の間で乖離が大きくなる一方だからである。

第三に，社会主義体制それ自体をあきらめる場合がある。これは，転換的体制の中で，国家が私的経済活動を全面に許容することが必要であると判断する場合に起こりうる[58]。それは，権力交代を通じても起こりうるし，社会主義権力の「自己変身」によっても起こりうる[59]。また，権力交代は，暴力的な方法でも，平和的な方法でも起こりうる。

以上，下位類型を利用して社会主義体制変化論を構築してみたが，全般的な特徴を簡単に整理すると，次のようになる。

第一に，社会主義化移行は，「設計図」により経済体制を変える最初の実験であった。そして，そのような「先例」に従って，脱社会主義移行も予め用意された設計図によって進行されるようになった[60]。

　第二に，下位類型の間には，「連続的」な側面もあるが，「断絶的」な側面もある。建設期体制と正統的体制は，私的経済活動を清算しようとするという点で，連続している。しかし，正統的体制と改革的体制は断絶している。理念の志向が相当異なっており[61]，現実経済が反対方向へ動く。正統的体制は私的経済活動を清算しようとするが，改革的体制は部分的に活性化しようとする。一方で改革的体制と転換的体制は，私的経済活動を活性化しようとするという点で連続している[62]。

　第三に，脱社会主義移行は，社会主義体制のどの「地点」でも起こりうる。理論的にはすべての下位類型で可能である。ただ現実的には，建設期体制は，外的干渉がない限り，正統的体制へ自然に変わるので，正統的体制，改革的体制，転換的体制のどの地点でも脱社会主義移行が可能であると言える。

1) ハンガリー出身の経済学者 Kornai は，社会主義体制について長年に亘り研究を重ね，多くの著書・論文を発表している。その中で体系的な著書としては，Kornai・1980(『Economics of Shortage』, Amsterdam, North-Holland)と Kornai・1992(『The Socialist System—The Political Economy of Communism—』, Princeton University Press, Princeton, New Jersey)が挙げられる。特に後者は，1989~1991年のソ連・東欧において社会主義体制が次々と崩壊した経験を反映して，社会主義体制論を体系的に提示している。また，Kornai・2000(「What the Change of System from Socialism to Capitalism Does and Does Not Mean」,『The Journal of Economic Perspectives』, Vol.14, No.1(Winter, 2000), 27-42頁)では，幾分新しくなった社会主義体制論を展開している。
2) これら下位類型が資本主義体制と社会主義体制の中でどの体制に属するかについては，叙述が曖昧である。この問題は後ほど論ずることにする。
3) Kornai(1992：91頁)は，「主要な調整機構」(main types of mechanisms)として，次のように，五つを提示している。1) 官僚的調整，2) 市場調整(market coordination)，3) 自律調整(self-governing coordination)，4) 倫理的調整(ethical coordination)，5) 家族調整(family coordination)。
4) このような理論を図式化すれば，次のようになろう。

この図式を利用して，1991 年の時点を基準に，歴史的展開を簡単に整理すると，次のようになる。
1) A 維持　　　　　：北朝鮮，キューバ
2) A ⇒ B　　　　　：中国，ベトナム
3) A ⇒ B ⇒ C：ポーランド，ハンガリー，ユーゴスラビア
4) A ⇒ C　　　　　：東ドイツ，チェコスロバキア，ルーマニア

5) それでは，提示されているモデルは，社会主義体制一般を説明するのに相応しいものだろうか，それとも（下位類型の一つとして設定される）古典的体制を説明するのに相応しいものだろうか。全般的に見て，社会主義体制一般を説明するのに相応しいと思われる。（一部の論点では異見があるが）共産党の権力独占，国家所有の支配的地位，官僚調整の優勢などは，社会主義体制一般で現れる特性だと言えるからである。

6) Three prototypes may be distinguished in the socialist system: 1. The revolutionary-transitional system (the transition from capitalism to socialism), 2. The classical system (or classical socialism), 3. The reform system (or reform socialism)(1992: 19 頁)。

7) After these stages of socialism comes a change of system; in this respect one can talk of a further prototype: 4. The postsocialist system (the transition from socialism to capitalism)(1992: 20 頁)。

8) "（革命で現れる）政府の変化を体制変化とは言えない。これは，体制変化のための政治的前提条件の一つにすぎない。体制変化は，長い時間を要するであろう歴史的過程である［A change of government is not a change of system, merely one of the political preconditions for it. The change of system is a historical process that seems likely to require a long period of time.］(1992: 577 頁)" という言及で，窺える。

9) どのように処理するのが良いだろうか。一応，いずれの場合においても，論理的一貫性は確保できる。けれどもこの問題は，どちらで処理しても良い，恣意的な問題ではないだろう。体制の性格を決める「要因」が何か，という問題がかかっているからである。移行的体制を過渡期にあると解釈するのは，体制の性格を決める要因が「複合的」であると設定する観点に基づいている。"（革命で現れる）政府の変化を体制変化とは言えない。これは，体制変化のための政治的前提条件の一つにすぎない。体制変化は，長い時間を要するであろう歴史的過程である(Kornai 1992：577 頁)" という主張には，このような認識が窺える。移行的体制を「新しい」体制に属すると解釈するのは，体制の性格を決める要因が「単一」であると設定する観点に基づいている。すなわち，政治権力が体制の「規定性」(determinacy)を持つと考える観点である。以上の点を考慮して，私は，移行的体制は「新しい」体制に属すると解釈するのがより良い解決策であると考える。（現在の議論の対象である 20 世紀に起こる移行で）政治権力は，どのような社会を形成するかという「遺伝的プログラム」(genetic program: Kornai 1992, 368-369 頁)を持っているが，これがあまりに現実的でないために全く実現できない場合，あるいは，外部干渉や脆弱な権力基盤のために実現させる能力がな

い場合を除けば，「現実経済」をこの青写真に沿って変化させることは，時間の問題であろう。このような点から，ある政治権力が成立し，現実経済の変化を追求する場合，現実経済は変化過程にあるが，「経済体制」はすでに変わったと解釈するのが適切であろう。このような考えは，ある経済体制を規定する「最小条件」は，政治権力が持つ「性向」(orientation)であるとみなす観点である．

10) The process of transition begins when society shifts away from the fundamental characteristics of the socialist system described in blocks 1, 2 and 3, and finishes when society reaches the configuration of blocks 1, 2 and 3 characteristic of the capitalist system. Moreover, the new state of affairs has to take roots and become irreversible (Kornai 2000：30 頁)．

11) The transition from socialism to capitalism starts in some cases in blocks 2 and 3, but it can be completed only after the necessary change has occurred in block 1; namely that the political sphere has become conducive to private property and market-friendly (Kornai 2000：33 頁)．

12) もちろん，権力の交代なしに権力の性格が変わる場合，「政治的言説」を分析して，a) から b) に変わる時点を把握することはわりと容易であろうが，b) から c) に変わる正確な時点を把握することは難しいと言える．これは，私的経済活動を全面的に許容する場合，政策変化の正当化が難しくなるので，このような変化が「隠密に」起きる可能性が高いからである［長い間，私有財産と私的経済活動が搾取と抑圧の根源であると宣伝してきたので，私的経済活動を全面的に許容する政策を正当化しようとすると，「自己否定」をせざるをえない．それで，面子を崩すようなことを避けようとするはずである］．このような場合には実際の政策がどうかや，現実経済で私的経済活動がどれほど活性化しているかを分析することで，改革段階と移行とを峻別することができよう．

13) In terms of the political nature of the transition, three types of change from the socialist system to the capitalist system seem to emerge (Kornai 2000：33 頁)．

14) ある全体集合を対象にしてそれを類型化する場合，望ましい状態は，全体集合に属するどの要素も分類結果から抜け落ちることなく（包括性），一つの要素が複数の部分集合に属することがない（排他性），ということである．

15) Bernard Chavance, 1992,『Les réformes économiques à l'Est de 1950 aux années 1990』, NATHAN, Paris．／和訳・1993,『システムの解体―東の経済改革史 1950-90 年代―』，斎藤日出治・斎藤悦則訳，藤原書店，東京．

16) 日本語の表現は，おおよそ翻訳書のものを採択するが，一部はそうではない．

17) 資本主義にユートピアを求める彼らの今日の姿は，社会主義にユートピアを見た昔の姿の悲惨な反転である（和訳：285 頁）［L'utopisme capitaliste actuel manifeste une symétrie navrante avec l'utopisme socialiste des débuts（原文：203 頁）］．システムの移行に伴う社会的負担も大きいことであろう．市場さえ導入されれば，もう大丈夫と思

うのは幻想にすぎない（和訳：287頁）［Les coûts sociaux de la transition seront lourds et il serait illusoire de s'en remettre au seul marché dans ce domaine（原文：205頁）］。

18）その歴史を見れば，ある体制が別の体制へ移行するとき，どれほどのジレンマや困難に遭遇せざるをえないかが明らかとなろう（和訳：10頁）［Cette histoire peut nous éclairer sur les nombreux dilemmes et difficultés que rencontre, et rencontrera, la transition entre les deux systèmes（原文：8頁）］。

19）社会主義体制といえども，商品経済であり貨幣経済であるという性格や，賃金制度を持つ点では西欧の経済と同じである（和訳：22頁）［Bien que partageant avec les économies occidentale le caractère d'une économie marchande et monétaire d'un côte, salariale de l'autre, les systèmes socialistes …（原文：17頁）］。

20）「歪曲」されている売買とは，商品売買という形式を取るものの，それが自由ではない場合が挙げられる。農民が収穫した米を，国家が指定した価格で，国家に義務的に「売らなければならない」状況は，この場合に当たる。

21）もし，存在の次元のみから見ると，「国家所有」についても同じことが言える。どの資本主義国家でも国家所有が存在するが，だからと言って，"資本主義体制でも国家所有が存在するので，この点では，社会主義体制と同じである"と言ったら，適切な解釈であると言えるだろうか？

22）L'orginalité des économies socialistes, considérées en tant que système historique, réside dans la combinaison de deux principes apparemment hétérogènes: la propriété d'État et le parti unique（原文：17頁）。

23）私は，前節で，単一政党制が国家所有制を規定するとみなしているKornai（1992と2000）の論理に対して批評し，政治構造ではなくて，政治権力の性向が原因であると指摘した。

24）同書では，このような可能性を取り上げながらも，論理展開で排除している。"かりに単一政党制が維持されたとしても，私的セクターを国営セクターより大きくするような修正がなされれば，それだけでも体制の解体につながったかもしれない。しかし，本書におけるわれわれの関心は，解体のパターンを抽象的に論ずることではない。われわれは歴史の具体的な歩みを見ていきたいのである（和訳：173頁）"［Une modification sensible des proportions entre le secteur d'État et le secteur privé, au bénéfice de ce dernier, pourrait également amorcer une déstructuration systémique, même avec le maintien du parti unique. Mais nous nous intéressons dans ce livre aux expériences historiques, et non aux modalités abstraites possibles de la déstructuration（原文：130頁）］。これは「歴史的接近法」を用いていると言える。歴史的接近法では，仮定を排除し，事実を叙述することは当たり前であろう。しかし，事実を解釈するためには，理論化が必要となる。そして，適切に理論化されたのかが問われるようになる。理論化が適切であればあるほど，説明力が高くなる。単一政党制という制度を社会主義体制の制度的基盤を成す構成要素だと理論化した場合，単一政党制が維持

第 2 章　社会主義体制論　51

されながらも，解体・放棄が起こる事例が出ると，提示された理論の修正を迫られる。しかし，政党の性格を基準として理論化すると，このような展開にも堪えられる。

25) これは，協同農場が自ら耕作する土地を売買することができない，というところで明示される。

26) 農業集団化の過程で「過渡期的」に現れた「農地分配」という現象を例として挙げることができる。社会主義体制の樹立過程では，通常，農業を直ちに集団化せず，地主が持っていた土地を没収して，農民に家族ごとに「分配」した。この場合，土地は誰の所有となろうか。形式上，家族所有であると宣言されるが，実際のところ，これは国家所有であると言わなければならない。これは，分配されたと言われる土地を売買することができない，というところで明らかになる。

27) このような関係は，中央計画化と貿易の国家独占，国家所有制と私的部門の制限などにも指摘できる。貿易を国家が独占する状況は，貿易部門で中央計画を強力に推進することを意味する。もし，私的主体にも外国貿易を許容すれば，これは私的生産を許容するのと同じ次元の問題である。そして，私的部門を制限することは，国家所有と中央計画を中心に経済を運営しようとすることであるが，提示されたモデルでは，このような現象は表現しにくい。

28) もう一つは根本的な改革の類型で，これは中央計画化を放棄し，農業の脱集団化をはかるなど，いくつかの制度を大きく変えてしまおうとする（もちろん，制度的基盤に関わるものは除かれる）（和訳：14頁）。[Les réformes radicales, elles, modifient certaines institutions de manière substantielle (à l'exception du socle qui définit le système), avec par exemple une suppression de la planification centralisée ou une décollectivisation de l'agriculture（原文：11頁）]。

29) 国家が生産活動の結果に責任を負うということは，たとえば，企業の運営で赤字が出たとしても，労働者に賃金を支払い，損失分は国家予算から埋め合わせるという現象に現れる。

30) 同書では，変化過程を年代順に叙述するのではなく，変化を類型化し，これに当たる事例を提示しているので，「空欄」が生じる。

31) ただ，原書の第 4 部のタイトルは「Vers La Déstructuration Systémique（システム解体へ）」と若干曖昧に表現されている。つまり，第 4 部の内容が「解体」を指すか「解体へ向かう過程」を指すかが曖昧である。訳書は「解体」を指すと理解したようである。

32) 崩壊以前に，「微弱」な改革的変化であれ，「中間的」な改革的変化であれ，「急激」な改革的変化であれ，どのような試みがあったかにかかわりなく体制が崩壊したということは，崩壊過程とそれ以前の過程を一つの過程として括る必然性はない，ということを示す。たとえ，それが「急激」な改革的変化であったとしても。

33) これは，マルクス主義の「土台―上部構造」の図式を参照して考えたものでもある。しかし，全く同じ論理というわけではない。

34) この点と関連して，「単一政党制」が社会主義体制の「前提条件」であるとみなす議論に対しては，先ほど批判した．
35) 私的生産組織を清算・制限しようとすることと公的生産組織が優勢な状態を目指すことは，事実上，一つの現象を二つの側面から表現するものである．そして，場合によっては，一つの側面だけで表現しても構わない．したがって，特に私的生産組織を全面的に許容する経済体制である資本主義体制と対比させる場合には，私的生産組織を清算・制限しようとする側面から表現すると便利である．
36) Dahrendorf(和訳・1992,『激動するヨーロッパと世界新秩序』，加藤秀治郎訳，阪急コミュニケーションズ，東京，58頁)は，この点について，次のように言っている．"(社会主義体制という)その代替的ビジョンには，単純明快な特徴があった．つまり，自由よりも，平等や友愛を重視し，〔経済的，社会的に〕ハンディを負った人々にも機会が与えられる社会，また，自己利益ではなく連帯が尊重される社会というのがそれである．"
37) 本書で言う「余剰」とは，「ある組織者が指揮をとった生産活動により発生した結果物から，生産過程の段階において何かを提供した他の主体に補償を支払って残る部分」を意味する．
38) 一部の生産手段は，他の主体から借りることもできる．他の主体は，公的主体でもありうるし，私的主体でもありうる．しかし，すべての生産手段を借りることは不可能である．ある生産手段を借りるということは，一般に生産結果が出る前に，使用料を支払い始めることを意味するので，借りる時点において，すでに使用料として支払える貨幣などを持っていなければならない(生産手段というのは，生産に投入されるすべての物的対象であり，貨幣もその一つの形態である)．
39) マルクス主義は，資本主義体制が社会主義体制へ変化していくとみなして，「継起的」な(consecutive)関係にあると判断したが，歴史的事実は，この二つの体制は「競争的」な関係にあることを示した．資本主義体制が社会主義体制へ変わるだけではなく，逆方向へ変わることも可能であることが明らかになった．また，社会主義思想が登場して以来，ある社会が「意識的」にこの二つの体制のどちらでも選択できるようになったことも注目に値する．マルクス主義は，経済体制の変化というのは，人間集団の意識的選択の問題ではなく，人間集団の意識から独立した，生産力と生産関係の矛盾に基づく「物質的過程」によって決まると主張したが，皮肉にも，社会主義の登場以来，経済体制の問題は，人間集団の意識的選択の領域に入ったのである．
40) 「全面的に」という表現は，ずいぶん象徴的である．社会主義体制では，私的経済活動を「清算・制限」しようとしているが，それに対比させるという視点から，このように表現したからである．文字どおり，すべての経済活動を自由に許容する体制は想像できない．いかなる体制にもさまざまな制限が存在する．たとえば，現代資本主義体制で，私的経済活動が「全面的に」許容されていると言えようが，人身売買が許容されることは想像できない．人身売買も経済活動であることは間違いない．しかし，

第 2 章　社会主義体制論　53

倫理に反すると社会的に広く認識されているので，国家が禁止するというだけである。
41）このような点と関連して，資本主義体制を生物にたとえ，「商品」が資本主義体制の「細胞」に当たると主張するマルクス主義の議論は適切ではない。資本主義体制の細胞に当たるものは，商品というより「資本主義的企業」であると言った方が適切であろう（資本主義的企業というのは，私的経済主体が経済活動の組織者であり，身分的束縛から解放された自由な労働者を使う生産組織であると規定できる）。商品というのは，どのような生産組織でつくられたのかが問題ではなく，ただ「交換のために市場に出る財貨」という性格のみを持つからである。もし，資本主義的に生産された商品を分析しようとすれば，商品分析に先立って，資本主義的生産とは何かを規定しなければならない。商品から特定の社会体制の性格を分析することはできないのである。よって，商品を分析して資本主義体制の性格を明らかにしようとするという考えは「ナンセンス」である。
42）筆者は，「正統的」な社会主義思想家・政治家としてマルクス，エンゲルス，レーニン，スターリン，毛沢東，カストロ，金日成などを念頭に置いている。
43）これは，比喩的に言えば，デカルト（Descartes）の言う「三角形」のようなものである。現実で完璧な三角形は存在しないが，その概念を人々は持っているし，まさに，そうであるからこそ，たとえ完璧ではないが，それに近い図形を描くことができるのである。Descartes（1637／和訳・1997,『方法序説』，谷川多佳子訳，岩波書店，東京）を参照。
44）ところが，純粋型を理解するのに一つ注意すべき点がある。マルクスとエンゲルスが「どのような構造を持って，どのように作動する社会を構想したか」ということと，彼らがそのような社会に「どのような意味を付与したか」ということは別の問題である，という点である。たとえば，彼らが構想した社会で，生産手段を誰が所有するか，生産を誰が組織するか，分配がどのように行われるかということなどは前者に当たり，階級が消滅するか，搾取・抑圧が消滅するか，人間解放が行われるかということなどは後者に当たる。これを区分しなければ，議論で混乱が生じうる。
45）Was den Kommunismus auszeichnet, ist nicht die Abschaffung des Eigentums überhaupt, sondern die Abschaffung des bürgerlichen Eigentums. Aber das moderne bürgerliche Privateigentum ist der letzte und vollendetste Ausdruck der Erzeugung und Aneignung der Produkte, die auf Klassengegensätzen, auf der Ausbeutung der einen durch die andern beruht. In diesem Sinn können die Kommunisten ihre Theorie in dem einen Ausdruck: Aufhebung des Privateigentums, zusammenfassen（Marx & Engels, 1848＝1959,「Manifest der Kommunistischen Partei」,『Karl Marx Friedrich Engels Werke Band 4』, Dietz Verlag, Berlin, 475 頁）。
46）Aber die eine wird immer die andre nach sich ziehen. Ist einmal der erste radikale Angriff gegen das Privateigentum geschehen, so wird das Proletariat sich gezwungen sehen, immer weiter zu gehen, immer mehr alles Kapital, allen Ackerbau, alle Industrie,

allen Transport, allen Austausch in den Händen des Staates zu konzentrieren. [……] Endlich, wenn alles Kapital, alle Produktion und aller Austausch in den Händen der Nation zusammengedrängt sind, ist das Privateigentum von selbst weggefallen, das Geld überflüssig geworden und die Produktion so weit vermehrt und die Menschen so weit verändert, daß auch die letzten Verkehrsformen der alten Gesellschaft fallen können. (Engels, 1847＝1959,「Grundsätze des Kommunisumus」,『Karl Marx Friedrich Engels Werke Band 4』, Dietz Verlag, Berlin, 374 頁)。

47) マルクスやエンゲルスは，成熟した資本主義体制から社会主義体制へ移行すると予想したが，現実はそうではなかった。実際に社会主義体制へ移行する前の社会が，成熟した資本主義体制ではなかったということは言うまでもなく，甚だしくは，「資本主義体制ですらあったのか」という疑問さえ提起されうる。たとえば，中国は社会主義化移行の以前には資本主義体制であったのか，というような議論である。このような論点と関連して「(半)植民地半封建社会論」のような理論が現れたが，この理論が明らかな解答を与えたとは言えない。恐らく，「私的組織者―自由な労働者」(私的資本―賃労働)という関係で成立する資本主義的企業が，社会で「主導的」な状態を資本主義体制と理解する限り，中国が資本主義体制であったと解釈することはできない。ただし，この「主導的」という用語を巧妙に解釈すれば，そう言えるかも知れない。たとえば，資本主義企業が「算術的」な割合では10％にすぎないが，それが社会の全般的な状態を「規定」すると解釈するようなものである。しかし，マルクスやエンゲルスがこのような巧妙な解釈を念頭に置いていたとは考えにくい。

48) これは，社会主義体制を成立させる「最小要件」は何か，という質問への答えとみなすことができる。

49) よく，このような状態を「過渡期」とみなすが，そのような理解は適切とは言えない。この体制では，「現実経済」は過渡期の状態にあるが，「経済体制全体」としては過渡期とは言えないからである。これは，単純に表現の問題ではなく，経済体制をどう把握するかという問題に関わっている。経済体制を「現実経済」を基準として把握するか，それとも「国家―理念・政策―現実経済」を総体的に考慮して把握するか，という観点の問題である。「現実経済」を基準として把握すれば，多様な状況で過渡期が成立するであろうが，「国家―理念・政策―現実経済」を基準として把握すれば，過渡期は原則的に成立しない。

50) ポーランドやハンガリーでは農業集団化が着手すらできなかったこと，(ベトナムの統一以後)南ベトナム地域では農業集団化が完成できなかったことは，代表的な事例である。

51) たとえば，酒を生産して，分配する場合を仮定してみよう。純粋型の理想のとおりにしようとするならば，国家が酒を生産するのに投入する労働力や物的資源(設備や原料など)を決めなければならないし，社会構成員がどの種類の酒を欲するのかを把握して，与えられた技術的条件で生産しなければならないし，また正確に配分しなけ

ればならない．しかし，このようなことは，きわめて複雑であり，膨大な費用が必要であろう．すなわち，「経済的効率性」が低いということになる．さらに，人々の好き嫌いは絶えず変わる．たとえば，調査時点では焼酎が欲しいと言っていたとしても，実際の分配時点ではビールが欲しくなっているかも知れない．さらには，人々は自分が何を願うかということを予め正確に言えない場合さえある（たとえば，店に酒を買いに行きはしたが，どの酒を買うかと現場で迷うのと同じような状況である）．現実の社会主義体制の経験からも，いくつかの種類を少しずつ生産して，売場に陳列して，消費者に選択させる方が現実的であると判明した．このような場合，交換は消えていない．また，もし無理やりに直接配給すると，人々が受け取った財貨をお互いに交換する現象が現れる．配給で焼酎を受け取った人とビールを受け取った人が交換する場合などがそうである．

52) Kornai(1992, 360-379頁)は，上で述べたように，「古典的体制」(the classical system)が「凝集性」(coherence)を持っているため，相当な期間持続可能であると診断している．

53) このような変化は，理念上かなり重要な変化である．なぜなら，私的経済活動を清算しようとする理念と部分的に活性化しようとする理念は，その「方向性」が反対だからである．

54) 大企業については，生産効率が高くないとしても，経済構造で根幹を成すものなので，改革を遅らせる．

55) このような判断は，改革が満足な結果をもたらした場合にもありうるし，そうでなかった場合にもありうる．たとえば，私的経済活動を活用して，その成果が良いと判断されれば，それを漸次的に拡大するのではなく，「一挙」に自由化することが望ましい，と判断される場合がありうる．一方，私的経済活動を活用することが望ましい結果を生んでいない場合にも，問題が私的経済活動を許容したことではなく，部分的にのみ許容したことにあり，よって全面的な許容が必要である，と判断される場合がありうる．ハンガリーやポーランドのような国々で起こった脱社会主義移行は，このような側面が強い．

56) 改革的体制でも転換的体制でも，私的経済活動を活性化する政策が実施されるという点では共通している．つまり，「方向性」は同じである．しかし，現実経済で，私的経済活動が活性化している「程度」に差がある．正統的体制から脱して，若干私的経済活動が活性化する段階と，公的経済活動の主導性を脅かして移行を迫る段階とを区別することが必要である．よって，本書では，改革的体制だけではなく，転換的体制という類型を設定するわけである．

57) このような混乱は，権力の指導部では「早い」時期から現れるようである．それは，現実の変化に先立って，予想段階ですぐに提起しうる問題だからである．香港で発刊される『文滙報』によれば(1993/11/13)，北京で開かれた〈中国共産党第14期中央委員会第3次全員会議〉で，"これからわれわれは公的所有制を主要部分であると言

うことはやめ，経済において（公的所有と私的所有という）所有制の間の相対的な割合に対する制限をも設定しない"と合意されたという。全員会議の後に発表された公式声明では，公的所有制が依然として中心であると表明されたので，この議論は公式化されなかったが，議論自体は秘密裡に行われていた可能性が高い。Prybyla（1995，「Current Status And Future Prospects of Socialism And Socialist Countries」, 11頁）を参照。

58) これは，国家が私的経済活動を部分的に許容し，それが拡大するだけでは，移行が起きえないということを意味する。国家の私的経済活動に対する「性向」(orientation)が変わってこそ移行が起きるのである。私的経済活動を部分的に許容する理念・政策から全面的に許容する理念・政策へ変わらなければならない。これは，社会主義理念をあきらめることを意味する。そして，このような観点から，旧ソ連圏や東欧の国々というグループと中国やベトナムというグループを「体制転換国」として同一視するのは妥当ではないと言える。二つのグループは，現実経済では似た特性を見せる。私的経済活動が活性化しているが，「成熟」してはいない状態なのである。しかし，政治的・理念的にはかなり異なる。ロシアや東欧の国々は，社会主義理念をあきらめ，すでに脱社会主義移行が起き資本主義体制となっている。この場合，いわば「転換」というのは，成熟した資本主義体制をどのように建設するかという問題である。しかし，中国やベトナムは，私的経済活動が活性化しているものの，社会主義理念をあきらめた状態とは言えない。まだ脱社会主義移行が起こっていない状態である。よってこの二つのグループを明確に分ける必要がある。

59) 改革が深化するほど，自己変身の可能性が高くなる。私的経済活動が活性化して，成果があると判断されるほど，私的経済活動に対する反感が弱くなるからである。中国，ベトナムは，そうなる可能性がかなり高い。

60) マルクス主義は，経済体制が社会構成員の意識・意志から独立した「客観的」法則に従って変わると主張したが，皮肉にも，社会主義思想が登場してからというもの，経済体制は，社会（具体的な主体は国家）の設計図によって決められる問題へと変わった。これは，先に社会主義化移行において現れて，以後脱社会主義移行においても行われるようになった。そして，19世紀以後，経済体制は意識的に設計しうる領域に入ってきたと言える。マルクス主義の用語法で言えば，「自然発生的」な現象から「目的意識的」な現象へ変わったのである。

61) これは，社会主義理念における重大な「路線」の差を意味する。そして，それは権力闘争を伴う場合もありうる。

62) すべての下位類型が「公的経済活動対私的経済活動の割合」という点では連続的であるとみなすこともできる。これは，「理念的志向」がどのようなものか，どの「方向」へ動いていくかなどということは考慮しないで，特定の時点で把握した「現実経済」の側面のみから分析する場合である。これも社会主義体制を把握する一方式であると言える。ただし，これは「部分的」な理解であって，全体的なものとは言えない。

第3章 変化の概観

　この章では，北朝鮮経済体制の変化を概観することにする。
　前述したように，経済体制は「上下関係」で三つの領域からなっていると把握できる。ところが，第1領域である国家という組織体は，それ自体としては経済体制における特徴を持たないため，経済体制を理解しようとすると，第2領域の理念・政策および第3領域の現実経済を考察すべきである。このような観点から，北朝鮮の経済体制の第2領域と第3領域について，それぞれ第2領域では「経済路線」という項目を，第3領域では「生産組織」，「流通構造」，「物量的変化」という項目を設定して，議論を展開することにする。

3-1. 経済路線の変化

　ある社会の一部でありながら，その社会を統治する特殊な組織体である国家は，その社会を率いる過程で，その目的を貫徹するために，主に二つの手段を用いる。一つは「物理的手段」で，国家という「組織体」自体であり［その近代的形態は，主に，行政を担当する官僚機構と物理的暴力を意味する軍隊・警察からなる］，もう一つは「知的手段」で，国家が提示する多様な「理念」や「政策」である。そして，理念の中には，その社会を「経済的にどう運営するか」という内容が含まれている。本書では，このような経済の運営方向を「経済路線」[1]と呼んで，北朝鮮の経済路線の変化を考察することにする。具体的には，「私的経済活動」に対するもの，外部社会，中でも特に資本主義圏に対する関係を表す「開放」に対するもの，「経済部門の

内的連関」に対するものを設定する。

　なお，具体的な分析に先立って，経済路線のいくつかの特徴を整理し，経済路線が一般的にどう変化するのかを，モデル化してみる。

　まず，経済路線のいくつかの特徴について見ることにする。

　第一に，経済路線は，必ずしも一つではなく，「多数」ありうる。それは，どの経済体制でもいろいろな「側面」があるので，国家は，このようないろいろな側面に関連して，多数の「志向点」を設定して，それに向けて多数の経済路線を提示するからである。たとえば，対外関係という側面では自立性を重視して，経済開放度を低く維持する路線を提示し，内部構造という側面では私的経済活動を否定的に認識して，清算しようとする路線を提示する場合がありうる。

　第二に，いろいろな経済路線は，「包括性の程度」が異なる。多くの経済部門に関わっている場合もありうるし，ある一つの部門だけに関わっている場合もありうる。たとえば，「自立的民族経済路線」は，「農業第一主義」より多くの部門にまたがる。

　第三に，経済路線は，ある「志向点」を設定した上で，それを実現するためのさまざまな政策を導出する「方向性」を提示する。たとえば，農業第一主義は，ある水準の穀物生産量を志向点として設定し，それを実現するために財政投資，農業機械の生産，肥料生産などに関するさまざまな政策を要求する。

　第四に，経済路線は，明示的に提示される場合もあるが，そうではない場合もありうる。たとえば，北朝鮮で「自立的民族経済路線」は明示的に提示されたが，経済特区の設置を正当化する経済路線はそうではない。

　次に，ある社会において，経済路線がどのような様相で変化するか，を見ることにする。どの社会でも，国家は，経済体制のいろいろな側面に関連して，いろいろな経済路線を設定する。ところが，ある状況である側面に関連した経済路線を「正統的路線」から「修正的路線」へ変える場合がありうる[2]。このように修正的路線に変更する場合，元々の志向点を廃棄すると，国民が体制の正当性に疑問を持ち，体制の安定を脅かす可能性がある。それで，し

ばしば元々の志向点を「戦略的な最終志向点」と設定し，新しい志向点を「戦術的な当面志向点」と設定して，「位階化」するのである[3]。

では，具体的な分析に入ることにする。

3-1-1. 私的経済活動に関する経済路線

まず，私的経済活動に対する経済路線はどう変化してきたのか，を考察することにする。それは，次のような三つの「局面」として把握できる。

第一の局面は，北朝鮮の社会主義勢力が社会主義の「正統的理念」を社会に浸透させた段階である。それは，北朝鮮の社会主義勢力が権力を握る前の段階から，権力を握る過程つまり「朝鮮民主主義人民共和国」を樹立する過程(1945～1948)および権力を握ってから10年間ほどの期間(1948～1958)に当たる。この局面で現れる特徴は，「正統的理念」を社会に浸透させるのにかなり「慎重」な姿勢を見せたことである。

一般的に社会主義勢力は，権力を掌握する以前から，「私的経済活動が消えた社会」を理想的な社会として公然と宣伝する[4]。ところが，北朝鮮の社会主義勢力は，相当長い間，このような「最終目標」に対してはあまり言及せず，「当面目標」ばかりを積極的に宣伝したのである。権力を掌握する以前だけではなく，権力を掌握した後も一定の期間，このような姿を見せた[5]のである。それは，私的所有一般を廃止する問題に対しては言及せず，日本国(＝総督府)，日本人，親日分子の財産を没収する目標のみを掲げたことでよく示される。

> 日本国家および日本人所有のすべての企業所，鉄道，銀行，船舶，農場，修理機関および売国的親日分子の全体財産と土地を没収して，独立運動の経費に充てて，一部分では貧困な人民を救済すること[6]。

第二の局面は，「社会主義的改造」を遂行し，正統的理念を社会に浸透させてから，それを維持する段階である。この局面で現れる特徴は，その期間

がかなり長く(1958〜2002)，正統的理念を固守してきたことである。

　北朝鮮は，社会主義圏が全体的に正統的理念を掲げていた時期のみならず，中国が1978年末以後，改革的理念を掲げた際，1989〜1991年にソ連・東欧で「脱社会主義移行」が起きた際も全般的に改革を否定する立場に立った。そして，2002年7月以後，自ら「経済管理改善措置」を通じて相当改革的な政策を提示する状況になってさえも，それは変わらなかった。

　　　今，帝国主義反動は，主体の祖国，我が共和国に対して，「閉鎖」だ，「孤立」だと言いながら誹謗・中傷して，我々に「改革」・「開放」を行わせようと不必要に策動しています。我々は，どんなときも，一度も国家の門を閉めたことがないし，世界の多数の国々，数十億の人民とお互いを尊重して，良い関係を結んでいます。改革に対しても，我々はもう数十年前，古い社会制度を革命的に改造したし，あらゆる古くて遅れたものをずっと革新しながら，絶えず新しいものを創造してきています。実際において，我が国を敵対視し封鎖する側も，我々を孤立させようとする側も，帝国主義者と反動で，彼らが言う「改革」・「開放」も我々の行う社会主義を崩そうとする侵略瓦解策動です。帝国主義反動のこのような策動は，我々との関係をもっと悪化させるだけで，失敗を免れることはできないのです[7]。

　第三の局面は，第二の局面と重なる時期ではあるが，改革的理念の「兆し」を見せている段階(2002〜)である。ソ連・東欧で脱社会主義移行が起き，孤立の状況に置かれた北朝鮮は，深刻な打撃を受けざるをえなかった。以後，絶望的な経済難を経験して，それを正常化するために「改革的方向」を模索するようになったと思われる。このような過程で「実利社会主義」が登場する。

実利社会主義
　(A) 社会主義経済管理を改善・完成するためにしっかり握っていか

なければならない種子は，社会主義原則を確実に守りながら，最大の実利を得ることができる経済管理方法を見つけることである[8]。

（B）社会主義経済建設で一大躍進を起こそうとするなら，経済管理を改善して科学技術を速く発展させなければならない。我々は，社会主義原則を確固に守りながら最大の実利を得ることができるように経済を管理・運営していかなければならない[9]。

（C）去年，朝鮮は，社会主義経済管理を改善・完成するための画期的な措置を取った。社会主義原則を守りながら最大の実利を得ることができるように経済管理方法を改善するという目標を掲げて，すべての（生産）単位が以前の古い方式から脱皮しようとする努力を注いだ[10]。

（D）今，朝鮮では，金正日将軍様が去年10月3日に発表した論文に基づいて，経済管理の改善作業が推進されている。レン・ビョンホ教授は，論文で提示された「実利社会主義」の内容をこのように説明する。"社会主義原則を守りながら，現代的技術に装備された，実質的に人民が利得をえられる経済を建設しなさい。これが，我々が言う実利です"。「利潤＝実利」ではない。実利は，個別的単位ではなく，集団主義の見地から追求しなければならない目標である，ということである[11]。

なお，北朝鮮は，実利社会主義という「スローガン」を掲げながらも，何らかの体系的な論理は提示していない[12]。

3-1-2. 自立性と開放度に関する経済路線

続いて，経済体制の対外関係を表す「自立」および「開放」に対する経済路線はどう変化してきたのか，を考察することにする。

一般的に，ある経済体制の自立および開放に対する経済路線では，二つの傾向性が観察される。一つは，自立を重視して開放度を低く維持する傾向である（なお，この場合，結果的にどの程度の自立度を達成できるのかということは別の問題である。それは，その達成度が，経済路線だけではなくて，

自国の賦存資源など多数の要因に依存するからである。そして，自立を重視して開放度を低く維持しても，結果的には，自立度があまり高くならない場合もありうる)。もう一つは，国際分業による経済的利益を重視して，開放度を高く維持する傾向である(この場合には，普通，自立度は低くなる)。北朝鮮は，この問題において，どのような経済路線を取ってきたのであろうか。

北朝鮮は，長い間，自立を重視し，開放度を低く維持する経済路線を取ってきた。このような志向は「自立的民族経済路線」によく現れている。

自立的民族経済建設路線

(A) 自立的民族経済を建設するということは，他国に隷属せず自分の足で歩いていく経済，自国の人民のため服務しながら，自国の資源と自国の人民の力に基づいて発展する経済を建設する，ということを意味します[13]。

(B) 自立的民族経済というのは，生産における人的および物的要素を自身で保障するだけでなく，民族国家内部で生産・消費的連係が完結することが可能で，独自に再生産を実現していく経済体系である[14]。

北朝鮮は，対外経済関係で持続的に「自立性の高い経済体制」を志向点として設定して，それを実現するため，いろいろな政策を実行してきた。このような路線は，対外経済関係を否定するものではないが[15]，それを最小化しようとする立場にある，ということは明らかである[16]。

このような志向は，北朝鮮の社会主義勢力が植民地解放運動の過程で形成されたことに歴史的起源を見出すことができよう。国際分業に参加すること，特に垂直的分業の下位パートナーとして参加することは，経済的自立および政治的独立をあきらめる方向であるとみなして，警戒してきたのである[17]。

このような観点から北朝鮮は，経済的自立度を高めるためのいろいろな政策を持続的に施行してきた[18]。しかし，このような経済路線は，国際分業から得られる経済的利益をおろそかにするものなので，結果的に「経済的後進性」が著しくなった。

そして，北朝鮮は，このような経済的後進性を解消するため，対外経済関係を強化するいろいろな経済路線，政策を採択しなければならなくなった。このような模索は，いくつかの類型に分類できる。

第一の類型は，「貿易」を活性化しようとする路線である。代表的な事例としては，1990年代中盤に提唱された「貿易第一主義」が挙げられる。北朝鮮は，＜第3次7ヶ年計画＞(1987～1993)の成果を評価した際，多くの部門で計画未達・不均衡が生じたと判断し，それを是正しようと，3年間(1994～1996)を「緩衝期」と設定して，この期間，「三大第一主義」つまり軽工業第一主義，農業第一主義，貿易第一主義を実行しようとした。ここに「貿易第一主義」が含まれているのである。

第二の類型は，「借款」を導入しようとする政策である。代表的な事例としては，1970年代に西側から借款を取り入れたことが挙げられる。

第三の類型は，「合作企業」を設立しようとする政策である。代表的な事例としては，1984年に「合営法」を制定し，外国投資家を誘致して合作企業を設立しようとしたことが挙げられる。ただし，当時は，さまざまな制約条件［例：投資の割合で外国人の持分は49％を超えることができない，など］のため，大きな成果を得ることはできなかった。

第四の類型は，「経済特区」を設置する路線である。これは，外国企業が企業活動をかなり自由に行えるように特定地域を指定して提供することである。北朝鮮政府は，1991年に初めて羅津先鋒地域を経済特区として指定して，以後2002年に三つの地域［新義州，金剛山，開城］を追加した。

このような路線や政策は，経済的自立度を高めようとする自立的民族経済路線をもっては説明しにくい現象である。貿易活性化や借款導入のような類型は，"自力更生の原則で自立的民族経済を建設するということは，決して門を閉めて経済を建設するということを意味しません。"[19]のような論理である程度正当化できようが，合作企業設立や経済特区設置のような類型は，このような論理でも正当化しにくい。

北朝鮮は，公式的には相変わらず自立的民族経済路線を主唱しており[20]，これに代替する経済路線は明確に提示されてはいない。しかし，実際には，

対外経済関係を大幅に強化する多数の路線や政策を実行しつつある。そして，経済体制の対外関係的な側面で，自立的民族経済を名目的な「最終志向点」へ後回しにし，現実ではこの志向点から遠ざかる方向に「当面志向点」を暗黙的に設定していると言える[21]。このような点で，北朝鮮は，対外経済関係的な側面で「明示的な正当化を伴わない開放路線」を採択しつつあると言える[22]。

3-1-3. 経済部門の内的連関に関する経済路線

続いて，経済体制の内部構造的側面である「経済諸部門の内的連関」に関する経済路線がどう変化してきたのか，を考察することにする。

経済諸部門の連関性というのは，二つの側面によって考察できる。一つは，あらゆる経済部門の間で「どれほど緊密な内的連関を結ぼうとするか」，ということである。もう一つは，あらゆる経済部門の間でどのような「優先順位」を設定するか，ということである。

それでは，まず，「どれほど緊密な内的連関を結ぼうとするか」という問題について考察してみよう。これは，経済体制の内部構造的特性ではあるが，対外関係的特性によって大きく規定される。前述したように，自立性と開放の問題に関連して，一般的に経済路線には二つの傾向が現れる。一つは，自立を重視して開放度を低く維持する傾向であり，もう一つは国際分業による経済的利益を重視して開放度を高く維持する傾向である。

この中で，自立を重視する場合は，開放度を低く維持しながら内部経済部門の間で緊密な内的連関を結ぼうとする。一方，国際分業による経済的利益を重視する場合は，開放度を高く維持するが，内部部門の間で緊密な連関を結ぶことにはそれほど関心を持たない。北朝鮮は，この問題についてどのような経済路線を採択してきたのだろうか。

前述したように，北朝鮮は，「自立的民族経済路線」を主唱しながら，長い間に亘って，内部経済部門が緊密な内的連関を持つように努力してきた。

しかし，このような路線を実行した結果，「経済的後進性」が現れるよう

になると，徐々に開放度を高めるいろいろな政策を採択せざるをえなくなった。「経済特区の設置」は代表的な現象である。それは，自立度が相当低くなることを予想しながらも，国際分業による経済的利益を得られるように，比較優位論を適用して国際的競争力のある産業を育成しようとすることである。まだ初期の段階ではあるが，経済特区では，北朝鮮の労働者が比較的に教育水準が高くて，手まめであり，賃金が低いという条件を活用して，縫製・電子製品組立などの軽工業を主に育成している。

そして，明示的に標榜してはいないが，実際には「緊密な内的連関性を持つ経済体制」を「最終志向点」へ後回しにして，「内的連関性は相当弱くなるが，経済成長を遂げることのできる，かなり開放的な経済体制」を「当面志向点」として設定していると言える。前述したように，このような変化が，明らかな正当化がないまま行われているところに北朝鮮的特性がある。

続いて，あらゆる経済部門の間でどのような「優先順位」を設定するかといった問題について考察してみよう。優先順位の問題は，軍需産業対民需産業，工業対農業，重工業対軽工業といった関係を設定して分析できる。

ところで，ある国家があらゆる経済部門の間で優先順位を決めるのに主に作用する要因は何かについて，まず考える必要がある。ここには，次元の異なる二つの要因がある。

一つの要因は，政治軍事的対外関係がどうか，ということである。政治軍事的緊張が高いほど軍需産業を重視しようとする。この要因は，軍需産業対民需産業をどの「比率」で発展させるかを決めるのに重要である。

もう一つの要因は，対外経済的側面でどのような経済体制を志向点として設定するか，ということである。自立を重視する場合には，内部経済のあらゆる部門を一緒に発展させるため，機械製作工業などの重工業を優先的に発展させようとする。一方，国際分業による経済的利益を重視する場合には，国際的に「比較優位にある部門」を集中的に発展させようとする。たとえば，ある社会は鉱業を，他のある社会は農業を，また他のある社会は自動車産業を集中的に発展させようとする。

このように一番目の要因は，軍需産業をどれほど重視するかという要因と

して作用し，二番目の要因は，あらゆる部門を一緒に発展させるか否かという要因として作用する[23]。

そして，経済部門別優先順位の問題は，二つの項目に分けて分析する必要がある。一つは，軍需産業と民需産業の関係であり，もう一つは，重工業，軽工業，農業などあらゆる部門の関係である。北朝鮮はこのような問題についてどのような経済路線を取ってきたのだろうか。

まず，軍需産業と民需産業の関係に関する経済路線を見てみよう。時期によって程度は異なるが，北朝鮮は，持続的に軍需産業を重視してきたと言える。

このような路線として，まず，「国防・経済併進路線」が挙げられる。これは，軍事部門と経済部門を対比させるという点で，経済部門の間の関係を設定するより包括的な関係を設定するものではあるが，軍需産業を重視する経済路線としての意味を持つ[24]。

北朝鮮は，初期から軍事活動を重視した。それは，第2次大戦直後，米ソを中心に形成された冷戦体制で前哨兵の役割を担ったという点，軍事力をもって民族統一を遂げようと構想した点が主な原因であった。アメリカ駆逐や民族統一を目標に敢行した朝鮮戦争(1950. 6. 25～1953. 7. 27)が失敗に終わってからしばらくは，復旧ならびに建設に中心を置いたが，1960年代中盤に至ると，再び，軍事活動を強調するようになった。それは，中ソ間の紛争で社会主義圏の連帯が弱くなったことで危機意識が高まり，自体の軍事力を強化してこそ国家を維持できるとみなしたからであろう。そして，1966年10月に「国防・経済併進路線」が公式的に登場するようになった[25]。

国防・経済併進路線

今日，我々の革命闘争と建設事業で一番重要なことは，造成された情勢の要求に適うように社会主義建設の全般的事業を改編して，特に敵の侵略策動に備えて，国防力をもっと強化できるように経済建設と国防建設を併進させることです。これは，情勢の変化と関連して，もう何年も前から執行してきた我が党の基本的な戦略的方針です[26]。

これは，経済活動を活発に進めると同時に軍事活動をも活性化しなければならない，という論理だが，それ以前と比べて，軍事活動の比重を高めなければならないし，軍需産業の比重を高めなければならない，という意味を持つ経済路線である[27]。

軍需産業を重視する路線として，次に，「国防工業優先路線」が挙げられる。北朝鮮は，1998年から[28]「社会主義強盛大国」の建設を国家的目標に設定して，これを遂げようとする全般的戦略として「先軍革命路線」を提示し，その下位に経済路線として「先軍経済路線」または「国防工業優先路線」を設定している。

国防工業優先路線
　（A）我々は革命の根本利益から出発して，国防工業を重視して，ここへ先次的な力を入れなければならない[29]。
　（B）先軍時代の社会主義経済は，国防工業と民需生産から成り立っている。国防工業に先次的な力を入れようとする理由は，すでに経済と国防の併進建設路線によって，国防工業，重工業が北朝鮮の産業経済の主要部門としてもう構築されていて，経済回復のために既存の経済的土台を最大限利用する必要性があり，国防工業の発展は先端科学と技術を発展させて他の経済部門の発展も推し進めることができるからである[30]。

これは，国防・経済併進論と基本的文脈が同じである。政治軍事的緊張が高い状況で軍需部門を重視しているのである。一つ差異を述べれば，国防・経済併進論では二つの部門が同じ資源をめぐって争う関係にあると設定されているが，国防工業優先論では軍需産業が民需産業の発展を促進させる関係にあると設定されている点である[31]。

次に重工業，軽工業，農業などあらゆる経済部門の間の関係についての経済路線を考察してみよう。北朝鮮は，長い間，自立を重視して開放度を低く維持し，あらゆる経済部門を一緒に発展させようとして，そのために重工業

を優先的に発展させようとした[32]）。

このような路線としてまず，文字どおりの「重工業優先路線」が挙げられる。これは，農業よりも工業を，さらに工業の中でも軽工業よりも特に重工業を優先的に発展させなければならない，という論理である。

重工業優先路線

(A) 我が国の実践的経験が見せてくれるように，多方面に・総合的に発展した自立経済を建設しようとすると，重工業を優先的に発展させながら軽工業と農業を同時に発展させる路線を堅持しなければなりません。機械製作工業を核心とする重工業は，自立的民族経済の柱です。このような重工業をもってこそ経済技術的に自立することができるし，軽工業と農業を含む人民経済全般を現代的技術に基づいて速く発展させることができます[33]）。

(B) 社会主義工業化の中心は，重工業の先次的な発展にある。機械製作工業を核心とする強力な重工業を創設してこそ，自立的工業体系を確立して，人民経済の全面的技術革新も実現することができる[34]）。

重工業を優先的に発展させながらも軽工業と農業も同時的に発展させるという少し「奇妙」な論法として表現されてはいるが[35]），重工業を重視する志向が確かに現れている。自立的民族経済を建設しようとするなら，重工業を優先的に発展させなければならない，という論理である[36]）。

重工業を重視する路線として，次に，「先行部門優先路線」が挙げられる。これは，石炭・電力・機械金属・鉄道運輸部門のような「先行部門」を先に発展させてこそ経済全般が発展する，という論理である。

先行部門優先路線

(A) 人民経済の先行部門である石炭工業，電力工業，鉄道運輸と金属工業を決定的に立て直さなければならない[37]）。

(B) 今年，社会主義経済建設の一番重要な前線は，電力工業・石炭

工業・金属工業・鉄道運輸である[38]）。

　（C）人民経済の四大先行部門である電力・石炭・金属・鉄道運輸部門が，経済強国建設の前哨線をしっかりと守らなければならない[39]）。

　これは，軽工業・農業に比べて重工業を先次的に発展させなければならないという論理と文脈が同じである。ただし，「先行部門」という表現を使っていて，明確に「4大部門」を設定しているところに特色がある。
　ところが，このような軍需産業優先・重工業優先路線による経済運営は，結果的に，人的・物的資源を軍需部門に過度に投入するようになり，経済的効率性は落ち，経済は全般的に後進性を脱し難くなり，大衆消費生活を停滞させるという否定的な現象を生んだ。そして，否定的な現象が深刻な程度に至ると，その問題点を解決する努力として，「修正的」路線が現れた。軍需産業および重工業ではない，他の産業部門を以前より重視するようになるのである。
　このような路線として，「三大第一主義」に含まれている「軽工業第一主義」，「農業第一主義」が挙げられる。

三大第一主義

　（A）党中央委員会第6期第21次全員会議で決めたとおり，以後3年間を緩衝期にして，この期間に農業第一主義・軽工業第一主義・貿易第一主義の方針を徹底的に貫徹しなければなりません[40]）。
　（B）我々は農業と軽工業・対外貿易を発展させることに，続いて最大限の力を入れなければならない[41]）。

　このように，三大第一主義は，軍需産業優先・重工業優先路線によって軽工業・農業が遅れたという認識から，3年間，軽工業・農業を集中的に成長させて「均衡」を取る，という「期限付き」の路線であった。しかし，軍需産業優先・重工業優先路線を継続的に追求する条件下では，軽工業・農業の不振は，一定期間の集中的努力によって解決できる問題ではない。そのため，

これ以後にも，軽工業・農業を強調する路線，スローガンが持続的に登場する。たとえば，1990年代中盤以後，深刻な食糧事情を背景に「農業主攻前線」論などが現れる。

農業主攻前線論
　(A) 今年，社会主義経済建設の主攻前線は，農業前線である。現時期，経済建設と人民生活で出てくるすべての問題を成果的に解決しうる要点は，農業生産を決定的に伸ばすことにある[42]。
　(B) 今年にも，農業前線を経済建設の主攻前線として取り上げて，もう一度，農業にすべての力量を総動員・総集中しなければならない[43]。
　(C) 現在，人民の食糧問題・食べる問題を解決する以上に，もっと切迫した重要な課業はない[44]。

このようにして，軍需産業および重工業ではなく農業や軽工業を以前より重視する路線は，期限付きの路線ではなくて，事実上，「常時的」な路線になっている。そして，このような変化は，まだ，その程度が大きいとは言えないが，軍需産業優先・重工業優先路線を緩和する効果を持つと言える。

3-2. 生産組織の変化

ここでは，北朝鮮で，生産手段の所有および生産組織においてどのような変化が起きてきたのかを考察することにする。なお，生産手段所有の問題と生産組織の問題は同じものではないが，緊密な関連を持っていることを重視し，ここでは，生産組織を主な分析対象とすることにする。

その変化は，大きく二つの局面に分けて理解できる。第一局面は，生産組織を「社会主義的に改造」する過程である。それは，生産手段に対する私的所有を公的所有に変えて，私的生産組織を公的生産組織に改編する過程である。第二局面は，確立された社会主義的生産組織を修正する過程である。

では，第一局面について考察することにする。その過程は，農業と工業部門に分けて分析する方法が便利であるので，まず，農業部門を見ることにする。

　農業部門の社会主義化過程は，二つの段階に分けられる。最初の段階は，いわゆる「土地改革」の段階である。これは，1946年3月5日，〈北朝鮮土地改革に対する法令［북조선토지개혁에 대한 법령］〉[45]が公布されたことで始まった。その核心的な内容は，次のようである。

　1) 土地改革の目的は，"日本人の土地所有と朝鮮人地主の土地所有および小作制を撤廃することにある。"(第1条)と宣言している。これは，以前の社会を「植民地半封建社会」と認識して，土地改革をその制度を撤廃する過程としてみなしていることからくる。

　2) このような観点から，日本国家・日本人および日本人団体，附日協力者（「日本帝国主義の統治機関に積極協力した者」），越南者（「朝鮮が解放されたとき，自分の地方から南側へ逃走した者」）が所有していた土地をすべて没収し，一定の基準を超えて朝鮮人地主が所有していた土地[46]を没収すると規定している(第2条)。

　3) 没収した土地を処理する方式として，"すべて無償で永遠に農民の所有するものへと移行する。"(第5条)と規定している。また，北朝鮮の農業制度は，"地主に隷属されていない，農民の個人所有である農民経理に基づく。"(第1条)と宣言している。

　しかし，日本人・朝鮮人地主から没収した土地を「農民所有へ変える」という宣言は，すでにこの時点で，事実ではなかった。これは，第10条で"本法令によって農民に分与された土地は，売買すること，小作させること，抵当にすることができない。"と規定したことで明らかに示される。農民所有なら農民が自ら処分できるはずであるが，事実は，そうではなかったのである。むしろ，第1条で"土地利用権は耕作する農民にある。"と規定したところが，この土地改革の性格をよく表現している。土地改革によって登場した土地制度は，私的所有制の一種である「農民所有制」ではなくて，公的所有制の一種である「割当耕作制」と言うべきものである[47]。

続いて，3月8日,〈土地改革法令に対する施行細則［토지개혁법령에 대한 시행세칙］〉が発表されて，土地を没収する方法，実施期間，転売禁止，国有化，地主の強制移住[48]など，土地改革を施行するのに必要な具体的事項が規定された[49]。

このような方針に従い，土地改革は速やかに実施され，100万325町歩に至る土地が没収されて，この中で98万1390町歩が72万4522戸の農家に分配された[50]（残り1万8935町歩は国有化された）。戸当たり平均1.35町歩に当たるわけである。

農業分野で生産組織を社会主義的に改造する第二段階は，家族農を「協同農場」として集団化することである[51]。これは，1953年後半に本格的に始まって，1958年8月に完了した。このようにして，先の土地改革で「農民の永遠な所有」と宣言された農地は，改めて，「協同組合の所有」と宣言された。

前段階の土地改革過程で，（実質的には割当耕作農ではあるが）家族農体制を維持しながら自作農を育成しようとするような政策を提示したが，10年も経たないうちに家族農を協同農場へ改編する農業集団化を推進したのである[52]。

次に，工業およびサービス業分野で，生産組織を社会主義的に改造する過程を見ることにする。それは，「規模」を基準にして，二つの段階で行われた。第一段階では，規模が大きい生産手段・生産組織が国有化された。これは具体的には，1946年8月,〈産業，交通運輸，通信，銀行などの国有化に対する法令〉[53]が公布されたことによって始まった。

ここでは，"日本国家と日本法人および私人の所有または朝鮮の民族反逆者の所有になっているすべての企業所，鉱山，発電所，鉄道運輸，通信，銀行，商業および文化機関などをすべて無償で没収してこれを朝鮮人民の所有に，すなわち，国有化する。本法令は，発布した日から効力を持つ。"と宣言して，工業およびサービス業部門で，規模が大きい生産手段・生産組織を直ちに国有化する方針を明らかにしている。

続いて，工業およびサービス業部門で生産組織を社会主義的に改造する第

図表 3-1　北朝鮮の生産組織の類型の変化　　　　　　　　（単位：％）

		1949	1953	1956	1957	1958.6	1958.10
工業	公有	90.7	95.1	98.3	98.7	100.0	
	私有	9.3	3.9	1.7	1.3		
農業	公有	3.2	32.0	80.9	95.5	98.6	100.0
	私有	96.8	68.0	19.1	4.5	1.4	
商業	公有	56.5	67.5	84.6	87.9	100.0	
	私有	43.5	32.5	15.4	12.1		

出典：『統一朝鮮年鑑』，（統一朝鮮新聞社，1967・1968，東京，830頁）。

二段階として，規模が小さい生産手段・生産組織を国有化した。これは，さらに，二つの段階に細分して実行された。一つ目の段階では，農業と同様に協同化を推進した。二つ目の段階では国有化を推進した。

このような一連の過程を経て，生産手段を私的所有から公的所有に変えて，生産組織を私的生産組織から公的生産組織に変える過程が，10年余りのごく短い期間(1945.8～1958.8)に基本的に完了した。図表3-1は，このような進行過程を簡潔に示している。

このように形成された生産手段の所有，生産組織の類型の全般的状況が，1972年に改定された〈朝鮮民主主義人民共和国社会主義憲法〉でよく表現されている[54]。

1) 国有に関連して，"国家所有は，全体人民の所有であり，その対象には制限がない。"(第19条)と規定して，生産手段の所有および生産組織の類型で国家所有・国営企業の重要性を強調している。

2) 協同組合に関連して，"協同団体の所有は，協同経理に入っている勤労者の集団的所有である。"(第20条)と規定して，協同組合が実質的には国家の計画や指示に従って動く生産組織にもかかわらず，自律的な生産組織であるかのように叙述している[55]。

また，協同組合の将来に関連して，"協同団体に加入している全体構成員の意思によって，協同団体所有を徐々に全人民的所有に転換させる。"(第21条)と規定して，相対的に統制が弱い協同組合を，統制がより厳格な国営企業に改造する予定である，ということを明らかにしている。

3) 私的所有に関連して，"個人所有は勤労者の個人的消費のための所有である。"(第22条)と規定して，私的所有は，個人消費品に制限されることを明らかにしている。これは，言い換えれば，生産手段・生産組織に対しては私的所有を許容しない，ということを意味する[56]。

このように北朝鮮は，比較的短い期間で生産手段に対する私的所有を公的所有に変え，私的生産組織を公的生産組織に改編した。以後，このような経済体制の構造的側面は，大きな変化なしに持続してきた。生産手段に対する私的所有はほぼ消滅し，私的生産組織の存在も同様であった。しかし，1990年代序盤に社会主義圏が崩壊・解体すると，生存を模索する過程で，経済体制の構造的側面で一定の変化が現れるようになる。

第一に，以前には否定していた「土地賃貸制度」を，限定された地域であるものの，取り入れたことである。これは，1991年，〈羅津先鋒自由経済貿易地帯〉を設定する過程で初めて導入されて，1993年10月27日，第9期最高人民会議常設会議で〈土地賃貸法〉[57]が採択されたことによって「一般化」された。この法の主要内容は，以下のとおりである。

1) この法を制定した目的は，"外国投資家と外国投資企業に必要な土地を賃貸し，賃借した土地を利用するための秩序を樹立する。"ことにある(第1条)と規定している。

2) 土地賃貸事業を統一的に管理する主体は「国土管理機関」であり，(羅津先鋒)自由経済貿易地帯では「地帯当局」であると規定して(第4条)，責任単位を明確に設定している。

3) 土地を賃借できる経済主体は，主に「外部人」(外国人および海外同胞)として設定しているが(第1条，第2条)，国内団体も，場合によっては，土地利用権を持つことができると規定している。"合営・合作企業に土地を出資しようとする我が国の機関・企業所・団体は，国土管理機関の承認を受けて，土地利用権を持つことができる。"としている。これは，外部投資家としては，企業活動過程で土地賃借料を支払わなくてもよいので，負担が減るようになり，国内団体としては，投資能力の不足を土地賃借料で補える方式である。

4）賃貸借の方法は、「交渉」を基本とし、自由経済貿易地帯では「入札と競売」によっても行えると規定している（第9条、第11条、第12条、第13条）。これは、土地賃貸借制度を施行する初期段階であるので、経済的側面以外に政治的側面も考慮する意図があることを意味する。入札と競売では主に経済的側面で賃借者が決められるが、交渉では必ずしもそうとは言えないからである。

5）土地を賃借できる期間は50年を上限とし、契約当事者が具体的に決めると規定して（第6条）、安定的な企業活動が可能であると強調している。

6）土地利用権は、賃借者の財産権となり（第7条）、譲渡・抵当することもできる、と規定して（第15条～第27条）、賃借者の権利を確かに保護するとの態度を示す。

このように〈土地賃貸法〉は、1991年羅津先鋒地域に〈自由経済貿易地帯〉という名称で経済特区を設置したことで初めて登場した土地賃貸制度を一般化する内容であり、経済特区を拡大する構想を表している。

第二に、農業およびサービス業部門で私的生産活動と自律的領域が少しずつ拡大していることである。農業分野では、二つの現象を指摘することができる。一つは、「自耕地」［公式的なものと非公式的なものがある］が拡がる現象である。農民は、その土地を処分することはできないが、生産物を市場などに処分することができるという点で、事実上、私的経済活動である。

農業分野でのもう一つの現象は、公的生産組織である協同農場で自律的な領域が少しずつ広がっていることである。以前に比べて生産過程や生産物処分において自律性が高くなっているのである。具体的には、「分組」の規模が小さくなりながら、生産・処分過程で農民の自律性が高まる傾向にある。

サービス業の部門では、私的生産組織が一部誕生していると知られている。たとえば、麺などを作って売る小規模の飲食店ができているという。また、国家が個人に小規模の商店を、事実上、賃貸する現象も現れている。

このような現象から、農業およびサービス業の分野において、明らかに私的生産組織が復活したとはまだ言いにくいが、私的生産活動が徐々に拡がっていて、私的生産組織が復活する可能性が高まっているとは言える。

第三に，国有企業の活動で自律性を高める措置が漸次現れていることである。このような傾向は，以前にもわずかに見られたが[58]，2002年の7・1措置以後は，かなりはっきりと見られる。北朝鮮において，各企業は長い間，国家が提供した原資材を利用して，国家が指定した品目を，概ね，指定した数量より少し多く生産して，国家の指示どおり処分してきた。このような企業活動に一定の変化が現れている。

1) 国家が企業の実績を評価する基準において変化が現れている。以前は国家が個別企業を評価する基準として主に「生産量」が使われていたが，それを「収益性指標」(「得られた収入」)に変えた。これは，価格・費用・収益性など経済効率性を表す指標を重視し，独立採算制を以前より厳密に実施するという意味を持っている。

しかし，このような措置が持つ「制限性」も同時に認識する必要がある。[59] 収益性を基準にして独立採算制を適用し，個別企業単位で実績を評価したとしても，国家が原資材の価格や生産物の価格を決める状況では，企業にとっての収益とは，自力では変えようのない与えられた状況で自力に得た結果として認識されない。むしろ，国家に要請して変えてもらうことも可能な国家の政策的結果と認識されるからである。国有企業が購入する物品(原資材)であれ，販売する物品(生産物)であれ，価格を決めるのは国家である。そして，事実上，収益性を決める核心的要因は国定価格である。よって，収益性が低いとしても，自らの生産活動の効率性に問題があるとはみなさずに，国家の価格設定に問題があるからだとみなし，効率性を高めようとするのではなくて，国家に価格調整を要請するか補助金を要請するようになる[60]。そして，収益性指標を導入するだけでは，企業の効率性を改善しにくいのである。

2) 生産過程で自律性が少しずつ高くなっている。まず以前は，生産計画において，生産品目・規格・生産量など細かい事項に至るまで国家がすべて指示していたが，これを緩和している。すなわち，軍需産業など戦略的な重要性を持つ部門および企業所では以前と同じ方式で統制するが，そうではない部門および企業所では，生産総量指標を実物ではなくて金額基準で与えて，具体的な生産計画は自ら立てるようにしている[61]。

次に，以前は国家が提供する原資材だけを利用して生産するようになっていたが，一定の範囲で，自ら原資材を調達できるようになった[62]。これは「社会主義物資交流市場」[63]を許容したことで示される[64]。

3）生産物処分で自律性が少しずつ高くなっている。以前は，国有企業は生産物を，固定価格で他の企業や国営商店などに納品したが，これを一部緩和する現象が現れている。一部の生産物を，企業自ら設定した価格で総合市場（後述）などで販売できるようになったのである[65]。

4）収益処分で自律性が少しずつ高くなっている。以前には，ある企業で収益が出ると，すべて国庫に帰属させられた。しかし，このような方式で収益を処理すれば，各企業で活動する管理者や労働者が収益を高めるために努力する必要をあまり感じない，と判明した。よって，これを改善するため，収益の一部を企業に残して，それを企業自ら使えるようにする方式に変えた[66]。

このような変化は，計画の「一元化」および「詳細化」と表現されている厳格な計画経済が，元々の構想どおりうまく作動しなかった，という認識を反映していると言える[67]。そして，一定の範囲で企業の「裁量権・自律性」を高めようとしているのである。

以上のように国有企業の活動で自律性を高めることは，国家が統制しない領域が拡がるということを意味する。これは事実上，「公的生産組織の中での私的経済活動」として把握できる。

以上の点で，このような変化は，微弱ではあるが，私的経済活動が活性化する改革的な流れとして見ることができる。

3-3. 流通構造の変化

正統的な社会主義理念では，私的経済活動が消えた社会を理想と設定する。そして，この社会では，私的流通網が消える。このような理念を追求して，社会主義体制が成立すれば（建設期体制），急速に「私的流通網」は弱化し，

「国営流通網」が拡大する。しかし，私的流通網を一挙に清算することは，現実的に不可能である。そして，社会主義経済体制では，一般的に流通構造が「二元化」する。国営流通網と私的流通網が並立するのである。この二つの流通網では，一般的に相異なる価格体系，「価格の二重体系」が成立する。同じ物品でも二つの流通網で異なる価格で「取引」されるのである[68]。

ところでよく，ある程度の時間が経つと，国営流通網で物品の供給が円滑に行われなくなって，私的流通網が徐々に活性化する。そして，国家が社会主義体制の経済状況の悪化を分析する過程で，私的経済活動をあまりにも抑圧したことが一つの原因だと認識する場合，私的経済活動を活性化しようとする経済路線を採択する場合がある。そうすると，私的経済活動・私的流通網が徐々に活性化するようになる。

では，北朝鮮では流通構造がどう変化してきたのか。北朝鮮は「生産関係の社会主義的改造」を掲げて，早い時期に私的生産組織を公的生産組織に変えて，私的流通網を国営流通網へと改編した。流通分野において私的流通網の清算を志向点として設定して，漸次的に私的流通網を縮小しようとする政策を実施してきたのである[69]。そして，私的流通網は弱化して，公的流通網が大きな比重を占めるようになった[70]。

しかし，「農民市場」と呼ばれる私的流通網は完全に消えたのではなくて，さまざまな統制を受けながらも，一定の水準で存続するようになる。そして，1980年代後半以後，経済が沈滞状態に陥ると，徐々に活性化して，1990年代以後，社会主義圏の崩壊・解体による経済難の状況で，より活性化するようになった。

このような状況で，2002年7月1日，「生活費および全般価格の調整措置」[71]が発表された［通常，「7・1措置」と呼ばれる］。この措置の内容を見ることにする。

まず，国営流通網を通して供給する，いろいろな物品の国定価格を全般的に大きく上げた。北朝鮮は，長い間，生活必需品の価格を低い水準に統制してきた[72]。しかし，低価格政策はいろいろな社会的副作用を生んで[73]，それを解決しようと，さまざまな対策が提示されてきた。住民が集団主義精神

を持つように宣伝活動を強化するとか，行政的・司法的方法で処罰するなどである。しかし，このような対策をもってしても，生活必需品の低価政策という状況では，さまざまな脱法的方式で経済的利益を追求する住民を統制することができなかった。このような状況認識の下で，国定価格を正常価格に「接近」させる経済的方法をもって，問題の解決を図るようになった。7・1措置前後の価格の変化を例示すれば，図表3-2のようになる。

　図表3-2に示されるように，国定価格が名目上，全般的におびただしく上がった。まず，一般消費品を見れば，米1kgが0.08₩［ウォン］から44₩へ，小麦粉1kgが0.06₩から20₩へ，豚肉1kgが17₩から170₩へ，鶏肉1kgが18₩から180₩へ上がった。各々おおよそ550倍，333倍，10倍，10倍へ上がったことになる。このような変化は，国定価格を農民市場価格へ「接近」させたことになる[74]。

　次に，公共サービス料金も正常価格に近づいていると言える。大衆交通［バース，電車］料金が0.1₩から2₩へ，電気料金が1kWhに0.035₩から2.1₩へ上がった。各々おおよそ20倍，60倍へ上がったことになる。

　ところが，このように物価を大きく上げれば，賃金も上げざるをえなくなる。賃金の変化を例示すれば，図表3-3のようになる。

　以前，おおよそ，100〜300₩であった賃金は2000〜6000₩へ上がった。北朝鮮側の説明によれば，平均18倍程度に上がった[75]。

　このように7・1措置で，名目上，物価・賃金がおびただしく上がった。これは全般的に平均20倍程度だと言える。では，7・1措置に対して，いくつかの側面で考えてみることにする。

　第一に，このように北朝鮮政府が物価・賃金を大きく上げた「意図」は何か，ということである。北朝鮮政府は，元々，漸進的な方式で私的流通網をなくそうとする目標を持っていたが，現実ではむしろ，私的流通網が活性化する現象が現れた。すると，このような現象が現れる原因は，国営流通網で物品価格が低く設定されたからであるとみなして，国営流通網の物品価格を私的流通網に接近させることで，私的流通網を弱化させようとしたのである[76]。

図表 3-2 〈7・1 措置〉前後の価格変化 (単位：北朝鮮ウォン)

			以前価格(A)	以後価格(B)	変化(B/A, 倍)
農産物	米	1 kg	0.08	44	550
	トウモロコシ	1 kg	0.06	24	400
	豆	1 kg	0.08	40	500
	小麦粉	1 kg	0.06	20	333
肉魚類	豚肉	1 kg	17.00	170	10
	鶏肉	1 kg	18.00	180	10
	ニシン	1 kg	10.00	100	10
	メンタイ	1 匹	0.10	2	20
調味料	味噌	1 kg	0.20	17	85
	醤油	1 kg	0.20	16	80
	豆油	1 kg	4.00	180	45
	調味料	1 kg	5.00	300	60
	砂糖	1 瓶	2.00	100	50
	トウガラシ粉	1 kg	1.50	100	66
嗜好品	焼酎	1 ℓ	0.50	43	86
	ビール	1 瓶	0.50	50	100
	タバコ	1 箱	0.35	2	6
日用品	洗顔セッケン	1 個	3.00	20	7
	洗濯セッケン	1 個	0.40	15	38
	ハミガキ	1 個	1.50	15	10
衣類	冬下着	1 着	25	2000	80
	男子洋服	1 着	90	6750	75
	運動靴	1 足	3.50	180	51
燃料	石炭	1 トン	34	1500	44
	電力	1 kWh	0.035	2.1	60
	ディーゼル油	1 ℓ	40	2800	40
	ガソリン	1 ℓ	40	2800	70
公共料金	市内バス	1 回	0.10	2	20
	地下鉄	1 区間	0.10	2	20
	電車	1 回	0.10	1	10
	汽車	平壌～清津	17	590	36
	遊園地入場料	1 回	3	50	17
	家賃	60m^2	5～10	78	10
	暖房費	60m^2		175	
その他	テレビ	1 台	350	6000	17
	化粧品	1 個	10	750	75
	眼鏡	1 個	20	600	30
	ペニシリン	1 個	0.40	20	50
	朝鮮文学(雑誌)	1 冊	1.20	35	29

出典：パク・ソクサム(박석삼 2002,「最近北朝鮮経済措置の意味と今後の展望(최근 북한의 경제조치의 의미와 향후 전망)」,韓国銀行調査局北韓経済チーム),ナム・ソンウク(남성욱 2003,「2002年北朝鮮の賃金と物価引き上げに従う住民の生産・消費行動の変化に関する研究 (2002년 북한의 임금과 물가 인상에 따른 주민 생산・소비행태의 변화에 관한 연구)」,『統一問題研究』第 40 号, 108～109 頁)などに基づいて再構成。

図表 3-3 〈7・1措置〉前後の賃金の変化

部門		月給(北朝鮮₩)		引き上げ程度 (B/A, 倍)
		引き上げ前(A)	引き上げ後(B)	
党・政府機関	党部長・政務院長官	300〜350	4000〜4500	13
	政務院次官	250〜300	3500〜4000	14
	道人民委員会副委員長 郡人民委員会副委員長	170〜200	2800〜3000	16
	党指導員	150〜200	2500〜3000	15
	中間管理者	120	2400	12
工場・企業所	特級企所支配人	250〜300	3500〜4000	14
	1〜2級企所支配人	150〜200	2500〜3000	15
	事務員	140	1200	9
	金剛山観光総会社総支配人	300	4500	15
	金剛山観光総会社職員	150	2500	17
	貿易会社課長	150	3000	20
	一般生産職労働者	110	2000	18
	炭鉱労働者	300	6000	20
教員	大学教授	270	4000	15
	大学講師	200〜250	3500	16
	一般教員	80	2400	30
	幼稚園保母	135	2400	15
医師	平壌産院(10年経歴)	120〜250	2500〜3000	12
サービス部門	旅館,理髪所,食堂	20〜60	1000〜1500	25
	普通江ホテル両替屋(10年経歴)	120	2500	21
	ホテル案内人(10年経歴)	100	2000	20
芸能人	人民俳優	200	4000	20
	功勲俳優	500	6000	12
軍人	少将	247	6670	27
	大佐	219	5830	27
	上佐	197	5270	27
	中佐	185	4610	25
	少佐	163	4130	25
	大尉	149	3780	27
	中尉	107	3240	30
	少尉	95	2970	31

出典:ナム・ソンウク(2003, 115頁) ← 「労働者生活費標準表」(北朝鮮の内部資料),ナムによる2002年11月北朝鮮現地調査と2003年6月脱北者面接調査。

第二に，7・1措置がどのような「経済的意味」を持つか，ということである。それは，次のように考えられる。

　1）「物価の二重体系」が「緩和」された。北朝鮮では，国営流通網で設定された価格と私的流通網で成立する価格は，名目上，おびただしい差を持っていた。このような状況で国定価格を市場価格に接近させることで，二重体系を緩和したのである。

　ところがこれを，「価格を現実化して物価の二重体系を清算した」と評価する向きもあるが[77]，これは言い過ぎである。国定価格は，理論的に，ある時点で市場価格と一致させても，それは「一時的」なものである。市場価格は，需要と供給を反映して絶えず変わるため，国定価格は，それに追いつくことができない[78]。それは，すでに現実に示されている[79]。よって，7・1措置は，物価の二重体系を，「清算」したのではなくて，「緩和」したことにすぎない。

　2）住民の実質所得にはさほど変化がない。一般的に多数の物品の価格が変化する場合，他の物品より高い割合で上昇する物品を持っている経済主体は，相対的に利益を得る。しかし，7・1措置の場合，全般的物価および賃金が上がるという状況で，賃金上昇の割合が全般的物価上昇の割合と近いので，実質所得にはさほど変化がないのである。たとえば，以前は名目上賃金の3.5％ほどを食糧購入に費やしていて，新しい状況では50％ほどを費やすことになったが，実質的な変化はない[80]。

　3）おびただしい「通貨膨脹」が起こった。国定価格（物価および賃金）が一気に20倍程度上がる状況は，国営流通網で必要な通貨量を20倍へ増やさなければならない，ということを意味する。たとえば，生産組織である国営企業が急に労働者に18倍も上がった賃金をどう支給するのだろうか。発券銀行である朝鮮中央銀行で貨幣を印刷して企業に供給するほかに何がありうるか。このような通貨膨脹は，以前に住民が持っていた貨幣価値が下がる結果を生む。全体通貨量が何倍に増えたかは計算しがたいが[81]，住民が以前持っていた貨幣の実質価値が大きく下がったことは明らかである。

　4）価格設定の出発点を変えたということは，何らの経済的意味も持って

いない。北朝鮮側では，以前は石炭や電力を価格設定の出発点としたが，7・1措置では米へ変えたと言いながら，これが何か特別な経済的意味を持っているかのように説明している。しかし，それは何の意味も持っていない。すべての物品の持つ価格は，相対的な割合においてのみ意味があり，このような相対的な割合は，どの物品を出発点として表示しても，同じ意味を持つ。本来的な貨幣であると言われる金を出発点にしても，生産活動で基礎的な石炭のような原料を出発点にしても，日常的大衆生活で重要な米を出発点にしても，相対的な割合がいくらかということが重要なことであって，どの物品を出発点にするのかは，何の経済的意味も持っていないのである。

　第三に，7・1措置がどのような「効果」を生んでいるかということである。その効果は，次のように考えられる。

　1) 国営流通網の性格が変わってきている。以前，国営流通網は，形式的には物品の売買が成り立つ「市場」であったが，実質的には「配給網」であった。それが，国定価格を現実価格に接近させることで，国営流通網が，正常価格で取引が成り立つ本当の市場に「近づいている」のである。これは「国営流通網の市場化過程」と言える[82]。

　2) 価格の二重体系を緩和して，私的流通網を無力化させようとする意図とは正反対に，私的流通網が活性化する効果を生んでいる。このような逆説的な現象が起こる原因は二つある。一つは，私的流通網が以前よりもさらに積極的な国家的公認を得ることで，そこで購買・販売活動をするのに，心理的な負担が減るようになる，ということである。もう一つは，相変わらず，私的流通網を必要とする経済的要因が存在する，ということである。私的主体が，消費者としては国営流通網から十分な物資を供給されない状態にあるので私的流通網を必要とし，また供給者としては，(価格の二重体系が緩和されて私的流通網を利用して物品を販売する場合，以前ほどの劇的な利得を得ることはできないが)相変わらず，一定の価格差が存在していて，ある程度の利得を得ることができる，ということである[83]。

　また，このように国営流通網に対する政策が変化する過程で，私的流通網に対する政策にも変化が現れている，ということに注目する必要がある。北

朝鮮政府は，長い間，私的流通網を漸進的に清算しようとする路線を取ってきたが，7・1措置以後，このような路線にも変化が見られる。次のように，市場にかなり友好的な多くの政策が現れているのである[84]。

1) 2003年3月末に「農民市場」という名称を「総合市場」に変えて，市場に対する国家的公認を高めた。以前にも農民市場が合法的なものと認められてはいたが，この名称は，産業的に遅れている農村だけに一時的に必要である，という認識を反映していた。また農民市場は，社会主義の発展と共に消える運命にあると予想されていた。ところが，総合市場という名称に変えたことは，継続的に必要である，という認識を反映している。

2) 市場で取引されうる物品の範囲を大幅に増やした。以前には穀物を除いた農産物と畜産物程度の取引が許容されていたが，総合市場という名称を使い始めてから，穀物・工業製品の取引までも許容された。ただしこれは，1990年代の経済難の状況ですでに現実に行われていた取引を事後的に承認したものである[85]。

3) 都市地域で政府が率先して市場を開設している[86]。たとえば，2003年，平壌市の楽浪区域に〈統一通り市場〉を開設した。以前の「農民市場」は，すでに存在していた市場を認めたにすぎなかった。しかも，存在していた市場をすべて認めたのではなくて，「一つの郡に農民市場一つ」という基準を決めて，市場の数を減らして統制した。だが今回は，市場がなかった地域にさえ政府が率先して市場を開設しているのである。

ところが，このような現象に対する理解で，一つ気をつけなくてはならないことがある。それは，このような市場は，政府が開設して運営を統制するにもかかわらず，基本的な性格は，国営流通網ではなくて，「私的流通網」である，ということである。このような市場では，物品が(7・1措置で規定した)国定価格で売買されるのではなくて，当該の時点で需要・供給の状況を反映する正常な市場価格で売買される。政府が商品別に「限度価格」を設定して，その範囲内で供給者が価格を決める仕組みになってはいるが[87]，この「限度価格」というものが，事実上，市場価格を反映するものである[88]。

このような過程で，市場に対する北朝鮮政府の観点もかなり変わっている

と見られる。『朝鮮中央通信』が論評で，"我々は，このような市場運営が初めてなので，他の国々から専門家養成・経験導入を含めた協力をできるだけ受けようと思っている。"[89]と表明しているし，『朝鮮新報』(2003/06/16)が，"農民市場を総合的な消費品市場へ拡大する措置は，工業製品も取引されている今日の現実に相応しく採択した措置と見ることもできるが，もっと重要なことは，一連の経済改革の延長線上で，市場の機能に対する観点の転換が行われた，ということにあるでしょう。"[90]と指摘していることから窺える。これは今後，さらに市場が活性化する可能性を示唆している[91]。

　ところが，市場拡大が期待される中，2009年，北朝鮮で「貨幣改革」が行われたと報道された。これはどのような措置か。その内容を整理し，意味を考えてみることにする。

　まず，その内容は基本的に，貨幣を新しく発行して，「旧券」と「新券」を「交換」するようになったということである。その際，基本的に，旧券と新券を「100：1」の比率で交換するという[92]。これは，何を意味するだろうか。

　もし，今回の貨幣交換で，すべての旧券に対して100対1の比率で交換して，すべての財貨（サービスを含む）の表示価格を「1/100」に変えるとしたら，それは，ほぼ，何の経済的意味も持たない。ただ，財貨の額面価が「1/100」に変わるだけである[93]。これが，一般的に貨幣交換によって生じる現象である。しかし，今回の北朝鮮の貨幣交換は，そのような単純な額面価の変化を意図しているのではない。それは，いくつかの「細部指針」から分かる。

　細部指針の一つ目は，交換比率が必ずしも「100：1」ではない，ということである。人々が持っている現金を交換する場合にはこの比率を適用するが，貯金として保有している場合には，「10：1」の比率を適用するという[94]。このことから，現金を持っている人々に不利に作用することが分かる。

　細部指針の二つ目は，交換に当たって，個人別・家族別に現金交換の「限度額」が設定されているらしい，ということである[95]。このことから，個人や家族ごとに一定の限度を超えて持っている現金は，10対1の比率で変

えるという条件で貯金するか，無効とするかの選択を迫られることが推測される。

　細部指針の三つ目は，貨幣交換が行われた後，給料の表示価額が変わらない，ということである。たとえ，旧券で2000ウォン支払われていた労働者には新券でも2000ウォンを支給するということである。このことから，事実上，既存の貨幣の総価値が下がることが分かる。

　以上のような三つの細部指針から，北朝鮮政府が狙っているのは，すべての財貨の単純な表示価格の変更ではなくて，民間の通貨量を減らすことであり，また，それを差別して減らすことが分かる。それを，現金より貯金を優待し，既存の貨幣より新しい労働提供を優待するという形で「誘導」しているのである。これはどのような経済的・政治的意味を持つのか。

　まず，既存の民間の通貨量を全体的に減らそうとする当局の意図に注目すべきである。今回の特殊な貨幣交換措置によって，既存の貨幣は，大幅に減る。ところが，既存の貨幣より新しい労働提供を優待する形で実施することによって，労働者の反発を和らげ，ひいては，労働者の利益になるかのように装っているので，錯視現象が起こりやすい。

　貨幣交換の瞬間，人々が持っている現金の量が一般的に1/100に減るので，その時点で貨幣価値は100倍になる。しかし，この価値を維持しようとすれば，すべての財貨の額面価が以前の1/100に変わらなければならない。しかし，細部指針として，北朝鮮当局は，労働者には以前の水準の給料を支給すると発表しているのである。

　それは，一見，賃上げのように見える。価値の高い新券で以前と同じ額面価の給料をもらうからである。しかし，時間が経つにつれ，逆の効果が著しくなる。通貨量が，かなり速く貨幣交換以前の水準に近づき，それによって，新券の価値は旧券の価値に近づく。そうすると，貨幣交換の瞬間，額面価として，1/10に減っていた貯金と1/100に減っていた現金は，実質価値までも，ほぼ同程度に減少することになる。つまり，最初は賃上げのように見えても，時間が経つにつれ，賃金はほぼ同じままで，以前の貯金はほぼ1/10に減り，現金はほぼ1/100に減ることになる。

続いて，現金の流通を減らそうとする当局の意図に注目すべきである。北朝鮮で民間が保有している貨幣は，普通，現金か貯金である。その中で当局は，特に，現金を減らそうとしている。現金を，ほぼ1/100に減らすことを意図し，貯金すれば1/10で済むという逃げ口を用意して，反発を和らげようとしている。

このような二つの当局の意図から，その政治的意図が分かる。北朝鮮では経済難の状況で貨幣が増発され，また，公認または黙認された私的経済活動がかなり広く現れて，一部の人々はかなり多額の現金を儲けるようになった。これは，国家が統制できない経済活動の領域が広がることを意味する。一般に改革路線を実行する場合，私的経済活動の範囲が広くなるのは当局が予想する現象であり，また，公認する現象である。ところが，北朝鮮の場合は，私的経済活動に対してかなり否定的である。深刻な経済難の状況で私的経済活動を大幅に認めながらも，それを警戒してきたのである。そして，今回の措置は，その警戒の側面が強く作動したと言える。「成功した」私的経済活動の結果を，ほぼ無効化しようとしているのである。

また，貨幣交換と一緒に行われた「外貨使用禁止」措置も注目に値する[96]。北朝鮮では，1991年以後，徐々にドルなど外貨が取引で使われるようになった。北朝鮮の貨幣の安定性が低いという状況から，安定性の高い外貨が直接使われたのである。そのような現象について，北朝鮮当局は，それまで黙認してきた。しかし，貨幣交換措置と共に，外貨を直接使うことを禁止し，必ず朝鮮貨幣に変えて使うように定めたのである。つまり，それまでは経済難という状況でやむをえず黙認してきたが，経済が回復の道に乗ったと判断し，私的経済活動に対する統制を強める措置の一部として行ったのである。

では，このような措置は，どんな効果をもたらすか。まず，私的経済活動が萎縮するはずであり，それによって，経済回復が鈍くなるであろう[97]。北朝鮮当局は，最悪の状態は過ぎたと判断し，これからは私的経済活動に頼るのではなく，国家が組織する公的経済活動によって経済回復を図ろうとしているようである。しかし，果たして，思惑どおり進むであろうか。これま

での経験から，そのような期待は外れると予想される。そして，今回のような私的経済活動を抑制しようとする措置が否定的な結果をもたらすと確認されると，再び私的経済活動を活性化する措置を取らざるをえないであろう。そして，今回の貨幣交換措置は，ほぼ20年の私的経済活動の結果を無効化しようとする「正統主義的反動」であるが，必ずそれが続くとは予断できない。恐らく，ジグザグ過程の一部分であろう[98]。

3-4. 物量的変化

ここでは，第3領域に関連した第三の論点，北朝鮮の経済が「物量的」にどう変化してきたのかについて考察することにする。国民所得，工業生産，穀物収穫高，財政規模，貿易規模などいくつかの項目を中心に見ていく。

ところで，このような変化を把握する上での難点は，具体的で信じられる統計を得にくいということである。利用できる統計は，一応，二種類に分けられる。一つは，北朝鮮政府が発表したものであり，もう一つは，外部で推計したものである。

まず，信憑性が低いと評価されているが，北朝鮮政府が発表した総量的変化を整理すると，図表3-4のようになる[99]。

はじめに，全般的流れは，次のように整理できる。第2次世界大戦で日本が連合軍に敗れて，朝鮮半島で植民地支配体制が崩れた後，北朝鮮の社会主義勢力は，ソ連軍の駐屯を背景にして，権力を掌握した。以後，北朝鮮の社会主義政権は，経済構造を社会主義化しながら，同時に生産力の増大を追求した。

一方，完全なる解放・統一を掲げて戦争を起こしたが(1950/06/25)，目標を果たすことができずに休戦が成立して(1953/07/27)，以後，分断状況で再び経済構造を社会主義化しながら，同時に生産力の増大を追求した。

そして，戦後復旧3ヶ年計画(1954～1956)を経て，経済全般がおおよそ朝鮮戦争以前の水準へ回復したと推定される[100]。続けてすぐに，経済構造を

図表 3-4 北朝鮮経済の総量的変化（北朝鮮側の発表を総合）

期間	計画 基本課業	計画 主要目標	実績
第1次1ヶ年計画[1] (1947)	・企業所の復旧 ・国営商工業の拡大 ・生産増大と生活改善	・工業生産：1946年対比2倍へ ・穀物収穫高：1946年対比30万トン増産	
第2次1ヶ年計画[2] (1948)	・工業の偏頗性の克服 ・品質向上と原価節減	・工業生産：1947年対比41%の増加 ・穀物収穫高：1947年対比13.5%の増加	
2ヶ年計画[3] (1949～1950)	・立ち後れた産業と農業の発展 ・経済復旧の土台造成	・国営産業総生産：1948年対比194%へ ・穀物収穫高：1946年対比158%へ	
戦後復旧3ヶ年計画[4] (1954～1956)	・朝鮮戦争以前の水準へ到達	・国民所得：1953年対比75%の増加 ・工業生産：2.6倍 ・穀物収穫高：1949年対比119%へ	・4ヶ月の繰り上げ達成
5ヶ年計画[5] (1957～1961)	・工業化の基礎構築 ・衣食住問題の基本的解決	・国民所得：2.2倍 ・工業生産：2.6倍 ・穀物収穫高：376万トン	
第1次7ヶ年計画[6] (1961～1970)	・重工業の優先的発展と軽工業，農業の同時的発展 ・全国的技術革新 ・文化革命と国民生活の向上 ・国防，経済の併進	・国民所得：2.7倍 ・工業生産：3.2倍 ・穀物収穫高：600～700万トン	・工業生産：3.3倍
6ヶ年計画[7] (1971～1976)	・社会主義の物的，技術的土台の堅固化 ・産業設備の近代化 ・技術革命促進 ・労働者を過酷な労働から解放	・国民所得：1.8倍 ・工業生産：2.2倍 ・穀物収穫高：700～750万トン	・国民所得：1.7～1.8倍 ・工業生産：2.5倍 ・穀物収穫高：800万トン
第2次7ヶ年計画[8] (1978～1984)	・人民経済の主体化，現代化，科学化 ・輸送の近代化 ・独立採算制の強化 ・対外貿易増大	・国民所得：1.9倍 ・工業生産：2.2倍 ・穀物収穫高：1000万トン ・80年代の10大展望目標と4大自然改造事業の推進	・工業生産：2.2倍 ・穀物収穫高：1000万トン
第3次7ヶ年計画[9] (1987～1993)	・人民経済の主体化，現代化，科学化 ・技術革新 ・対外貿易および経済協力の増大	・国民所得：1.7倍 ・工業生産：1.9倍 ・農業生産：1.4倍	・工業生産：1.5倍

出典：1）計画は下の1番文書，実績は2番文書。2）計画は2番文書，実績は3番文書。
　　　3）計画は3番文書，実績は4番文書。4）計画は4番文書，実績は5番文書。
　　　5）計画は5番文書，実績は6番文書。6）計画は6番文書，実績は7番文書。
　　　7）計画は7番文書，実績は8番文書。8）計画は8番文書，実績は9番文書。
　　　9）計画は9番文書，実績は10番文書。
文書：1）道・市・郡人民委員会大会報告(1947/02/19)。2）人民委員会第4次会議(1948/02/06)。
　　　3）1948年計画実行総和および1949～50年2ヶ年計画法令発表。
　　　4）最高人民委員会常任委員会会議(1954/04/23)。5）第3次党大会報告(1956/04/23)。
　　　6）第4次党大会報告(1961/09//1)。7）第5次党大会決定書(1970/11/12)。
　　　8）最高人民会議第6期第1次会議(1977/12/05)。9）最高人民会議第8年祭2次会議(1987/04/12)。
　　　10）党中央委員会第6期第21次全員会議(1993/12/08)。

図表 3-5　北朝鮮経済の総量的変化(再構成)

年度	国民所得 前期対比倍数	国民所得 1956年対比規模	工業生産 前期対比倍数	工業生産 1956年対比規模	穀物収穫高 生産量(トン)	穀物収穫高 1956年対比規模
1956		1 G		1 P	280万	1 F
1960	2.2倍	2.2 G	2.6倍	2.6 P	380万	1.4 F
1970	2.7倍	5.9 G	3.3倍	8.6 P	600万	2.1 F
1977	1.7倍	10.0 G	2.5倍	21.5 P	800万	2.9 F
1986	1.9倍	19.0 G	2.2倍	47.3 P	1000万	3.6 F
1993	1.3倍	24.7 G	1.5倍	71.0 P		

社会主義化するという課題を1958年までに完成する。そして，社会主義体制下で行われた総量的経済変化は，戦争以前の水準を回復したと見られる1956年を「新しい基点」にして分析・評価することができる。そして，図表3-4を利用して総量的変化を簡単に整理すると，図表3-5のようになる。

このように北朝鮮が発表した資料を利用して，社会主義圏が正常に作動したと言える1990年頃までに至る北朝鮮の経済総量の変化を計算してみると，国民所得は1956年に比して24.7倍に成長し，工業生産は71.0倍に成長し，穀物収穫高は3.6倍に成長したことになる。

ところが，果たしてこのような数値が実際の状況をまともに反映しているのだろうか。北朝鮮が発表する統計に対しては，早くから疑問が提起されて，いくつかの外部機関(アメリカの中央情報部，韓国の統一部など)は，独自の推計値を発表するなどとした。第3次7ヶ年計画の実績に対して，北朝鮮側が発表したものと韓国側が発表したものを対比させて，北朝鮮側の発表の正確性の問題について考えてみることにする(図表3-6)。

北側の発表値と南側の推計値の間には，大きな差がある。北側は，当該の期間，工業生産を1.9倍成長させることを目標にしたが，実績は1.5倍であったと言って，いくつかの項目で具体的な数値を提示している。工業生産部門で目標達成率が78.9%であると言っているわけである。

一方，南側の推計値は，北側の発表値よりずっと低い。多くの項目で北側発表値の1/3以下の水準であると推定している。全般的な目標達成率を提

図表 3-6 第 3 次 7 ヶ年計画の実績評価(北側発表対南側推計)

項目	目標	実績(目標達成率) 北側発表	実績(目標達成率) 南側推計
国民所得	1.7 倍		1.04 倍(61.1%)
工業生産	1.9 倍	1.5 倍(78.9%)	
貿易	3.2 倍		0.74 倍(23.1%)
穀物	粗穀 1500 万トン		粗穀 571 万トン(38.1%)
米	700 万トン		183 万トン(26.1%)
水産物	1100 万トン		109 万トン(9.9%)
電力	1000 億 kWh	676 億 kWh(67.6%)	221 億 kWh(22.1%)
石炭	1 億 2000 万トン	1 億 710 万トン(89.3%)	2710 万トン(22.6%)
鉄鋼	1000 万トン	875 万トン(87.5%)	186 万トン(18.6%)
非鉄金属	170 万トン		16.4 万トン(9.6%)
化学肥料	720 万トン	560 万トン(77.7%)	160.9 万トン(22.3%)
合成樹脂	50 万トン		9.2 万トン(18.4%)
セメント	2200 万トン	1200 万トン(54.5%)	398 万トン(18.1%)
地方工業	2.5 倍	1.7 倍(68.0%)	
織物	15 億 m		1.9 億 m(12.7%)
化学繊維	22.5 万トン		5.3 万トン(23.6%)
住宅建設	毎年 15〜20 万棟	総 100 万棟(71.4〜95.2%)	毎年 4.1〜4.9 万棟(20.7〜32.4%)

出典:(北側)党中央委員会第 6 期第 21 次全員会議(1993.12.08)。
　　　(南側)統一院 1994, 『北韓の第 3 次 7 ヶ年計画総合評価書(북한의　제 3 차 7 개년계획 종합평가서)』。

示してはいないが, 工業生産部門の多くの項目においては, おおよそ 20% 程度である, と推定している。果たして, どの統計が現実に近いのだろうか。

　若干過小評価された可能性はあるが, 南側の推計値が現実に近いと言える。北朝鮮の事情をある程度正確に観察することができるようになった 1990 年代以後の経済状況を考慮すれば, こう判断するのが妥当であろう。南側の推計値は 1990 年代以後の経済状況と合理的に連結されるが, 北側の発表値は全くそうではないからである。1990 年代以後の経済状況が以前よりかなり悪くなったと言っても, 北側の発表値をもっては, 1990 年代以後の経済状況を連続線上で説明することができない。このような事情は, 1990 年以後の北朝鮮経済の総量的変化を整理した表 3-7 の資料を分析することで明らかになる。

図表 3-7 1990 年以後の北朝鮮経済の総量的変化

	国民所得(GNI)				経済成長率(%)	穀物収穫高(万トン)	財政規模			貿易	
	総量(億$)	1990年対比規模	1人当($)	1990年対比規模			北側貨幣表示(億W)	ドル表示(億$)	為替(NKW/$)	総額(億$)	1990年対比規模
1990	232	1	1142	1	-3.7	402	355	163.7	2.17	41.7	1
1991						443				25.8	0.62
1992	211	0.91	1013	0.89	-6.0	427	393	185	2.13	25.6	0.61
1993	205	0.88	969	0.85	-4.2	388	402	187	2.15	26.5	0.64
1994	212	0.91	992	0.87	-2.1	413	414	191.9	2.16	21.0	0.50
1995	223	0.96	1034	0.91	-4.1	345	−	−	−	20.5	0.49
1996	214	0.92	989	0.87	-3.6	369	−	−	−	19.8	0.47
1997	177	0.76	811	0.71	-6.3	349	−	−	−	21.8	0.52
1998	126	0.54	573	0.50	-1.1	389	−	−	−	14.4	0.35
1999	158	0.68	714	0.63	6.2	422	204	92.2	2.17	14.8	0.35
2000	168	0.72	757	0.66	1.3	359	210	95.7	2.17	19.7	0.47
2001	157	0.68	706	0.62	3.7	395	217	98.1	2.21	22.7	0.54
2002	170	0.73	762	0.67	1.2	413	−	−	−	22.6	0.54
2003	184	0.79	818	0.72	1.8	425	−	−	−	23.9	0.57
2004	208	0.90	914	0.80	2.2	431	3489	25.1	139	28.6	0.69
2005	242	1.04	1056	0.92	3.8	454	4057	29.0	140	30.0	0.72
2006	239	1.03	1044	0.91	-1.1	448	4193	29.7	141	30.0	0.72
2007	236	1.01	1055	0.92	-1.2	401	4341	32.6	135	29.4	0.71
2008	243	1.05	1156	1.01	3.1	431	4515	35.2	128	38.2	0.92
2009	241	1.04	1207	1.06	-0.9	411	3700	37.0	100	34.1	0.82
2010	240	1.03	1258	1.10	-0.5	−	5252	52.0	101	41.7	1.0
2011	241	1.04	1349	1.18	0.8	−	5684	58.0	98	63.2	1.52
2012	−	−	−	−	−	−	−	−	−	−	−

出典：統計庁(통계청 2007,『南北韓経済社会状況の比較(남북한경제사회상황의 비교)』：28, 48 頁)，統一部(2008：133, 137, 138, 142 頁)，統計庁(통계청 2013,『2012 北韓の主要統計指標(2012 북한의 주요통계지표)』：59, 76, 81, 132 頁)に基づいて作成。

　このような統計は，さまざまな事情により誤差は非常に大きいものであろうが，現在，得ることのできる一番現実に近いものである。この資料からは，次のような特徴が分かる。
　第一に，国民所得に現れる変化である。北朝鮮経済は，社会主義圏が崩壊

した1990年以来，9年連続でマイナス成長を経験して，1998年に底点に至った後，相当な外部支援などを背景にして少しずつ成長して，国民総所得基準では2005年に1990年の水準を回復した。ただ，その間，人口の増加があったので，1人当たりの所得基準では，2006年現在，1990年の水準を回復していない。

　第二に，穀物収穫高に現れる変化である[101]。1990年には，すでに，必要量に満たない生産量水準を見せている。そして，1995～1997年に最低水準になって，以後外部支援などを背景にして，少しずつ回復する傾向にある。しかし，正常な生活に必要な水準には，相変わらず至っていない。

　第三に，予算規模に現れる変化である。予算規模はドルと北朝鮮貨幣の二つの基準で分析する必要がある。

　まず，北朝鮮貨幣として表示されたものである。1990年代序盤にやや増加する動きを見せた後，1995～98年の間は予算発表がなく，1999年には以前の半分の水準にまで減っている。ついで，2002～2003年の間は発表がなくて，2004年以後には以前に比べて20倍ほどに増えたことになっている。これは，2002～2003年の間に，国営流通網で貨幣量に大きな変化があったということを反映している。予算発表がなかった2年の間に公的部門の通貨量が20倍ほどに増えたと推論される。

　次に，ドルで表示されたものである。これは，基本的に北朝鮮貨幣で表示された予算を「貿易為替」というものを利用して，ドルで表現したものにすぎないが，非常に「奇妙」な現象を見せている。北朝鮮貨幣表示に現れるように，1990年序盤には若干増加する動きを見せていて，1999年には以前の半分の水準に減っている。ところが，それから2年間は発表がなく，2004年以後には，北朝鮮貨幣表示では20倍ほどに増えたのに，ドル表示では1/3水準にまで減っている。どうして，このような現象が現れるのか。

　これは基本的に，2002年7月1日を基準にして，（貿易）為替基準の変更措置があったからである。すなわち，ドル対比為替を特殊貨幣2Wほどから一般貨幣140Wほどへ変更したのである。そして，北朝鮮貨幣表示の予算規模が20倍ほどに増えたにもかかわらず，ドル表示では1/3に減ったのであ

る[102]）。

　第四に，貿易規模で現れる変化である。社会主義圏が正常に作動していた時期に40億ドル規模であった貿易が，社会主義圏が崩壊すると，急激に減って，1994年には半分の水準に，1998年には1/3水準にまで減った。以後，少しずつ増加してはいるが，2006年現在，未だ1990年の水準を回復していない状態である。

1) これは，社会主義圏の文献でよく登場する用語である。たとえば，北朝鮮で刊行されている『経済辞典(경제사전)1』(科学・百科事典出版社，1985，平壌)では，「経済建設の戦略的路線(경제건설의 전략적로선)」という項目で，次のように記述している。"労働階級の党と国家が経済を発展させるのにしっかり守っていく，基本的で長期的な意義を持つ経済建設路線"［로동계급의 당과 국가가 경제를 발전시키는데 틀어 쥐고 나가는 기본적이며 장기적인 의의를 가지는 경제건설로선］。
2)「正統的路線」というのは，当該の社会の「正統的理念」で「一般的に設定する志向点」へ近づこうとする路線である。「修正的路線」というのは，正統的理念で一般的に設定する志向点へ近づくのではなくて，反対方向に「新しい志向点」を設定して，それを実現しようとする路線である。
3) 一般的に言えば，戦術的志向点は，現在の状態から戦略的志向点へと向かう方向に設定すべきである。だが，時には，戦術的志向点を戦略的志向点へ向かう方向ではなく，遠ざかる方向へ設定することがありうる。言わば，「二歩前進のための一歩後退」という論法である。通常，少なくとも論理的には正統的な最終志向点を廃棄せずに，新たに反対方向へ当面志向点を設定する修正的路線は，このような論法で正当化される。しかし，指導部がどのような「本音」を持つのかは別の問題である。恐らく，初期においては実際に最終志向点をあきらめないだろうが，時間が経てば，徐々に最終志向点をあきらめるようになるだろう。
4) このような立場は，マルクスとエンゲルスの「共産党宣言」(1848)でよく示されている。Marx & Engels(1848＝1959)，「Manifest der Kommunistischen Partei」，『Karl Marx Friedrich Engels Werke Band 4』，Dietz Verlag, Berlin．／和訳・1960，「共産党宣言」，村田陽一訳，『マルクス＝エンゲルス全集第4巻』，大月書店，東京．
5) もちろん，「内部」的には最終目標に対する明確な認識があった。たとえば，金日成(1930/06/30,「朝鮮革命の進路(조선혁명의 진로)」，『金日成著作集1』，朝鮮労働党出版社，1979，平壌)は，こう言っている．"我々は，反帝反封建民主主義革命を遂行した後，そこに止まっていることはできなくて，革命を続けて社会主義・共産主義社会を建設しなければならないし，さらには世界革命も遂行しなければなりません。"［우리는 반제반봉건민주주의 혁명을 수행한 후, 그 자리에 머물러 있을 수 없으며,

혁명을 계속하여 사회주의・공산주의사회를 건설하여야 하며, 나아가서 세계혁명도 수행하여야 합니다.]

6) 金日成 1936/05/05,「祖国光復会 10 大綱領(조국광복회 10 대강령)」,『金日成著作集 1』, 朝鮮労働党出版社, 1979, 平壌.[일본국가 및 일본인 소유의 모든 기업소, 철도, 은행, 선박, 농장, 수리기관 및 매국적친일분자의 전체 재산과 토지를 몰수하여 독립운동의 경비에 충당하며, 일부분으로는 빈곤한 인민을 구제할것.]

7) 金正日 2008/09/05,「朝鮮民主主義人民共和国は不敗の威力を持った主体の社会主義国家である(조선민주주의인민공화국은 불패의 위력을 지닌 주체의 사회주의국가이다), [http://ndfsk.dyndns.org].[지금 제국주의반동들은 주체의 조국, 우리 공화국에 대하여 《폐쇄》니 《고립》이니 하면서 비방, 중상하며 우리에게 《개혁》,《개방》을 먹이려고 부질없이 책동하고 있습니다. 우리는 어느때 한번 나라의 문을 닫아맨 일이 없으며 세계의 수많은 나라들, 수십억 인민들과 서로 존중하며 좋은 관계를 맺고 있습니다. 개혁에 대하여 말하더라도 우리는 벌써 수십년전에 낡은 사회제도를 혁명적으로 개조하였으며 온갖 낡고 뒤떨어진 것을 계속 혁신하면서 끊임없이 새것을 창조해 나가고 있습니다. 실지에 있어서 우리 나라를 적대시하면서 봉쇄하는것도 우리를 고립시키려드는 것도 제국주의자들과 반동들이며 그들이 떠벌이는 《개혁》,《개방》도 우리 식 사회주의를 허물려는 침략와해 책동입니다. 제국주의반동들의 이와 같은 책동은 우리와의 관계를 더욱 악화시킬뿐 실패를 면할 수 없습니다.]

8) 金正日 2001/10/03,「強盛大国建設の要求に適うように社会主義経済管理を改善強化することについて(강성대국 건설의 요구에 맞게 사회주의경제관리를 개선강화할데 대하여)」,『中央日報(중앙일보)』2002/08/02, ソウル.[사회주의 경제관리를 개선하고 완성하는데서 틀어쥐고 나가야 할 종자는 사회주의원칙을 확고히 지키면서 가장 큰 실리를 얻을 수 있는 경제관리방법을 해결하는 것입니다.]

9)『労働新聞(로동신문)』2003/01/01, 平壌.[사회주의경제건설에서 일대 앙양을 일으키자면 경제관리를 개선하고 과학기술을 빨리 발전시켜야 한다. 우리는 사회주의원칙을 확고히 지키면서 가장 큰 실리를 얻을 수 있게 경제를 관리운영해 나가야 한다.]

10)『朝鮮新報』2003/01/01, [http://chosonsinbo.com/jp/search].[지난해 조선은 사회주의 경제관리를 개선완성하기 위한 획기적인 조치들을 취하였다. 사회주의원칙을 지키면서 가장 큰 실리를 얻을 수 있는 경제관리방법을 해결한다는 목표를 내걸고 모든 단위들이 종전의 낡은 방식에서 탈피하는 노력을 기울였다.]

11)『朝鮮新報』2002/11/22.[지금 조선에서는 김정일장군님께서 작년 10월 3일에 발표하신 로작에 기초하여 경제관리의 개선작업이 추진되고 있다. 렴

병호교수는 로작에서 제시된 「실리사회주의」의 내용을 이렇게 설명한다. "사회주의원칙을 지키면서 현대적 기술로 장비된 실질적으로 인민들이 덕을 보는 경제를 건설하라." 이게 우리가 말하는 실리입니다.「리윤＝실리 사회주의」가 아니다. 실리는 개별적 단위가 아니라 집단주의의 견지에서 추구해야 할 목표라는 것이다.]

12) この点について，キム・グンシク 2007(김근식,「北朝鮮の実利社会主義と体制変化(북한의 실리 사회주의와 체제변화)」,『北韓研究学会報』, ソウル, 35頁)は，こう指摘している。"北朝鮮は，今，公式的な文献で実利社会主義を概念化してはいない。中国が本格的な改革・開放を正当化するために提出した，いわゆる「社会主義初級段階論」のような公式的な路線を闡明していないし，7・1措置を施行しながらも市場改革に対する公開的な展望などは提示していない。"[북한이 지금 공식적인 문헌에서 실리사회주의를 개념화하지는 않고 있다. 중국이 본격적인 개혁개방을 정당화하기 위해 내놓았던 이른바「사회주의 초급단계론」과 같은 공식적 노선을 천명하지도 않았고, 7・1조치를 시행하면서도 시장개혁에 대한 공개적 전망 등은 제시하지 않고 있다.]

13) 金正日 1982/03/31,「主体思想について(주체사상에 대하여)」, [http://ndfsk.dyndns.org]. [자립적민족경제를 건설한다는 것은 남에게 예속되지 않고 제 발로 걸어 나가는 경제, 자기 인민을 위하여 복무하며 자기 나라의 자원과 자기 인민의 힘에 의거하여 발전하는 경제를 건설한다는것을 의미합니다.]

14)『経済辞典(경제사전)2』(科学・百科事典出版社, 1985),「自立的民族経済(자립적민족경제)」の項目. [자립적민족경제는 생산의 인적 및 물적 요소들을 자체로 보장할뿐 아니라 민족국가내부에서 생산소비적 련계가 완결되여 독자적으로 재생산을 실현하여 나가는 경제체계이다.]

15) 金正日 1982/03/31,「主体思想について」。"自力更生の原則で自立的民族経済を建設するということは，決して門を閉めて経済を建設するということを意味しません。自立経済は他の国による経済的支配と隷属に反対するということであって，国際的な経済協助を否認することではありません。"[자력갱생의 원칙에서 자립적 민족경제를 건설한다는 것은 결코 문을 닫아 매고 경제를 건설한다는 것을 의미하지 않습니다゜ 자립경제는 다른 나라에 의한 경제적 지배와 예속을 반대하는 것이지 국제적인 경제협조를 부인하는 것이 아닙니다.]

16) キム・リョンムン(김룡문, 貿易省次官),『朝鮮新報』1999/03/14。"(対外貿易を)自立的民族経済に服従させながら，我が国の経済にきっと必要な商品を輸入し，それに必要な外貨を得るために商品を輸出するのが我が国の基本政策である。"[(대외무역을) 자립적 민족경제에 복종시키면서 우리나라 경제발전에 꼭 필요한 상품을 수입하며 그에 필요한 외화를 얻기 위해 상품을 수출하는 것이 우리나라의 기본정책이다.]

17) 金正日 1982/03/31,「主体思想について」。"経済的に自立してこそ，国家の独立を強固にして，自主的に生きていくことができます。"［경제적으로 자립해야 나라의 독립을 공고히 하고 자주적으로 살아나갈 수 있습니다.］ところが，このような路線を，資本主義圏を相手にしてだけでなくて，社会主義圏を相手にしても適用しようとした，ということは特記するに値する。たとえば，スターリンが「社会主義国際分業論」を提唱した際，北朝鮮はそれにあまり積極的に呼応しなかった。
18) 北朝鮮が自立性を特に強く追求していた時期(1945年から1960年代まで)に，植民地状態から脱した多数の発展途上国で「輸入代替工業化」戦略が活発に追求されたことは，注目に値する現象である。この路線は，自立的民族経済建設論と相当な共通性を持っている。当時，多数の発展途上国で，国際収支の赤字，経済の対外依存性が大きな問題になっていた。それを打開するため，輸入需要を満たせる産業を国内で育成しようとした。だが一般的に，政府があらゆる産業部門に特別な調整をしない状態で，輸入が多い分野は，比較劣位産業である。このような国際競争力が劣る産業を育成しようとすると，この部門を特別に保護しなければならない。そうすると，資源配分になる。案の定，このような戦略は，意欲的に推進されたにもかかわらず，大きな成果を生むことはできなかった。一方，その時期，一部の国々が追求した「輸出主導工業化戦略」は，輸入代替工業化戦略とは政策の方向が反対であった。政府があらゆる産業部門に特別な調整をしない状態で，輸出産業になりうる部門は，比較優位産業である。輸入代替工業化戦略が国際競争力の低い部門を特別に保護しようとする政策である反面，輸出主導工業化戦略は，国際競争力の高い部門をもっと強化しようとする政策である。走る馬に拍車をかける戦略であると言える。結果を見ても，輸入代替工業化戦略によって経済成長に成功した国家は見当たらないが，輸出主導工業化戦略によって経済成長に成功した国家はかなり見られる。日本，台湾，韓国は代表的な事例である。
19) 金正日 1982/03/31,「主体思想について」。
20) たとえば，次の記事を見てみよう。『労働新聞(로동신문)』2009/04/06。"宇宙への進出は，今の国際的趨勢で見ても科学技術と経済発展の見地から見ても，必須で，当然のことである。我が共和国の宇宙開発事業は，自立的民族経済建設路線の旗幟に従って，一日も早くこの地の上に我が人民が，他国を羨ましく思わないような，豊かにかつ文明的に暮らせる社会主義強盛大国を建設しようとする，共和国政府の鉄石のように固い意志の発現である。"［우주에로의 진출은 현 국제적 추세로 보나 과학기술과 경제발전의 견지에서 보나 필수적이며 마땅한 것이다。우리 공화국의 우주개발사업은 자립적 민족경제건설 로선의 기치 따라 하루빨리 이 땅 우에 우리 인민이 남부럽지 않게 유족하고 문명하게 사는 사회주의강성대국을 건설하려는 공화국정부의 철석같은 의지의 발현이다.］
21) 次のような言及で，このような変化をもたらす問題意識が窺える。金正日，『金日成大学報(김일성대학보)』2006年秋号。"我々にないもの，我々がよく作ることのでき

ないものまで自力で作ろうとするよりは，外国から買って使って，努力と資材の浪費を無くさなければならない。"［우리에게 없는 것, 우리가 잘 만들지 못하는 것까지 자체로 만들려 하기보다는 외국에서 사다 써서 노력과 자재의 낭비를 없애야 한다.］

22) 敢えてこのような流れを正当化できそうな経済路線を設定しようとすれば，「実利社会主義論」を挙げることができよう。だが，実利社会主義は，まだスローガン程度の水準であり，体系的な論理が提示されてはいない。このような事情のため，実利社会主義が何を言うのかは明らかではないが，まさに，そのような特性によって，多くの方面で現れる政策の変化を「漠然と，しかし，厳粛に」正当化するのに有用でありうる。

23) ここで，「軍需産業優先論」と「重工業優先論」を同じ文脈で設定することは誤りである，ということが分かる。軍需産業優先論と重工業優先論は，同じ原因から発生するものではない。軍需産業優先論は対外的緊張関係が高い場合に現れるが，重工業優先論は自立を重視する立場から現れる。そして，たとえば，対外的緊張関係が高くないという条件下では，重工業重視路線は現れうるが，軍需産業重視路線が現れる理由はないのである。

24) これは本質的に，軍事活動と(一般的な)経済活動が同じ人的資源および物的資源をめぐって「競合的関係」に置かれることによるものである。

25) 統一部(2008, 『北韓理解(북한 이해)』, ソウル, 129頁)を参照。

26) 金日成 1966/10/05,「現情勢と我が党の課業(현 정세와 우리 당의 과업)」,『金日成著作集20』, 平壌。［오늘 우리의 혁명투쟁과 건설사업에서 가장 중요한 것은 조성된 정세의 요구에 맞게 사회주의건설의 전반적 사업을 개편하며 특히 원쑤들의 침략책동에 대비하여 국방력을 더욱 강화할 수 있도록 경제건설과 국방건설을 병진시키는 것입니다° 이것은 정세의 변화와 관련하여 벌써 몇 해 전부터 집행하여온 우리 당의 기본적인 전략적 방침입니다］。

27) これは，このような公式的な宣言以後，北朝鮮の総予算における軍事費の比重が非常に重くなったことによく現れている。北朝鮮側の発表によれば，1966年までは軍事費の比重が10％ほどであったが，1967～1971年の間には30％を超えている(なお以後は，再び14～17％へ低くなっている)。統一部(2008, 129頁)を参照。

28) この時期は，金正日が本格的に体制の前面に登場した時期である。1994年の金日成死亡の時点までは，金日成という絶対権力者を背景にして体制を「実務的」に率いて，死亡以後4年ほどは金日成の後光を利用して「遺訓統治」をし，1998年から本格的に前面に出て統治するようになった。1998年9月の憲法改正は，これを示す分岐点である。

29) 『労働新聞(로동신문)』2003/01/01。［우리는 혁명의 근본이익으로부터 출발하여 국방공업을 중시하고 여기에 선차적인 힘을 넣어야 한다。］

30) パク・ミョンヒョク(박명혁)2003,「社会主義の基本経済法則と先軍時代の経済建設でのその具現(사회주의기본경제법칙과 선군시대 경제건설에서 그의 구

현)」,『経済研究(경제연구)』2003 年第 3 号, 科学百科事典出版社, 平壤.［선군시대 사회주의 경제는 국방공업과 민수생산으로 이루어져 있다. 국방공업에 선차적 힘을 넣고자 하는 이유는 기존에 경제와 국방의 병진건설 노선에 의해 국방공업, 중공업이 북조선 산업경제의 주요 부문으로 이미 구축되어 있고, 경제회복을 위해 기존의 경제적 토대들을 최대한 이용할 필요성이 있으며, 국방공업의 발전은 첨단과학과 기술을 발전시켜 다른 경제부문의 발전을 추동할 수 있기 때문이다.］

31) このような効果が全くないとは言えないが［たとえば，軍事的必要から位置確認技術（GSP）が発展して自動車の運行に使われるようになった場合は，このような効果が見られる］，このような主張は，その連繫性を実際より誇張して，軍需産業と民需産業で存在する競合的特性を隠蔽する論理である。この点に関連して，中川雅彦（2011,『朝鮮社会主義経済の理想と現実—朝鮮民主主義人民共和国における産業構造と経済管理』，アジア経済研究所，千葉，219 頁）は，こう評価している。"現状では外国の投資家から見える軍民転換の成果は食品産業に限られ，他の産業に技術的な魅力が見出されるようになるにはまだ先になる."

32) これは，マルクス主義経済学で言う「第 1 部門優先発展論」によって論理的に裏づけられている。多くの経済学的体系がそうであるが，マルクス経済学も一国的次元から経済体制を扱っている。この次元であらゆる経済部門を「比例的」に発展させることを予想すると，自然に第 1 部門（生産財生産部門）を論理的かつ時間的に先に発展させなければならない，という論理構成を持つようになる。織物機械を先に作ってこそ服を作ることができる，トラクターを先に作ってこそ農業を機械化して発展させることができる，というような論理である。

33) 金正日 1982/03/31,「主体思想について」.［우리나라의 실천적 경험이 보여주는 바와 같이 다방면적으로, 종합적으로 발전된 자립경제를 건설하자면 중공업을 우선적으로 발전시키면서 경공업과 농업을 동시에 발전시키는 노선을 견지하여야 합니다. 기계제작공업을 핵심으로 하는 중공업은 자립적 민족경제의 기둥입니다. 이러한 중공업을 가져야 경제기술적으로 자립할 수 있으며, 경공업과 농업을 포함한 인민경제 전반을 현대적 기술에 기초하여 빨리 발전시킬 수 있습니다.］

34)『経済辞典 2』, 715～716 頁.［사회주의공업화의 중심은 중공업의 선차적 발전에 있다. 기계제작 공업을 핵심으로 하는 강력한 중공업을 창설하여야 자립적 공업체계를 확립하며 인민경제의 전면적 기술개건도 실현할 수 있다.］

35) ここで「同時的」に発展させると言うとき，何（A）と何（B）を同時的に発展させるよう図るか，ということをめぐって若干の混乱がある。たとえば，＜A＝軽工業，B＝農業＞と解釈する場合が見つかる。しかし，ここで北朝鮮が言いたいことは，＜A＝重工業，B＝軽工業＋農業＞である。この表現だけでは分かりにくいが，他のところで解答が見つかる。金正日 1982/03/31,「主体思想について」."重工業と共に軽工業と農業を同時に発展させてこそ，人民生活を体系的に高めることができるし，重工業自体の発展も急き立てることができます."［중공업과 함께 경공업과 농업을 동시

에 발전시켜야 인민생활을 체계적으로 높일 수 있으며, 중공업 자체의 발전도 다그칠 수 있습니다.]

36) ところで，引用文 B)の前段で，重工業優先主義を社会主義工業化論から導出するところ［社会主義工業化の中心は，重工業の先次的発展にある］は，論理的に妥当ではない。社会主義工業化は，スターリンが提示したように，「社会主義国際分業」の方式でも可能であるからである。重工業優先主義は，引用文 B)の後段で現れるように［機械製作工業を核心とする強力な重工業を創設してこそ，自立的工業体系を確立して…］，（経済体制の類型にかかわりなく）自立性の問題から導出されうる論理である。

37) 『労働新聞(로동신문)』1998/01/01。[인민경제 선행부문인 석탄공업, 전력공업, 철도운수와 금속공업을 결정적으로 추켜세워야 한다.]

38) 『労働新聞』2001/01/01。[올해 사회주의경제건설의 가장 중요한 전선은 전력공업, 석탄공업, 금속공업, 철도운수이다.]

39) 『労働新聞』2007/01/01。[인민경제의 4 대선행부문인 전력, 석탄, 금속, 철도운수부문이 경제강국 건설의 전초선을 튼튼히 지켜야 한다.]

40) 金日成 1994/01/01。[당중앙위원회 제 6 기 제 21 차 전원회의에서 결정한 대로 앞으로 3 년 동안을 완충기로 하고, 이 기간에 농업제일주의·경공업제일주의·무역제일주의 방침을 철저히 관철하여야 합니다.]

41) 『労働新聞』1995/01/01。[우리는 농업과 경공업, 대외무역을 발전시키는 데 계속 첫째가는 힘을 넣어야 한다.]

42) 『労働新聞』2005/01/01。[올해 사회주의 경제건설의 주공전선은 농업전선이다. 현 시기 경제건설과 인민생활에서 나서는 모든 문제를 성과적으로 풀어나갈 수 있는 기본 고리는 농업생산을 결정적으로 늘이는 데 있다.]

43) 『労働新聞』2006/01/01。[올해에도 농업전선을 경제건설의 주공전선으로 내세우고, 다시 한 번 농사에 모든 력량을 총동원·총집중하여야 한다.]

44) 『労働新聞』2007/01/01。[현 시기 인민들의 식량문제, 먹는 문제를 해결하는 것보다 더 절박하고 중요한 과업은 없다.]

45) 金日成 1946/03/05,「北朝鮮土地改革に対する法令(북조선 토지개혁에 대한 법령)」,『金日成著作集 2』, 朝鮮労働党出版社, 1979, 平壤。

46) その基準は，次のようである(第 3 条)。1)一つの農家で 5 町歩以上持っている朝鮮人地主の所有地，2)自分が耕作しなくて，すべてを小作させる地主の土地，3)面積にかかわらず継続的に小作させるすべての土地，4)5 町歩以上を持っている聖堂・僧院・その他宗教団体の所有地。

47)「割当耕作制」については，第 4 章(4-1)で詳しく論じることにする。

48) 土地改革で地主に対する処理には，非常に興味深い点がある。地主が社会的影響力を維持できないように他の郡に強制的に移住させながらも，雇農や貧農に分配した平均 1.3 町歩よりはるかに多い平均 2.5 町歩を地主に分配したのである。これは，土地

改革に対する抵抗を最小化しようとした措置として解釈される。シン・ゼミョン(신재명 1991,「北朝鮮土地政策の展開過程とその特徴(북한 토지정책의 전개과정 그 특징)」,『北韓』1991. 10, 北韓研究所, ソウル, 136 頁)を参照。

49) イム・ビョンヨン(임병연 1998,「北朝鮮の土地所有制度に関する研究(북한의 토지소유제도에 관한 연구)」,『亜太公法研究』1998, 亜細亜太平洋公法学会, ソウル, 246〜247 頁)を参照。

50) 金日成 1946/04/10,「土地改革の終決と今後の課業(토지개혁의 해결과 금후의 과업)」,『金日成著作集 2』, 朝鮮労働党出版社, 1979, 平壌。

51) 農業集団化の過程については, 第 4 章(4-1)で詳しく論じることにする。

52) このような経過を振り返ってみると, 農民に農地を分配するという土地改革は, 農業を社会主義化する過程で行われた「臨時的措置」にすぎなかったことが分かる。

53) 金日成 1946/08/10,「産業, 交通運輸, 通信, 銀行などの国有化に対する法令(산업, 교통운수, 체신, 은행 등의 국유화에 대한 법령)」,『金日成著作集 2』, 朝鮮労働党出版社, 1979, 平壌。

54) 参考までに北朝鮮の憲法史を簡単に整理することにする。1948 年 4 月 28 日に北朝鮮人民会議で〈朝鮮民主主義人民共和国憲法(草案)〉が採択され, 1948 年 9 月 8 日に最高人民会議で〈朝鮮民主主義人民共和国憲法〉が採択された。この二つは, 人民民主主義を理論的基礎としているので,「人民民主主義憲法」と呼ばれる。1972 年 12 月 27 日に最高人民会議で〈朝鮮民主主義人民共和国社会主義憲法〉が採択された。これは「社会主義憲法」または「主体の社会主義憲法」と呼ばれる。1992 年 4 月 9 日に最高人民会議で改定憲法が採択された。これは「我々式社会主義憲法」と呼ばれる。1998 年 9 月 5 日に最高人民会議で改定憲法が採択された。これは「金日成憲法」と呼ばれる。ジャン・メンボン(장명봉 1998,「1998 年北朝鮮憲法改定の背景・内容・評価(1998 년 북한 헌법개정의 배경・내용・평가)」,『北韓法研究』1998, 北韓法研究会, ソウル, 7〜8 頁)を参照。

55) ただ, 北朝鮮で, 国家所有と協同所有が実質的には同じ性格であるということが認識されていないわけではない。たとえば, "全人民的所有と協同の所有は, 社会化の水準で差を持つだけで, 私的所有の廃絶に基づいて発生した社会的所有として, 同じ類型の所有に属する。"〔전인민적 소유와 협동적 소유는 사회화 수준에서 차이를 가질 뿐, 사적 소유의 폐절에 기초하여 발생한 사회적 소유로서 동일한 유형의 소유에 속한다.〕(『朝鮮大百科事典 13』, 百科事典出版社, 平壌, 88 頁)と明確に表現されている。これを考慮すれば, 北朝鮮が「国家所有―協同所有―個人所有」という「3 分法」を設定したことは, 自身の認識を間違って表現している, ということになる。

56) ところが, 公的所有か私的所有かという問題は, 生産手段・生産組織に関連してのみ意味のある区分である。どの方式で生産されたとしても, 分配が行われた個人的消費品に対して所有関係を論じるのは意味がない。それは, 自然に, 私的所有物になるからである。どのような社会体制でも分配が行われた個人的消費品は, おおよそ, 家

族単位で処分される。家族を超える次元で介入することは，戦争のような特殊な状況でない限り，想定しにくい。

57) 法律の全文は；[http://www.unikorea.go.kr/]（統一部）。

58) 代表的なのは，「8・3人民消費品生産運動」である。これは，（中央政府または地方政府が管轄する）国有企業で，国家が統制しない領域が一部できた，ということを示している。

59) 北朝鮮が早い時期から独立採算制を強調したということを思い出す必要がある。たとえば，金日成(1946/12/03,「国営企業を計画的に管理運営するために(국영기업을 계획적으로 관리 운영하기 위하여)」,『金日成著作集2』)は，こう言っている。"国営企業の計画的管理・運営で基本になることは，独立採算制を正しく実施することです。我々は生産が先次的であると言って，採算性をつまらないと思ってはいけないのです。(中略)ですので，労働生産効率を高め，原料・資材を節約して，生産物の原価を系統的に下げることで，国営企業所ごとに収益性を高めて，より多い国家蓄積を保障するようにしなければならないのです。"［국영기업의 계획적 관리운영에서 기본으로 되는 것은 독립채산제를 옳게 실시하는 것입니다. 우리는 생산이 선차적이라고 하여 채산을 대수롭지 않게 여겨서는 안 됩니다.(중략)그러므로 로동생산능률을 높이고 원료・자재를 절약하며 생산물의 원가를 계통적으로 낮춤으로써 매개 국영기업소마다 수익성을 높여 더 많은 국가축적을 보장하도록 하여야 할 것입니다.］

60) この場合，価格調整は，他のあらゆる物品が絡んでいるので，取りにくい対応策である。そして国家は，通常，補助金を支給する方式をもってこれを解決するようになる。

61) これと関連して，北朝鮮貿易省次官であるキム・ヨンスル(김용술)は，こう言っている。『朝鮮新報』2004/12/11。"計画化において国家計画委員会では，戦略的物資とその他の重要な物資に対する生産指標のみを与えて，このような物資生産を担当しない工場・企業所には金額上の指標だけを与えるようになった。"［계획화에 있어서 국가계획위원회에서는 전략적 물자와 기타 중요한 물자에 대한 생산지표만을 주고 이 물자 생산을 맡지 않은 공장，기업소들에는 금액상의 지표만 주게 되었다.］

62) これは，二つの側面を持っている。一つは，個別企業が国家統制を受けずに，（たぶん，あまり重要ではない）一部の原資材を調達し，生産して，それを販売して利益を得られるように許容するという「自律性を高める」側面である。もう一つは，国家が円滑に原資材を供給できないので，「いい加減にしなさい」ということで，国家の調達能力が弱くなったことを表す側面である。後者は，北朝鮮貿易省次官であるキム・ヨンスル(김용술)の次のような発言で窺える。『朝鮮新報』2004/12/11。"生産と設備補修に必要な物資が要求されるとき，国に助けを求めることなく，企業が自力で保障するようになった。そして，企業の管理者・労働者が生産の主人として責任と役目を果たしている。"［생산과 설비보수에 필요한 물자가 요구될 때，나라에 손을 내밀지 않고 기업이 자체로 보장하게 되었다° 하여 매 기업일군，로동자들이 생산의

주인으로서 책임과 역할을 다하고 있다.]
63) 国有企業が物資をお互いに合意した価格で売買できるように許容する取引である。
64) これは，すでに現れていた現象を事後的に合法化したと見られる。社会主義諸国で，国家が厳格に統制する方式で物資調達・生産物納品を行う場合，計画樹立および施行がなだらかに作動しないことなどにより，企業所ごとに，物品の過剰や不足が生じた。このような状況で，多数の企業所は，自然発生的な対応として，国家の指示を待たず，お互いに物品を交換する現象が現れた。ソ連ではこのような仕事を担当する職員［トルカチ］を企業内部で指定していたという。北朝鮮でも似た現象が以前からあったと推定される。
65) 『朝鮮新報』2003/12/22。"国営企業所，協同団体が市場活動に参加するようになった。以前には個別の住民だけが登録して，市場で品物を売った。今，統一通り市場にある販売台の約5％は，工場・企業所に割り当てられている。"［국영기업소, 협동단체가 시장활동에 참여하게 되었다. 지난 시기는 개별적 주민들만이 등록되어 시장에서 물건을 팔았다. 지금 통일거리시장에 있는 판매 매대의 약 5%는 공장, 기업소의 몫으로 할당되고 있다.]
66) 『朝鮮新報』2004/12/11。これに関連して，北朝鮮貿易省次官キム・ヨンスル（김용술）は，こう言っている。"以前には，企業が儲かったお金をどこにどう使わなければならない，という詳細な項目があったが，今は国家納付金を除いた残りのお金は，企業が自らの決定で使えるようになった。"［이전에는 기업이 번 돈을 어디에 어떻게 써야 한다는 세부항목이 있었지만, 지금은 국가납부금을 제외한 나머지 돈은 기업이 자기 결심으로 쓸 수 있게 되었다.]
67) このような認識の変化は，次のような言及で窺える。"以前には，国家が地方・工場・企業所ごとに計画を立てると，ないものをあるものとみなして，現実性のない計画を立てたことで，経済発展に混乱を起こす現象が現れた。"［그 전에는 국가가 지방, 공장, 기업소마다에 계획을 세우니, 없는 것을 있는 것으로 보고 현실성이 없는 계획을 세워서 경제발전에 혼란을 주는 양상들이 나타났다.] 2002/09/02, キム・ヨンスル（김용술）の発言，「北韓経済政策説明（북한경제정책설명）」，『KDI 北韓経済レビュー』2002年10月号，ソウル。
68) 厳密に言えば，国営流通網で行われる「取引」は正常な「売買」ではない。供給者である国家と消費者である住民の間で正常な価格で取引が行われないからである。たとえば，生活必需品は正常な価格よりずっと低い価格で供給される。つまりそれは，国家が消費者に「特恵」を施すことにあたる。そしてこれは，（物品をただで供給する）「配給制」に近い。もちろん，国家が消費者に特恵を施すためには，国家が生産者からは無料に近い価格で物品を強制的に「収買」する過程が先になければならない。
69) 金日成（1969/03/01）は，こう言っている。"国家的に人民が要求するすべての品物を十分に生産供給できる程度に生産力が発展して，協同所有が全人民的所有になるときにこそ，農民市場と闇取引は消えて，商業は完全に供給制へ移ることができるで

しょう。"［국가적으로 인민들이 요구하는 모든 물건을 넉넉히 생산공급할 수 있을 정도로 생산력이 발전하고, 협동적 소유가 전인민적 소유로 될 때에만 농민시장과 암거래는 없어지고 상업은 완전히 공급제로 넘어갈 수 있을 것입니다。］

70) 北朝鮮では，国家統制，特に中央政府の統制が強い，という特徴がある。その一つの指標として，1964 年に 1 万種類の品目を中央で統制したということが挙げられる。中央計画が盛んであった時期に，ソ連で 2 千種類，中国で 8 百種類の品目を中央政府が統制したことに比べてみると，北朝鮮でいかに強い中央統制政策を実施していたかが分かる。Prybyla(1995,「Current Status And Future Prospects of Socialism And Socialist Countries」, 8〜9 頁)を参照。

71) ここで言う「生活費」とは「賃金」を指す。北朝鮮では，労働者が受け取る給料を「生活費」と呼ぶのである。「賃金」という用語は，資本家が労働者を搾取することを含蓄するとみなして，1978 年 4 月 18 日，〈社会主義労働法〉を制定したとき，賃金の代わりに「生活費」または「労働報酬」という用語を使うようになった。グァク・ゾンガブ(곽정갑),「消費品需要の発生と増大に作用する主要要因(소비품 수요의 발생과 증대에 작용하는 주요 요인)」,『経済研究』1996 年第 1 号，平壌，31〜35 頁。また，『経済辞典 2』(1985，平壌)では，「生活費」の項目で次のように解説している。"社会主義社会での生活費は，資本主義社会での賃金と本質的に異なる。資本主義社会で賃金は，労働力という商品の価格で，それはいつも労働力の価値以下に低く，勤労者からより多い剰余価値を搾取するための手段になる。しかし，勤労者が国家主権と生産手段の主人になっている社会主義社会では，労働力が商品にならない。したがって，生活費は労働力の価格ではない。"［사회주의사회에서의 생활비는 자본주의사회에서의 임금과 본질적으로 다르다。자본주의사회에서 임금은 로동력이라는 상품의 가격이며, 그것은 언제나 로동력의 가치 이하로 낮아지며, 근로자들로부터 더 많은 잉여가치를 착취하기 위한 수단으로 된다。그러나 근로자들이 국가주권과 생산수단의 주인으로 되여 있는 사회주의사회에서는 로동력이 상품으로 되지 않으며, 따라서 생활비는 로동력의 가격이 아니다。］

72) これは，必要な場合には，商品の価値と価格を「能動的に背離させる」という論理によって裏づけられた。金日成 1969/03/01,「社会主義経済のいくつかの理論問題に対して(사회주의경제의 몇가지 리론문제에 대하여)」,『金日成著作集 23』，平壌。"労働階級の党と国家は，商品の価値と価格を能動的に背離させながら，大衆消費品の値段を低く決めなければなりません。たとえば，米，布地，履物，蚊帳，糸，マッチ，学用品のような人民の物質・文化生活になくてはならない品物は，安く売らなければなりません。"［노동계급의 당과 국가는 상품의 가치와 가격을 능동적으로 배리시키면서 대중소비품의 값을 낮추 정하여야 합니다° 말하자면, 쌀, 천, 신발, 모기장, 바느질실, 성냥, 학용품과 같은 인민들의 물질문화생활에 없어서는 안 될 물건들은 눅게 팔아야 합니다。］

73) 生活必需品などで低価政策が実施される場合，あらゆる経済主体は，社会主義国家

が期待する方式どおりには行動しない，ということが分かった。たとえば，協同農場で穀物を生産すれば，農場員には必要最小量だけが配分されて，残りは低い国定価格で国家に強制的に売らなければならない。そのような状況で，農民はどう行動するのだろうか。生産物を横取りすることができないと予測される状況なら，農民は必要最小量を超える生産に消極的になる。生産物を横取りすることができると判断されれば，農民は熱心に生産して，最大限横取りしようとする。このような方式で，国営流通網へ入ってくる生産物が少なくなり，一応入ってきた生産物も脱法的に国営流通網から横取りされる現象が広く現れる。

74) 農民市場の価格は変動性が高くて，厳密な調査が難しいので，正確な比較は期待できないが，いろいろな資料から新しい国定価格が農民市場価格と近いことが分かる。たとえば，パク・ソクサム（박석삼 2002）では，2001年末の農民市場価格が，米（1 kg）は49 W，トウモロコシ（1 kg）は33.6 Wと示されている。7・1措置で国定価格が，米（1 kg）は44 W，トウモロコシ（1 kg）は24 Wになっているから，国定価格が農民市場価格に近づいたと評価することができる。

75) 「7・1措置解説資料」（2002，42頁）。"すべての商品の価格を改定したのに合わせて，生活費を全般的に平均18倍程度に引き上げた。一つの家庭で，平均2人程度働くと見て，労働者・事務員1人の一月生活費の基準を2,000 Wくらいに決めた。"[모든 상품의 가격을 개정한 데 맞게 생활비를 전반적으로 평균 18배 정도 인상하였다. 한 가정에서 평균 2명 정도 일하는 것으로 보고, 노동자, 사무원 한 사람의 한 달 생활비 기준을 2,000원 정도로 정했다.]

76) パク・ヘンジュン（박형중 2002，『北韓の経済管理体系（북한의 경제관리 체계）』，図書出版ヘナム，ソウル，84頁）は，こう指摘している。"7・1措置は，国家部門と二次経済が共存する二重経済体制という新しい条件下で，国家部門と二次経済の間に存在する物価および労賃の格差を解消することにより，「市場」部門を吸収して，国家部門の正常化を図ったものであると判断できる。"[7・1조치는 국가부문과 이차경제가 공존하는 이중경제체제라는 새로운 현실과 조건에서 국가부문과 이차경제 간에 존재하는 물가 및 노임 격차를 해소함으로써, 「시장」 부문을 흡수하여 국가부문의 정상화를 도모한 것으로 판단할 수 있을 것이다.]

77) たとえば，イ・ゾンチョル（이정철 2002，「北朝鮮の市場清算プログラムと点開放政策（북한의 시장청산 프로그램과 점개방정책）」，『進歩評論』14号［2002年冬］，ソウル，147～148頁）は，こう言っている。"価値と価格の背離はこれ以上許容されないという点で，価値法則が社会主義基本経済法則に服従する消極的な関係としてだけに残ってはいなくなった。"[이제 가치와 가격의 배리는 더 이상 허용되지 않는다는 점에서 가치법칙이 사회주의 기본경제법칙에 복종하는 소극적인 관계로만 남아있지 않게 되었다.]

78) 市場価格は時々刻々に変わるが，国定価格は一度決めると，変えるのがきわめて難しい。あらゆる物品に対しての価格を決める主体が国家という単一主体で，国家が価

格を決める物品は，お互いに一定の比例関係に置かれる。つまりこのような状況で，国家が一つの物品の価格を変更すれば，この物品と他のすべての物品の間の比例関係が変化するようになる。そうすると，他の物品の価格も「変更してくれ」という要求があちこちから出るが，国家はこれを無視しにくい。たとえば国家が，いったん石炭1 kgの価格を1000円と決めてから，これを2000円へ上げたとしよう。そうすると，石炭を直接的または間接的に使うすべての経済主体は，関連物品の価格を上げてくれと要請するようになる。たとえば，石炭を使って電力を生産する企業所なら電力料金を上げてくれと要求するようになり，煉炭を生産する企業所なら煉炭料金を上げてくれと要求するようになる（もし電力料金，煉炭料金を上げてやらなければ，当該の企業所は収益が減るようになって，不利な状況に置かれる）。そして，煉炭を家で使う労働者なら賃金を上げてくれと要求するようになる。このように一つの物品の価格が変わって，企業所の収益が減るようになるとか労働者の生活が苦しくなれば，企業所や労働者はその責任が国家にあるとみなすのであり，結果を受け入れない。社会主義国家はこのような展開を予想しているので，一つの物品の価格を上げてから連鎖的に他のあらゆる物品の価格を上げるよりは，初めから一度決めれば，簡単には価格を調整しない方法を選ぶようになる。そして，社会主義国家では，国定価格が10年も20年も変わらない現象がよく見られる。7・1措置直後，北朝鮮政府がこれから国定価格を随時変えるかのように言ったが（2002/09/02，キム・ヨンスル（김용술）北朝鮮貿易省次官の発言を参照，「北朝鮮経済政策説明」，『KDI北朝鮮経済レビュー（2002年10月号）』，ソウル），これは，実現不可能な話である。一方，市場でも一定の時点においてあらゆる物品の間で比例関係が成立しているし，一つの物品の価格が変われば，この物品と他のすべての物品の間の比例関係が変わるようになる。それでも，市場では，時々刻々に価格変動が起こる理由は何だろうか。それは，価格を変更しうる主体があらゆる供給者であり，変更による結果に各々自ら責任を負うからである。たとえば，石炭の価格を上げるか否かは石炭供給者が決めることができて，その結果（収益の変化）には自ら責任を負う。石炭の価格が上がった状況で電力料金や煉炭料金を上げるか否かは電力供給者，煉炭供給者が決めることができ，その結果には各々自ら責任を負うようになる。煉炭料金の引き上げを根拠に労働者が雇用主に賃上げを要求すれば，ここに応じるか否かは雇用主が決めるようになって，その結果には雇用主が責任を負うようになる，等々。つまり，市場では，価格を上げるのが自分に利益になるか否かが決まっていないので，慎重に判断するようになる。しかし，社会主義体制では，価格を上げてもらうのが自分の利益になるので，できれば上げてもらいたくなるのである。

79) たとえば，2004年，平壌の〈統一通り市場〉で，米は1 kgに240 ₩，豚肉は1 kgに500〜750 ₩で取り引きされているという（『ハンギョレ（한겨레）』2004/06/16，「北，統一通り市場の穀物価急騰（북, 통일거리시장의 곡물가격 급등）」）。しかし，7・1措置で決められた当該の品目に対する国定価格（米は1 kgに44 ₩，豚肉は1 kgに

170 W)を再び変更した，という気配はない．また理論的に見ると，国定価格を頻繁に変えることは不可能に近い．

80) 物価の二重体系を正確に理解しなければ，多くの経済現象を解釈する上で錯視現象が起こりうる．たとえば，エンゲル係数を考えてみよう．北朝鮮で，7・1措置以前には，賃金のうち食品の購入に支払うお金が，名目上3.5％程度にすぎなかった．しかし，7・1措置以後には，50％まで上がるようになった［7・1措置解説資料（2002，43頁）を参照］．これをそのままエンゲル係数化すれば，3.5％から50％へ変わったということになるが，このような劇的な変化は不可能である．この数値どおりなら，豪華生活をしていたから，急に下流層に落ちたことになる．これは，物価体系が二重構造をなしていた状態から緩和されたことで現れる現象である．以前は，国営流通網で食品の購入に支出されていた賃金の3.5％に当たる額は，残り全部［96.5％］とほぼ同じ実質価値を持っていたと推論される．したがって，このような物価の二重体系を考慮すれば，エンゲル係数は7・1措置前後にさほど変化がないと言える．

81) 以前に国営流通網で使われた通貨量と私的流通網で使われた通貨量の割合は正確には分かりにくいため，全体通貨量の変化は見積もりにくいが，エンゲル係数の計算を利用して推論してみよう．住民が以前に食品費など生活必需品の購入に支払ったと推定される貨幣は，（計算を若干簡単にするため）賃金の5％ほどであったとしよう．これが残り95％の貨幣とほぼ同じ価値を持っていたと言えるので，国営流通網の物価を私的流通網の物価に一致させようとすると，5％の貨幣量を95％の貨幣量と同じ量まで増やさなければならない．これ以前に賃金を100 W受け取ったとすると，95 Wはそのまま置いておき，5 Wを95 Wに変え，新しい賃金は190 Wになるわけである．このように推論すれば，全体通貨量は，おおよそ2倍に増えたと推論できる．

82) 国家という経済主体が，農民から等価交換に近い価格で農産物を購買して，同じく等価交換に近い価格で労働者に販売すれば，国営流通網は「国家が運営する市場」に変化するのである．長い間，北朝鮮では，このような国営流通網の「市場化」は望ましくないとみなされていた．金日成は，1985年のある演説で"米を市場価格で買ってあげるような制度を施行すれば，社会主義・共産主義を成果的に建設することができない."［쌀을 시장가격으로 팔아주는 것과 같은 제도를 시행하면，사회주의・공산주의를 성과적으로 건설할 수 없다.］と言ったことがある．この発言については，ドン・ヨンスン（동용승 2002，「北朝鮮の変化と北東アジアの構図（북한의 변화와 동북아시아의 구조）」，7頁，http://www.kdi.re.kr/home29.hwp）を参照．市場価格で米を買収する場合には，農業部門で生じる剰余価値を国家が統制することができないということが分かっていたからである．そして，このように国営流通網が市場化すれば，国営流通網を維持する誘引が弱くなる．

83) たとえば，以前は利得が500％であったが，今は30％になったとしても，私的流通網で販売せずに国営流通網に納品する誘引はないのである．

84) ただし，市場に対するいろいろな政策を総合的に見れば，「両面的で矛盾的」であ

る。自由な市場的取引を，時には抑制しようとし，時には育成しようとする政策が交代に現れているからである。

85) これは，次のような報道から確認できる。『朝鮮新報』2003/12/22。"朝鮮では，ずっと前から協同農場の農民が自耕地から出る農産物を売る農民市場があった。(1990年代の)「苦難の行軍」期，農民市場に農民以外の住民が進出して，農産物また他の工業製品を売るようになった。国家が人民生活に必要な物資をろくに供給できない条件では，どうしようもない現象であった。"［조선에서는 오래전부터 협동농장 농민들이 텃밭에서 나온 농토산물을 파는 농민시장이 있었다. 〈고난의 행군〉시기 농민시장에 농민들 이외의 주민들이 진출하여 농산물이나 다른 공업제품을 팔게 되었다. 국가가 인민생활에 필요한 물자를 제대로 공급하지 못한 조건에서는 어찌할 수 없는 현상이었다.］

86) 『朝鮮新報』2003/06/16。"農土産物だけではなく，工業品も取引されうるようになっている，改編された総合市場が，今，我が国のあらゆる所に立てられている。"［농토산물뿐 아니라 공업품도 팔고 사게 되어 있는 개편된 종합시장이 지금 우리나라의 도처에 꾸려지고 있다.］

87) これに違反する場合には，処罰される。限度価格以上を受ければ，超過分を罰金として納付し，3回違反すれば，店を閉めなければならない。そして，禁止された物品を取引すれば，販売価格の2倍の罰金を納めなければならない。『ハンギョレ(한겨레)』2004/06/16。

88) 「限度価格」は，国家が決めるが，一般的な国定価格とは異なる。一般的な国定価格は，国家が購買者としてまたは販売者として取引に参加しながら，当該の物品に対して自ら決める価格である。しかし，限度価格は，市場で需要・供給を反映して成り立つ市場価格をある程度の水準で統制しようとする「行政的指導価格」にすぎない。次の事例を参照すれば，この事情が分かる。

価格の比較　　　　　　　　(単位：北朝鮮W)

		国定価格 (2002. 7. 1 以後)	2003 羅津市場	
			限度価格 (2003. 4. 29)	実際価格 (2003. 9)
米	kg	44	190	200
トウモロコシ	kg	24	100	
小麦粉	kg	20	200	150
豚肉	kg	170	500	
タマゴ	個		40	44
塩	kg		30	30

※出典および解説：国定価格は，2002年7・1措置で調整されたもので，以後，全国共通に国営商店において適用される。これは，再び調整がない限り有効であり，その以後，調整があったという話はない。限度価格は，2003年羅津市場に対して，2003年4月29日に行政当局が告示したものである。実際価格は，2003年9月に日本の〈環日本海経済研究所〉(ERINA)が現地調査したものである。『edaily』(http://www.edaily.co.kr/, 2003/10/17)を参照。

第 3 章　変化の概観　109

89) ［우리는 이런 시장운영이 처음인 것만큼 다른 나라들로부터 전문가 양성, 경험 도입을 비롯한 협조를 가능한 껏 받으려 하고 있다.］『朝鮮新報』(2003/06/16)に転載。
90) ［농민시장을 종합적인 소비품 시장으로 확대하는 조치는 공업제품도 거래되고 있는 오늘의 현실에 맞게 취한 조치라고 볼 수도 있지만, 보다 중요한 것은 일련의 경제개혁의 연장선에서 시장의 기능에 대한 관점의 전환이 이루어졌다는 데 있을 것이다.］
91) 1990 年代中盤の経済難を経て, すでに, 市場取引が北朝鮮住民の消費生活で占める比重は非常に高くなっている, と知られている。たとえば, オ・スンリョル(오승렬 2000,「北朝鮮の改革・開放に対する評価と展望(북한의 개혁개방에 대한 평가와 전망)」,『アジア太平洋地域研究』2 巻 2 号, 2000. 02, (韓国)全南大学校アジア太平洋地域研究所, 2000. 02, 97 頁)は, 一般住民が 1990 年代末に主穀の 60％, 生活必需品の 70％程度を, 全国的に散らばっている約 300〜350 個に至る農民市場で購入している, と推定している。
92) この点で,「貨幣改革」という外部の呼び方より,「貨幣交換」という北朝鮮側の呼び方が事実をもっと正確に表している。『朝鮮新報』(2009/12/04)は,「朝鮮で新しい貨幣発行, 交換事業を進行(조선에서 새 화폐 발행, 교환사업 진행)」という見出しで報道している。
93) 何か経済的意味がありうるとすれば, 次の二つであろう。一つの場合は, 財貨の表示価額があまりにも大きくなって, 不便であると感じている場合である。そのような場合, それを「正常」に戻すという心理的効果がありうる。短期間の急激な貨幣増発によって, 慣れてきた価額の大きさから一時的に離れたという感じがする場合である。北朝鮮では, 2002 年の経済管理改善措置以後, かなり大きな貨幣膨張があったので, この場合に当たるかも知れない。しかし, 後述の状況を見れば, 当局はそれを狙っているのではない。もう一つの場合は, 貨幣の実質価値があまりにも低くなって, 貨幣が「重すぎる」と感じる場合である。たとえ, 壁紙 1kg を買うため, 紙幣 1kg を支払うとしたら不便であろう。しかし, 北朝鮮では, 貨幣の実質価値がかなり低くなったとはいえ, その程度ではない。
94) "現金は, 100 対 1 で交換したが, 個人が銀行に貯金した分は, 10 対 1 で交換した。"『朝鮮新報』(2009/12/04)。
95) "北朝鮮は, 今回の貨幣改革で旧券と新券を 100 対 1 で交換してあげる代わりに, 個人別・家族別の交換限度を設けて, 残りの現金は強制貯金を通じて, 事実上, 国家に献納するようにした。"［북한은 이번 화폐개혁에서 헌 돈과 새 돈을 100 대 1 로 교환해주는 대신, 개인별 가구별 교환 한도를 두고 나머지 돈은 강제저축을 통해 사실상 국가에 헌납하도록 했다］『世界日報』(2009/12/25)。なお, このような細部指針は, 北朝鮮側の発表には見当たらない。
96) "これからは, 一切, 商店・食堂などで外貨を使うことがなくなる。外国人か海外

同胞が行く商店・食堂でも，貨幣交換所で外貨を朝鮮貨幣に変えてから，(朝鮮貨幣を)使うようになっている。直ちに，そうなる"[앞으로는 일체 상점, 식당들에서 외화로 주고받는 일이 없어지게 될 것이다. 외국인이나 해외동포들이 가는 상점, 식당에서도 화폐교환소에서 외화를 조선돈으로 교환하여 쓰게 되어 있다. 인차 그렇게 될 것이다].『朝鮮新報』(2009/12/04)。

97) このような措置について，北朝鮮としては「悪くない選択」と評価する見解がある。たとえば，ホン・シュンジク(홍순직)現代経済研究院首席研究員は，"生産要素の中で「労働」しか活用できない状況で，北朝鮮政府が労働力を提供する住民の心を捕まえるための戦略として悪くない選択である"[생산요소 가운데 노동밖에 활용할 수 없는 상황에서 북한 정부가 노동력을 제공할 주민들의 마음을 잡기 위한 전략으로 나쁘지 않은 선택이다]と評価した(『世界日報』2009/12/25)。しかし，そのような評価は，北朝鮮の経済の回復の原動力に対する誤解に基づいている。経済難を和らげ，そこからある程度脱出できたのは，主に，韓国と中国などの外部の支援と内部の私的経済活動の拡大があったからである。また，北朝鮮が，今後，経済回復を遂げるためにも，対外関係の改善を通じて外部の協力を得ることが必要であり，また，内部の私的経済活動を徐々に拡大させることが必要である。北朝鮮が活用できるのは，国家が組織する経済活動で動員される住民の労働だけであると判断してしまうと，失敗を繰り返すことにつながるだろう。

98) 早くも，その否定的効果が指摘され，それを是正するための特別な会議があったという報道がある。"最近貨幣改革の失敗による経済的混乱を収束させるため，去る1月末頃，チャン・ソンタク(장성택)労働党行政部長の主宰の下で，経済専門家数十名が江原道元山市のある場所に集まって数日間会議を行った"[최근 화폐개혁 실패에 따른 경제적 혼란을 수습하기 위해 지난 1월말쯤 장성택 노동당 행정부장 주재로 경제전문가 수십 명이 강원도 원산시 모처에 모여 며칠 동안 회의를 했다].『ノカットニュース』(2010/02/13)。また，貨幣交換措置を担当した労働党の計画財政管理部長が更迭されたという報道があって(『連合ニュース』2010/02/03)，ひいては，その担当者のパク・ナンキ(박남기)が銃殺されたという衝撃的な報道もある(『連合ニュース』2010/03/18)。このような報道は，どこまで事実か不明であるが，その否定的効果がすでに現れていて，誰かが責任を負わなければならない状態であることを物語っている。

99) 統一部(통일부 2004,『北韓概要』，ソウル，226〜228頁)を参照。北朝鮮の経済計画の「期間」は相当不規則的であるが，7年間を設定している場合が多い。ところが，第2次7ヶ年計画が終わっていない1980年，変則的に「10大展望目標」が提示された。この点について，今村弘子(2000,「北朝鮮の経済構造とその特徴」,『動き出した朝鮮半島』，日本評論社，東京，66〜67頁)は，次のように指摘している。"第二次七ヶ年計画(1978〜1984年)では，計画途中の1980年に，80年代末を目標に野心的な「十大展望計画」が発表された。たとえば鉄鋼では，本来の計画では，84年に740〜

800万トンを生産することを目標としていたが,「十大展望計画」では一挙に1500万トンを目指すというものであった。この時点ですでに第二次七ヶ年計画が達成できないことがわかって,新たな数字を羅列したかの印象を抱かせるものであった。"

100) 北朝鮮政府は,この目標を4ヶ月早めて達成したと発表した。金日成 1956. 04. 23,「朝鮮労働党第3次大会で行った中央委員会事業総和報告(조선로동당　제3차대회에서　행한　중앙위원회사업총화보고)」,『金日成著作集10』,朝鮮労働党出版社,1980。

101) 農業については,第4章(農業)で詳しく取り扱うことにする。

102) このような予算変化は,経済総量の変化を理解するのに混乱を起こしやすい。これを理解するためには,二つの点に気をつける必要がある。一つは,2002年7月1日を境界にして,北朝鮮貨幣の価値が大きく変わった,という事情である。1990年と2005年の経済総量(232億ドル,242億ドル)が,ほぼ同じであることを考慮すれば,1990年と2005年の財政規模(355億ウォン,4057億ウォン)はほぼ同じ価値を持つと言える。ここから,2002年7月1日を基準にして,北朝鮮貨幣の価値が1/11に下がったと推算できる。そして,これを通じて見れば,貿易為替レートというのが実勢の為替レートをまともに表現していないということが分かる。2005年の為替レートが実勢為替レートを反映すると見れば,1990年の為替レートは実際より五倍ぐらい誇張されていた,と言える。すなわち,1990年頃の実勢為替レートは,1ドル当たり,2ウォンくらいではなくて,10ウォンくらいであったろう。

第4章 農業の変化

　この章では，北朝鮮の経済体制の中で相対的に変化が目立つ農業分野について考察することにする。

4-1. 予備的考察

　北朝鮮農業の変化を具体的に分析するにあたって，いくつかの基礎的事項についてまず考えてみることにする。

4-1-1. 農業生産量の決定要因

　まず，農業生産量を決める要因は何かについて考察する。これは，農業分野で「物量的・生産力的」な側面で現れる変化を理解するために必要だからである。農業生産量を決める要因は，おおよそ，図表4-1のように図式化することができよう。
　第一に，「耕地」の項目は，耕地がどれほど広いか[1]，土質はどうか，耕地がどれほどよく整備されているか，などである。そして，通常農業人口に照らして，耕地が広ければ粗放的農業を，狭ければ集約的農業を行うようになる。同じ条件下であれば，粗放的農業より集約的農業を行う方が単位面積

図表4-1　農業生産量の決定要因

農業生産量 ＝ 耕地 × 付帯施設 × 気候・気象 × 物資 × 活動

当たりの生産量が多くなる。また，耕地が肥沃であるほど，そして耕地がよく整備されているほど，単位面積当たりの生産量が多くなる。

　第二に，「付帯施設」の項目は，耕地に至る道路，水を供給する潅漑施設などがどれほどよく整備されているか，などである。同じ条件下であれば，付帯施設がよく整備されているほど，単位面積当たりの生産量が多くなる。

　第三に，「気候・気象」の項目は，1年を通しての気候条件がどうか，当該の時期の気象がどうか，ということである。たとえば，降水量が多い地域では稲作が可能であり，少ない地域では畑作が可能である。同じ条件下であれば，当該の時期の気象条件が良いほど，単位面積当たりの生産量が多くなる。

　第四に，「物資」の項目は，種子・農薬・肥料・機械など物的資源の投入がどうか，ということである。同じ条件下であれば，一定の限度までは物資を多く投入するほど，単位面積当たりの生産量が多くなる。

　第五に，「活動」の項目は，経営活動・労働など，人間活動の投入がどうか，ということである。経営活動を誰が，どう遂行するか，労働投入量がどれほど多いか，参加者がどれほど高い技術を体得しているか，どれほど活動意欲が高いか，などである。

4-1-2. 家族農の形態

　続いて，「家族農」の形態について考えてみることにする。これは，農業分野で「社会的・生産関係的」な側面で現れる変化を理解するのに必要である[2]。

　家族農というのは，自然的性格が強い家族という社会組織が，農業分野で生産組織として機能する，ということを一般的に指すが，それを生産関係的な側面で見ると一概には言えない。それを生産手段の所有，生産活動の組織，生産物の処分などで表現される社会的関係から図表 4-2 のように類型化することができよう。

　第一の類型は，「自作農」である。自作農は，農業分野で三つの「職能」

図表4-2　家族農の類型

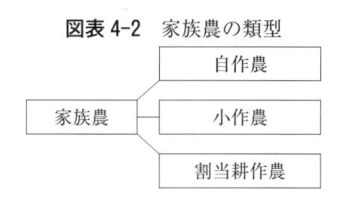

```
              ┌─ 自作農
家族農 ────┼─ 小作農
              └─ 割当耕作農
```

を担う存在である。第一に，核心的な生産手段である農地を所有している（生産手段所有主）。第二に，生産活動を自ら構想し進めて，生産結果物による収入から費用を支払い，税金を納め，残りを自分の分け前として取る（生産活動組織者）。第三に，直接生産活動を遂行する（労働者）。このような特性から自作農は「典型的な自営業者」に属すると言える。そして，典型的な自営業者である自作農の受け取り分は，自分が遂行する活動の結果に大きく依存するので，当然のことながら生産結果に強い利害関係を持つ。このような特性から自作農は，経済活動を遂行するのに，別の外的刺激[3]を必要としない。

　第二の類型は，「小作農」である。小作農は，次のような三つの「職能」を担う存在である。第一に，核心的な生産手段である農地を借りて利用する（生産手段賃借者）。第二に，生産活動を自ら構想し進めて，生産結果物による収入から費用を支払い，税金を納め，残りを自分の分け前として取る（生産活動組織者）。第三に，直接生産活動を遂行する（労働者）。以上のように，小作農は，核心的な生産手段である農地を所有しないで借りて使う，という側面だけが自作農と異なり，生産活動組織者と労働者という側面では同じである。このような特性から小作農は「賃借自営業者」に属すると言える。そして，小作農は，生産手段を賃借して使うので，自作農より不利な立場に置かれてはいるが，受け取り分が，自分が遂行する活動に大きく依存するという点では同じなので，当然のことながら生産結果に強い利害関係を持つ。このような特性から，小作農も，経済活動を遂行するのに別の外的刺激を必要としない[4]。

　第三の類型は，「割当耕作農」である。割当耕作農は，典型的な自営業者である自作農でもなくて，賃借自営業者である小作農でもない。彼らは「労

働者的存在」と言える。経済活動を進めて，労働する側面では自作農や小作農と似ているが，核心的な生産手段である農地を所有していないし，生産結果物から余剰を取得することもできないからである。そして，生産活動に労働を提供して，原則的に生産結果にかかわりなく，一定の補償を受ける存在，つまり労働者に属すると言える。

このように，割当耕作農は，余剰を取得することができない労働者的な存在なので，余剰を取得する自作農や小作農とは異なって，自ら熱心に働く動機を持っていない[5]。そして，割当耕作農が熱心に働くようにさせるためには，外的刺激が必要になる（どれほど効率的な外的刺激を考案できるかは，別の問題である）。

4-1-3. 社会主義体制下の農業

続いて，社会主義体制で農業分野は一般的にどう変化してきたのか，ということについて考えてみることにする[6]。これは，北朝鮮農業の変化を理解するのに役に立つだろう。

社会主義国家は，政権を獲得してから早い段階で，農業分野で社会主義化過程を強力に推進する。その中心として，私的所有および私的生産組織を清算して，公的所有および公的生産組織に変えようとする。これは，理念的には社会主義化が搾取構造を清算する意味を持っているとみなすからであり[7]，経済的には農業生産量を大きく増やしてくれると予想するからである。このような過程で，もし生産量が減少しても，それは革命的な変化の過程で現れる一時的な現象と解釈され，社会主義化が望ましいという信念にはあまり疑心を抱かない[8]。そして，一部の例外的な事例を除けば，社会主義諸国は，比較的短い期間に農業を社会主義化するのに成功する。この過程は次のように整理できる。

まず，しばしば過渡的に「耕者有田」（農地はそれを耕す者のみが所有すべきという原則）および「平等な土地所有」という原則を掲げて，地主・富農から土地を没収して，家族単位の農民に平均的に「分配」する。そして，一

時的に多数の家族農が平均的な規模で耕作する状態を生み出す。ところで，このような状態に対する解釈で一つ注意すべき点がある。果たして，この状態で家族農が当該の農地を本当に「所有」しているか，ということである。

これをどう検証するか。二つの基準が考えられる。一つの基準は，分配を受けたとされる農地を当該の家族が「処分」できるか，ということである。ある主体がある事物を所有するということの証拠の一つは，それを処分できる，ということである。処分は販売や贈与などとして現れるので，分配を受けたとされる農地を販売・贈与できないとすれば，当該の家族が農地を所有するという主張は，疑わしいものになる。

もう一つの基準は，当該の農地を耕作して生じる生産物を（一定の税金の納付を前提にして）当該の家族が自分の意志によって処分できるか，ということである。もし生産物を当該の家族が自分の意志によって処分できるならば，当該の農地は「実質的に家族所有」であると言える。土地の処分権は制限されるが，「使用受益権」が保障されるからである。しかし，生産物も当該の家族が自分の意志によって処分できないとすれば，事情が変わる。「最少必要量」を除いて国家に無償で納めなければならないとか，国家が決めた無料同然の低い価格で強制的に「売らなければならない」としたら，当該の農地は「実質的に国家所有」であると言える。当該の農地に対して農家が処分権も使用受益権も持っていないからである。

果たして，社会主義国家が遂行する「農地分配」はどのようなものであるか。それは，農民に処分権も使用受益権もない場合に当たると言える。形式上は農家所有であると宣言されるが，事実上は国家所有である。そして，これは事実上，農地分配というよりは「割当耕作」である。

このような割当耕作が実質的な国有化過程ではあるが，社会主義国家は，それを満足な状態であるとはみなしていない。多数の家族農が割り当てられた農地を耕作する場合には，国家が彼らを効率的に統制するのが難しいことから，私的経済活動が活性化して資本主義が復活する危険を恐れてのことである。たとえば，農家が生産量を縮小申告して「最少必要量」以上を分け前として確保する場合がありうる。そうすると，国家は工業部門の労働者に支

給するために必要とする農産物を十分に確保することが難しくなるし，農家が「最少必要量」以上に確保した生産物は私的交換過程に入るようになり，資本主義的富農が再び登場しうる。また，農地を秘密裏に賃貸借・売買する現象も起こりうる。さまざまな事情で，より広い農地を耕作しようとする農家がありうるし，より少ない農地だけを耕作しようとする農家がありうる。そうすると，そのような二つの農家の間で陰での賃貸借・売買が起こりうる。それぞれ割り当てられて耕作していると，公式に登録されている状態は変わらないまま。そして，再び農民の中で「両極分解」が起こりうる。

このような事情で，農地を過渡的に家族別に割当耕作させた後，社会主義国家は，より農業生産に対する統制を円滑にし，かつ資本主義が復活する可能性を封鎖するため，より効率的であると想定される大規模な生産組織を形成しようとする。つまり，「集団化」を推進するようになる。

「集団化」は，二つの類型で行われる。一つは，「国営農場」を創設することである。これは文字どおり，国家が生産組織者となる農場である。所属農民は，農業労働者として国家に一生雇用され，生産手段は名実共に国家所有になる。国家は，責任者を派遣して国営農場を運営する。

「集団化」の類型のもう一つは，「協同農場」を創設することである。これは形式的には，参加する農民が組合員となる協同組合である。「協同農場」が農地など生産手段を所有すると宣言され，組合員である農民が自律的に生産・分配など経済活動過程を統制すると宣言される。

ところで，果たしてこの状態で「協同農場」が当該の農地を本当に「所有」していると言えるのか。しばしば，このような状態を説明するために「国有」ではない「協同組合所有」という範疇が設定される。しかしこれは，妥当な解釈であろうか。これをどう検証しうるか。家族農が分配を受けたとされる当該の農地について検証した場合と同様に，二つの基準で検証できよう。

まず，協同農場が農地など当該の生産手段を「処分」できるか，ということである。もし当該の協同農場が生産手段を処分することが禁止されるならば，生産手段が協同農場の所有であるという主張は，疑わしいものになる。

次に，協同農場が当該の生産物を（一定の税金の納付を前提にして）自分の意志によって処分できるか，ということである。仮にそうであれば，協同農場は実質的に自律的な生産組織であり，農地などの生産手段は「実質的に協同農場の所有」と言える。処分権は制限されるが，「使用受益権」が保障されるからである。しかし，当該の協同農場が生産物さえ自分の意志によって処分できないとすれば，事情が変わる。最少必要量を除いて，国家に無償で納めなければならないとか，国家が決めた無料同然の低い価格で強制的に「売らなければならない」としたら，当該の生産手段は「実質的に国家所有」と言える。当該の生産手段に対して協同農場が処分権も使用受益権も持っていないからである。

果たして，社会主義国家が遂行した集団化過程で現れる協同組合所有というのはどのようなものであろうか。それは，処分権も使用受益権も持っていない場合に当たる。そして，協同農場は自律的な生産組織ではなく，当該の生産手段は協同農場の所有ではなく，実質的に国家所有であったのである[9]。

このように，社会主義国家は，概して短い期間に割当耕作化および集団化過程を経て，基本的に農業を社会主義的に改造するのに成功する。そうすると，社会主義理論によると，一時的な混乱を勘案しても，一定の期間を経ると，社会主義農業の「優越性」を見せてくれるはずである。しかしながら，国ごとに状況が異なり，初期にはある程度成果を収める場合もあったが，長期的に優越性があるという確証を与えるような現象はなかった。

そして，予想とは異なり，生産停滞が持続すると，社会主義国家は，その状況を解釈し対策を立てるのに苦労する。しばしば相当の期間は，「体制外的要因」が原因であると診断される。自然災害，国際経済の状況，帝国主義的封鎖，集団主義精神の欠乏などが原因として提示される。このような解釈からは，生産手段所有・生産組織・経済活動過程で体制の性格に変化を起こす政策は現れない。すなわち，私的経済活動を活性化しようとする政策は現れないのである。

しかし，農業生産が停滞する原因が，体制外的要因だけにあるのではなくて，「体制内的要因」にもあると解釈されるようになれば，生産手段所有・

生産組織・経済活動過程で体制の性格に変化を起こす政策が現れる。すなわち，私的経済活動を活性化しようとする政策が現れるようになる。

また，時には，国家が政策を変える前，現実の農業で変化が起きる場合もありうる。すなわち農民が，国家的統制を無視して私的経済活動を敢行する場合がありうる。このような場合，社会主義国家は適切に対応しなければならない。取り締まるか，黙認するか，合法化するかなどである。

体制の性格に関連した変化は，社会主義体制の範囲の中では概して「漸進的」に起きる。社会主義国家が，一方では変化が必要であると認識しながらも，もう一方では資本主義の復活を制御しながら，社会主義的範疇の中に統制しようとするからである。

そして，農地所有の問題ではしばしば，農地を農家所有へとまっすぐ移すのではなく，「賃借使用権」を制限的に移す形態が先に現れる。これは，生産手段に対する社会主義的所有を維持するという名分を固守しながら，農業生産力の向上を刺激するという実利を得ることができる現実的選択であると言える。このような状態で，農業生産が改善すれば，賃借使用権を「強化」する措置が続く。賃借使用期間を延ばすとか(たとえば，30年から50年へ)，賃借使用権を相続・売買できるようにするなどのように。そして，次第に「(下級)所有権の払下げ」に近づく[10]。

4-2. 概　観

ここでは，北朝鮮農業の変化を眺めてみることにする。まず，北朝鮮農業の基礎的状況について，次に，政府の農業運営について見る。

4-2-1. 基礎的状況

まず，北朝鮮の農業に関連した，いくつかの基礎的な状況を整理してみることにする(図表4-3)。

図表 4-3　北朝鮮の農業分野の基礎的事項

年度	総人口 (万名)	農家人口 (万名)	農家比重 (%)	総耕地面積 (万 ha)	農家戸数 (万戸)	戸当耕地面積 (ha)	総生産額 (韓国億W)	農林漁業生産額 (韓国億W)	農林漁業比重 (%)
1965	–	499.9	40.8	–	–	–	–	–	–
1980	1762.2	673.1	38.2	210.4	160.3	1.31	–	–	–
1985	1909.7	716.1	37.5	214.0	170.5	1.26	–	–	–
1990	2022.1	764.4	37.8	214.1	182.0	1.18	–	–	–
1991	2049.5	774.7	37.8	197.4	184.5	1.07	–	–	–
1992	2079.8	782.0	37.6	197.4	177.7	1.11	–	–	–
1993	2112.3	787.9	37.3	197.4	187.6	1.05	–	–	–
1994	2135.3	783.7	36.7	199.2	186.6	1.07	–	–	–
1995	2154.3	786.3	36.5	199.2	187.2	1.06	–	–	–
1996	2168.4	789.3	36.4	199.2	187.9	1.06	–	–	–
1997	2181.0	804.8	36.9	199.2	191.6	1.04	–	–	–
1998	2194.2	800.9	36.5	199.2	190.7	1.04	–	–	–
1999	2208.2	810.4	36.7	185.3	193.0	0.96	–	–	–
2000	2217.5	816.0	36.8	199.2	194.3	1.03	18,9280	5,7500	30.4
2001	2225.3	818.9	36.8	186.9	195.0	0.96	19,6200	6,1420	31.3
2002	2236.9	823.2	36.8	185.3	196.0	0.95	19,8580	6,4030	32.2
2003	2252.2	828.8	36.8	185.3	197.3	0.95	20,2110	6,5120	32.2
2004	2270.9	835.7	36.8	190.3	199.0	0.96	20,6640	6,7780	32.8
2005	2292.8	846.0	36.8	190.7	199.1	0.96	21,4520	7,1190	33.2
2006	2307.9	849.8	36.8	191.0	199.1	0.96	21,2160	6,9310	32.7
2007	2384.9	853.8	36.8	191.0	199.2	0.96	–	–	–
2008	2393.4	857.3	36.8	191.0	199.3	0.96	–	–	–
2009	2406.2	–	–	–	–	–	–	–	–
2010	2418.7	–	–	–	–	–	–	–	–
2011	2430.8	–	–	–	–	–	–	–	–
2012	–	–	–	–	–	–	–	–	–

出典：統計庁(ソウル，2007，『南北韓経済社会像の比較』：18，23，24，49頁)に基づいて作成。
　　　統計庁(ソウル，2013，『北韓の主要統計指標』：48，55，56，57頁)に基づいて作成。
注：1)総人口は，1993年のセンサスを基礎に推計した年央(毎年7月1日基準)人口である。
　　2)生産額は，2000年基準の不変価格である。

　第一に，農家人口の状況である。2005年を基準にして見ると，総人口2293万人の中で農家人口が846万人で，36.8%に当たる。農家人口の比重がかなり高いことが分かる。農家人口の比重は，1965年＝40.8%，1980年＝

図表 4-4 南北の農家人口の比較

	韓国		北朝鮮	
	農家人口 (万名)	比重 (%)	農家人口 (万名)	比重 (%)
1965	1581.2	55.1	499.9	40.8
1980	1082.7	28.4	673.1	38.2
1985	852.1	20.9	716.1	37.5
1990	666.1	15.5	764.4	37.8
1995	485.1	10.8	786.3	36.5
2000	403.1	8.6	816.0	36.8
2005	343.4	7.1	846.0	36.8

出典：統計庁(2007, 前掲書, 23頁)に基づいて作成。

図表 4-5 南北の産業構造の比重(%)

	韓国					北朝鮮				
	農林漁業	鉱工業	電気ガス水道	建設業	サービス業	農林漁業	鉱工業	電気ガス水道	建設業	サービス業
2000	4.9	29.8	2.6	8.4	54.4	30.4	25.4	4.8	6.9	32.5
2003	3.8	26.8	2.7	9.6	57.2	27.2	26.8	4.5	8.7	32.8
2006	3.2	28.2	2.3	9.1	57.2	23.3	29.6	4.5	9.0	33.6

出典：統計庁(2007, 前掲書, 52頁)に基づいて作成。

38.2％，2005年＝36.8％となっており，長い間，あまり変化がない。北朝鮮は，社会主義圏では工業化の比重が高い方であると知られているが，工業化した資本主義諸国と比べれば，農家人口の比重が高いと言える。それは，似た歴史的条件で出発した韓国と比べると明らかになる。

図表4-4で示されるように，韓国では1965年＝55.1％，1980年＝28.4％，1995年＝10.8％と，急激に減っているが，北朝鮮ではあまり変化が現れないのである。

このような現象は，韓国では工業化において鉱工業の比重が高くなるのと同時に，サービス業の比重も高くなっているが，北朝鮮では，サービス業の比重はあまり高くならなかったことが主な原因である[11]。それは，分野別生産額の構成を現す統計から推論できる(図表4-5)。鉱工業・電気ガス水道・建設業では大きな差がないが，サービス業では大きな差があることが分

図表 4-6　南北の農家戸当耕地面積の比較

	韓国 農家戸数（万戸）	韓国 戸当耕地面積（ha）	北朝鮮 農家戸数（万戸）	北朝鮮 戸当耕地面積（ha）
1965				
1980	215.5	1.02	160.3	1.31
1985	192.6	1.11	170.5	1.26
1990	176.7	1.19	182.0	1.18
1995	150.1	1.32	187.2	1.06
2000	138.3	1.37	194.3	1.03
2005	127.3	1.43	199.1	0.96

出典：統計庁(2007, 前掲書, 24頁)に基づいて作成。

かる。

　第二に，耕地の状況である。2006年を基準にして見ると，領域面積が12万3138 km^2 であるが，これを農業分野で面積単位としてよく使われるha単位へ換算すれば，約1231万haに当たる。耕地面積は，この中で15.5％に当たる191万haである(統計庁2007, 前掲書, 10頁)。

　人口・農家人口に照らすと，耕地面積は広くない。これは，農家戸当耕地面積から読み取ることができる[12]。そしてさらに，農家戸当耕地面積が減っていることが特徴的である。1980年＝1.31 ha，1995年＝1.06 ha，2005年＝0.96 haと，大幅に減っている。

　これは，韓国では少しずつ増えていることと対照的である。図表4-6で示されるように，韓国では1980年＝1.02 ha，1995年＝1.32 ha，2005年＝1.43 haと，増加しているが，北朝鮮ではむしろ減っているのである。

　戸当耕地面積が少ないのは，基本的に，農家戸数に比べて耕地面積が少ないことが原因である。ところが，戸当耕地面積が減っているのは，農家戸数が増えているからである。ここには二つの原因がある。一つは，人口が全体的に増加しているということである。そのため産業別構成で変化がない状況でも，農家人口・農家戸数が増える。もう一つは，1990年代の経済難以後，工場の稼動が難しくなると，一部の人々が工場から離脱して農村に帰ったということである。経済難が引き起こす食糧難という状況では，すぐ食べ物が

出ない工場よりは，すぐ食べ物が出る農業に携わるのが安全だからである。

そして，北朝鮮地域は土質が農業に有利であるとは言い難い。地域によって差があるが，一般的に腐植層が薄くて傾斜がきついので，表土が雨によってさらわれやすい[13]。

第三に，付帯施設の状況である。付帯施設で核心となるのは，農業用道路と潅漑施設である。北朝鮮は，政権樹立直後から積極的に水路・貯水池・揚水機を使う潅漑体系を構築した。これら施設が円滑に作動する場合，耕地の79％に当たる146万 ha に水を供給することができるという[14]。揚水機を多用する方式が適切なのかということには議論があるが，一応，潅漑施設自体はかなり整備されていると言える。

第四に，気候である。北朝鮮は，全般的に温帯地域に属するが，あまり広くない領土であるものの，気候の地域差が大きく，大陸性気候の影響を多く受けている。作物の生育期間を示す無霜日数も，地域的な偏差が大きい。中江津（両江道）地域は 135 日程度であり，元山（江原道）地域は 200 日程度である[15]。降水量は，年平均 1000〜1200 mm で，それ自体としては相当な量であるが，時期別偏差が大きいので，実際の利用量はそれほど多いとは言い難い[16]。よって，気候が農業にそれほど有利とは言えない。

第五に，農林漁業生産額の比重である。農家人口の比重が高い事情を反映して，農林漁業生産額の比重は高い。図表 4-7 で示されるように，韓国と比べると，よく分かる。

図表 4-7 南北の農林漁業生産額の比較

	韓国			北朝鮮		
	総生産額 (韓国億W)	農林漁業 生産額 (韓国億W)	農林漁業 (％)	総生産額 (韓国億W)	農林漁業 生産額 (韓国億W)	農林漁業 (％)
2000	578,6650	25,0300	4.3	18,9280	5,7500	30.4
2002	642,7480	24,4220	3.8	19,8580	6,4330	32.2
2004	693,9960	25,2590	3.6	20,6640	6,7780	32.8
2006	759,2340	24,7850	3.3	21,2160	6,9310	32.7

出典：統計庁(2007，前掲書，49頁)に基づいて作成。

4-2-2. 農政の変化と成果

続いて，北朝鮮政府の農業運営でどのような変化が現れるのか，ということを考察することにする。そのためには，「新年辞」・「新年社説」[17]に現れる農業分野に対する言及を年代記的に整理して考察するのが便利であろう。

まず，新年辞・共同社説に現れる，農業分野に対する言及を年代記的に整理すると，図表4-8のようになる。

このような多様な言及で，全般的流れとして注目に値する点は，次の三つである。

第一に，農業を集団化する過程で現れる特徴である。ここでは，二つの点が特徴的である。

一つは，集団化を非常に短い期間に遂行した，ということである。北朝鮮の社会主義勢力は，ソ連軍駐屯を背景に社会主義政権を樹立した[18]直後，「南朝鮮解放・祖国統一」を掲げて戦争を起こしたが(1950. 6. 25～1953. 7. 27)，韓国を吸収するのに失敗した後，「内部整備」に力を注ぐようになった。その一部分として農業の集団化を，1953年から1958年にわたって遂行した。およそ5年程度という短い期間に成し遂げたのである。1954年に「示範協同農場」を創設し，その「成果」を宣伝しながら[19]，集団化を力強く推進して，1955年末に全体農家の45%(1956年新年辞)，1957年末には95%が加入したとし(1958年新年辞)，1958年にはついに集団化を完成したと宣言している(1959年新年辞)。

農業を集団化する過程で特徴的なもう一つの点は，生産が停滞しなかったようである，ということである。この時期の穀物生産量の変化を整理してみると，図表4-9のようになる。

農業集団化がまだ完了していない1956年に生産量280万トンと，解放直前の生産量(238万トン)を回復するなど，集団化期間および直後に非常に早く生産が増加したと示されている[20]。さらに，1962年の生産量が500万トンと，1956年の生産量280万トンに比べて1.8倍へ増加し，年平均増加率10.2%というかなり高い数値を見せている。このような統計値がどれほど事

図表 4-8 新年辞・共同社説で現れる農業に対する言及

時期	年度別主要事項
I	1946：農業問題言及なし。 1947：農業問題言及なし。 1948：食糧を増産せよ。畜産業を発展させよ。水産物生産を増加させよ。 1949：食糧、工業原料を多く生産せよ。食糧基地を築け。
II	1950：食糧生産を増大させよ。 1951：食糧のための闘争は祖国のための闘争！ 食糧を節約・増産せよ。 1952：農業問題言及なし。 1953：農業問題言及なし。
III	1954：食糧を増産せよ。耕地面積を拡大せよ。土地利用率を向上させよ。 1955：示範協同農場が成果を挙げた。穀物生産を拡大せよ。畜産物を増産せよ。工芸作物を増産せよ。 1956：灌漑面積を拡張した（数万町歩）。農家の45％が協同組合に加入した。灌漑工事に力を。河川堤防工事に力を。土地整理事業に力を。農機械生産に力を。
IV	1957：（資料なし―新年辞がなかったよう―） 1958：穀物を1956年に280万トン、1957年に320万トン生産した。農家の95％が協同組合に加入した。 1959：1958年に農業協同化を完成した。穀物を1958年に370万トン生産して食糧問題解決した。畜産業、工芸作物生産で大きな成果を挙げた。農業の水理化、電気化、機械化を推進せよ。大自然改造事業に力を。灌漑体系を拡大せよ。中小型発電所を建設せよ。堆肥を増やせよ。深耕と密植を実践せよ。 1960：農業機械化を推進せよ。野菜生産を増大せよ。畜産業と水産業を発展させよ。
V	1961：穀物を1960年に380万トン生産した（解放前の1.6倍）。農業を機械化せよ。農耕地を拡張せよ。種子を改良せよ。 1962：穀物を1961年に483万トン生産した。農業を機械化せよ。灌漑面積を拡大せよ。開墾事業に力を。先進的な集約農法を実践せよ。 1963：穀物を1962年に500万トン生産した。農業を機械化・化学化[21]せよ。灌漑体系を拡張せよ。土地整理事業に力を。育種事業に力を。 1964：水田が1962年＝54万町歩から1963年＝64万町歩へ。トラクターを4千台供給した。農家の71％を電気化した。灌水体系を拡張せよ。土地を改良・整備せよ。2毛作を拡大せよ。農業の水理化・機械化・電気化・化学化に力を。集約的営農を実践せよ。種子を改良せよ。畜産業に力を。工芸作物生産に力を。 1965：水田が6万町歩増えた。2毛作を拡大せよ。農業の水理化・機械化・電気化・化学化に力を。土地整理に力を。集約農法を実践せよ。作物配置を改善せよ。育種事業に力を。 1966：（資料なし―新年辞がなかったよう―） 1967：（資料なし―新年辞がなかったよう―） 1968：（資料なし―新年辞がなかったよう―） 1969：肥料が多くなった。分班管理制が活性化した。農業技術が向上した。 1970：（資料なし―新年辞がなかったよう―）
VI	1971：畑灌漑に力を。適地適作を実践せよ。堆肥生産運動を展開せよ。畜産業の集約化・現代化を。果物生産に力を。 1972：農業の機械化・化学化に力を。噴水式灌水体系を拡大せよ。2毛作に力を。 1973：農業の総合的機械化・化学化に力を。中間地帯農業を革新せよ。協同農場で労働力を農業に集中すべき。 1974：農村で技術革命を推進せよ。農機械、化学肥料、農薬の生産に力を。穀物高地を占領せよ。 1975：穀物を1974年に700万トン生産した。800万トン穀物高地を占領せよ。農業を工業化・現代化せよ。農業の機械化・化学化に力を。科学的な施肥体系を確立せよ。先進営農方法を導入せよ。漁業に力を。 1976：穀物を1975年に740万トン生産した。寒冷前線を乗り越えよ。農作業を機械化せよ。傾斜地に畑を作ろう。 1977：穀物を1976年に800万トン生産した。自然改造5大方針を実践せよ。畑灌漑工事に力を。傾斜地に畑を作ろう。土地整理に力を。河川整理に力を。

第 4 章　農業の変化　127

時期	年度別主要事項
VII	1978：20万町歩の畑灌漑を完成した。日照りの被害を阻め。 1979：日照り被害を阻め。施肥体系を科学化せよ。病害虫被害を防げ。 1980：穀物を1979年に900万トン生産した。950万トン高地を占領せよ。新耕地を探せ。傾斜地に畑を作ろう。干潟と開墾に力を。工芸作物・畜産業・果樹業・蚕業に力を。 1981：950万トン高地を占領せよ。適地適作と適期適作を実践せよ。育種事業に力を。栽培方法を改善せよ。 1982：4大自然改造事業（干潟地開墾，新耕地探し，南浦閘門建設，太天発電所建設）に力を。農業第一主義を実践せよ。水産業に力を。 1983：1982年に950万トン穀物高地を占領した。耕地面積を拡大せよ。技術革命を起こそう。「主体農法」を貫徹せよ。米は共産主義！ 1984：1000万トン穀物高地を占領せよ。機械化水準を向上させよ。化学肥料・有機肥料を増大せよ。肉・卵・果物生産を増大せよ。 1985：育種事業を強化せよ。水田畑の地力を向上させよ。耕地面積を拡大せよ。 1986：農業生産・水産物生産を増大せよ。
VIII	1987：農村技術革命を急ぎ立てよ！　水理化・電気化はすでに実現させた。機械化・化学化を実現せよ。 1988：4大技術革命（水理化・電気化・機械化・化学化）に力を。農業第一主義を実践せよ。農機械・化学肥料の供給を増大せよ。50万町歩の噴水式畑灌漑事業を推進せよ。干潟地を開墾せよ。新耕地を探せ。 1989：農村技術革命に力を。主体農法を貫徹せよ。 1990：農村技術革命に力を。30万町歩の干潟地を開墾せよ。 1991：2千里水路を完成した。地力を向上させよ。農業生産を多角化せよ。 1992：水理化・電気化の水準を向上させよ。機械化・化学化を積極的に実現させよ。主体農法を貫徹せよ。 1993：水問題と種子問題を解決した。肥料供給が重要！ 1994：水理化・電気化の成果を鞏固にせよ。機械化・化学化の水準を向上させよ。 1995：主体農法を貫徹せよ。 1996：主体農法を貫徹せよ。
IX	1997：主体農法を貫徹せよ。草食家畜を多く飼おう。 1998：緑色革命を起こそう。種子問題を解決せよ。2毛作農業に力を。草食家畜など畜産業を発展させよ。 1999：適地適作・適期適作を実践せよ。種子革命を起こそう。ジャガイモ農業で革命を。2毛作農業に力を。土地整理事業に力を。 2000：主体農法を貫徹せよ。種子革命を起こそう。ジャガイモ農業で革命を。2毛作農業に力を。養魚事業に力を。土地整理に力を。山林造成に力を。開川—泰星湖水路工事を急げ。 2001：種子革命を起こそう。ジャガイモ農業で革命を。2毛作農業に力を。ナマズなど魚をより多く飼おう。畜産基地を築け。黄海南道土地整理事業を急げ。開川—泰星湖水路工事を急げ。 2002：農業革命方針を貫徹せよ。黄海南道土地整理事業を急げ。開川—泰星湖水路工事を急げ。 2003：種子革命を。ジャガイモ農業で革命を。2毛作農業に力を。土地整理事業に力を。 2004：種子革命を。ジャガイモ農業で革命を。2毛作農業に力を。豆生産に力を。果樹業に力を。畜産基地を築け。鶏工場を増大せよ。土地整理事業に力を。白馬—鉄山水路工事を急げ。 2005：種子革命を。2毛作農業に力を。ジャガイモ農業で革命を。豆生産に力を。白馬—鉄山水路工事を急げ。 2006：種子革命を。ジャガイモ農業で革命を。二毛作農業に力を。豆生産に力を。 2007：ミル平野の整備を急げ。 2008：ジャガイモ農業で革命を。豆生産に力を。畜産基地・養魚基地・果物生産基地を築け。 2009：種子革命を。二毛作に力を。ジャガイモ農業で革命を。豆生産に力を。農産と畜産を配合せよ。有機質肥料を増産せよ。養魚を発展させよ。 2010：種子革命を。二毛作に力を。ジャガイモ農業で革命を。豆生産に力を。主体農法を実践せよ。有機農業を積極的に。畜産・養魚・果物生産に力を。 2011：種子革命を。二毛作に力を。ジャガイモ農業で革命を。豆生産に力を。有機農業を積極的に。 2012：農産と畜産を結合せよ。有機農法を積極的に。畜産・家禽・養魚基地と果樹農場に力を。

出典：1）1946〜1994年の新年辞は，『金日成著作集』（全47巻）各巻。[http://ndfsk.dyndns.org/]。
　　　2）1995年以後の共同社説は，[http://www.kcna.co.jp/index-k.htm]（朝鮮通信）。

図表 4-9　集団化前後の穀物生産量の変化(北朝鮮発表)

年度	1944	1956	1957	1958	1959	1960	1961	1962
生産量(万トン)	238	280	320	370		380	483	500

図表 4-10　集団化以後の穀物生産の変化(北朝鮮発表)

年度	1960	1961	1962	1974	1975	1976	1979	1982	1984
生産量(万トン)	380	483	500	700	740	800	900	950	1000

実を正確に反映するかは不明であるが，少なくとも，集団化過程で深刻な生産停滞はなかった，と推定できる。

　第二に，農業を集団化して1985年頃に至るまでの農業分野で，社会主義的生産構造を前提とした状態で，国家が「生産力的」側面でさまざまな事業を積極的に推進して，相当な成果を収めたと見られる点である。すなわち，耕地や付帯施設の整備および拡大，物資投入や労働力投入の増大を力強く推進して，農業生産に否定的に作用したと考えられる他の要因を抑え，相当な生産増加を遂げたようである。この時期の穀物生産量の変化を整理してみると，図表4-10のようになる。

　集団化直後の1960年に380万トンを生産し，以後，おどろくべき速さで成長し，1984年に1000万トンの生産を遂げたとされる。つまり，24年ぶりに穀物生産量が2.6倍へ増加したことになる。これは，年平均増加率4.1%という相当な成果を収めたことになる。このような統計値がどれほど正確に現実を反映するかは不明であるが[22]，少なくとも，深刻な食糧問題を起こさないほどには生産増加を遂げた，と推定できる。

4-3. 生産組織の変化

　ここでは，北朝鮮農業で生産組織はどのように変化してきたのか，ということについて考察することにする。この問題は，生産組織を社会主義化する過程と確立された社会主義的生産組織が変化する過程に分けて分析できる。

4-3-1. 農業集団化の過程

まず，農業分野で生産組織を社会主義化する過程を見ることにする。この過程は「2段階」に分けて推進された。

その中で「第1段階」とは，「土地改革」という名称で行われた「割当耕作制」を樹立する過程である。この措置は，どのような状況を背景に行われたのだろうか。

日本による植民統治期である1945年以前には，農業分野においては小規模の「自作農」および「小作農」が支配的な生産組織であった。このように，農業分野で小規模の自作農と小作農が支配的な状況において権力を掌握した北朝鮮の社会主義勢力は，搾取と抑圧を生む根源とみなされた私的土地所有［地主所有および自作農所有］および階層間の不平等な土地所有状態を清算し，小規模農業を大規模農業に変えることを，農業分野での主な課題として設定していた。特に初期には，「地主―小作」関係および階層間の不平等な土地所有状態を清算することに集中した。そして，地主・富農から土地を没収して，「土地がないか少ない農民」に「分与」するという政策を打ち出したのである。

このような政策は，小規模の自作農には自分がもう少し規模の大きい自作農になれること，小作農には自分が自作農になれることと理解された。これは当時，小規模の自作農と小作農にかなり魅力的な政策として歓迎されたが，果たして，そのような期待は現実化したのか？ それは，二つの側面から検証できる。

一つの側面は，農民が所有すると宣言された農地を，本当に農民が自分の意志によって「活用」することができるか，ということである。それは，自ら生産に使用するか，他人に賃貸するか，他人に販売または贈与するか，を自ら決められるか，ということに現れる。土地改革の後の状況は，販売・賃貸が禁止されて，ひたすら生産に使用することだけが認められた[23]。

もう一つの側面は，生産結果物から余剰を取得することができるか，ということである。すなわち，生産結果物から費用を支払い，税金を納めてから，

残りが農家の分け前になるか,ということである。土地改革後の状況は,形式的には,余剰を取得できたと見られる。しかし,現実的に農家に残るものは,生計を維持するのにぎりぎりの水準であったので,余剰を蓄積しうる可能性はあまりなかった。

このように,農家は当該の農地を処分することができず,形式的には余剰を取得することができるものの,実質的にはプラス余剰が生じにくかった,という二つの側面を考慮すると,土地改革後の状況は,農民が土地を「所有」するようになったというよりは,国家が所有していた土地を農民に適当な規模で分けて耕作させ,農民に実質的にプラス余剰が生じないようにする「割当耕作制」であった[24]と評価できる[25]。そして,すべての農民が「自作農」になるだろう,という農民の素朴な期待は,すぐに裏切られたのである。

ところが,このような割当耕作の状態は,まもなく消えるようになった。農業分野を社会主義化する「第2段階」である「集団化」が推進されたからである。

ここには,二つの「動機」が作用した。一つは先ほど論じたように,割当耕作制は基本的に社会主義的な生産構造ではあるが,国家が農民を統制しにくいし,私的経済活動が復活する可能性がかなりあるので,社会主義国家は,それを望ましい状態ではなく「過渡的に必要」な状態にすぎない,と見なした点である[26]。もう一つは,割当耕作農は相変わらず小規模の生産組織なので,効率性において劣るとみなされ,大規模な生産組織を創設しようとした,という点である[27]。

このような観点から北朝鮮では集団化を,戦争中に示範的に推進し,戦争直後,本格的に推進して,5年ほどで完成させた。それを簡単に整理してみることにする。

北朝鮮における農業の集団化は,基本的に二つの「形態」で行われた。一つは,「国営農場」を創設することである。それは名実共に,国家が経済活動の組織者となる生産組織である。もう一つは,「協同農場」を創設することである。協同農場は,形式上は組合員が組織者であるが,実質的には国家が組織者となる生産組織である。

国営農場は，種子生産や畜産業など一部の限定された分野で創設された。そして，集団農場は主に協同農場である。このような「農業協同化」の過程を整理すると，次のようになる。

戦争期間に一部の協同農場がつくられた。「耕作者のない土地に関して(경작자 없는 토지에 관하여)」(1950/12/26)，「耕作者のない土地を共同耕作することについて(경작자 없는 토지를 공동경작할 데 대하여)」(1951/05/22)，「協同団体の組織および事業の強化に関する決定(협동단체의 조직 및 사업의 강화에 관한 결정)」(1951/08/22)，「生産協同組合の経済活動を強化するための諸対策に関する決定(생산협동조합의 경제활동을 강화하기 위한 제 대책에 관한 결정)」(1953/03/27)などによって，示範的に協同農場が組織された[28]。

続いて，戦争が終わると1953年8月に朝鮮労働党中央委員会6次総会を基点にして，農業協同化が本格的に推進されるようになった。以後，協同化は，比較的速く進められて，協同農場への加入の割合が，1954年10月末に21.5％[29]，1955年末に45％[30]，1957年末には95％に至り[31]，1958年8月には集団化が完成した[32]。

その過程で農業を「協同化」する方式としては，集団化の「程度」によって，三つの「形態」が提示された。「第1形態」は，農地の個人所有を認めて，牛・農機具などを共同で利用するという「努力協助班」である。「第2形態」は，農地の個人所有を認めるという点では第1形態と同じであるが，牛・農機具などを協同組合に統合し，集団的に運営し，生産物の分配は，土地と労働という二つの基準によって行われる，という「半社会主義的形態」である。「第3形態」は，農地の個人所有は認めず，あくまで協同組合が所有して，生産物の分配は労働という一つの基準によって行われる，という「社会主義的形態」である[33]。

しかし，このような三つの形態は，長期的に共存すると計画されていたのではなかった。第1形態や第2形態は，第3形態を直接実現できない状況のみにおいて，非常に短い期間に成立すると計画されていたからである。そして，しばらくしてから，第1形態と第2形態は消えて，第3形態に転換した。

このような協同化過程で国家は，協同農場にさまざまな「特恵的」な支援を行った。食糧・種穀・営農資金を貸与する，税金・貸与金・ローンの償還を免除するなど[34]である。これは，協同農場が家族農より優越しているということを「証明」して，家族農の形態を維持するより協同農場に加入する方が農民にとって有利である，ということを伝えるためのものであった。

このような過程で，割当耕作の状態であるものの，家族農という形態を協同農場という形態より好んだ農民が相当あったようである。彼らは，ある程度抵抗した後，仕方なく協同農場に加入したか，処罰された[35]。

このような過程を経て，家族農を主に協同農場へ編成する農業集団化が1958年8月に完成し，農業分野で生産組織を社会主義化する過程は基本的に終わった。

ところで，このように形成された協同農場はどのような生産組織であったか。それは，協同農場自身が「利用」する核心的な生産手段たる農地を所有しているか，そして協同農場が余剰を取得するか，ということを通じて判定できる。

まず，協同農場は自分が耕作する核心的生産手段たる農地を所有しているか？　協同農場は，当該の農地を，全部であれ一部であれ，売買・賃貸・抵当設定などができなかった。一般的にこのような権利は所有権を現す核心的な方式であるが，このような権限がないのである。そして，「協同所有」という概念的設定にもかかわらず，実際，協同農場は当該の農地を所有していないのである。

次に，協同農場は余剰を取得できるか。協同農場は，生産された結果物から費用を支払って，税金を納めた後，残るものを自分の分け前として持つことができない。それは，農場員が必要とみなされた分量を超える生産物は，強制的に安値で国家に「売らなければならない」ということに示される。そして，協同農場は事実上，余剰を取得することができないのである。

このような点から，北朝鮮で形成された協同農場は，自ら生産組織者である「私的協同組合」ではなくて，国家が生産組織者である「公的協同組合」であると言える[36]。

北朝鮮の協同農場が公的協同組合だということは，その農場員がどのような存在かということも同時に言い表す。私的協同組合では，組合員は「集団的自営業者」である。この点は，彼らが集団として余剰を取得する，ということに示されている。しかし，公的協同組合では，形式的には「集団的自営業者」であるかのように見えるが，実際は異なる。公的協同組合が独立した生産組織ではないので，その組合員は自営業者ではなくて，「労働者的存在」である。この点は，彼らが集団として余剰を取得することができない，ということに示されている。

　このように，農場員が労働者的存在であるということは，農場員の「行動様式」を理解する基礎になる。北朝鮮は，農場員に「国の米びつの責任を負った主人意識」を持って，自覚的に熱心に働くように篤励する。果たして，農場員はそのように行動するのか。

　そのように行動する人々が全然いないとは言えないが，「平均的」な農場員がこのような意識を持つと期待するのは無理であろう。

　先ほど，自作農や小作農と異なって，割当耕作農は，自ら熱心に働く動機を持っていないと論じた。自作農や小作農は余剰を取得できるが，割当耕作農は，事実上不可能に近いからである。ところが，農場員は割当耕作農よりも動機がさらに弱くなる。協同農場では，生産成果が，ある農場員が一人で行った活動の結果ではなくて，農場員全体が行った活動の結果として現れるからである。自分が全体生産にいくら寄与したのか，ということさえ「隠される」のである。割当耕作農は，熱心に働いてもなくても，分配結果にあまり変化がないので，熱心に働く経済的動機を持っていないが，自分が行った生産活動の結果は明らかに現れるので，他の人々より生産成果が著しく低いときは「社会的非難」を受ける危険に置かれる。そして，恐らく，平均的な水準では結果を出そうと努力する。しかし農場員には，このような「社会的監視」も作動しにくくなる。そして農場員は，割当耕作農よりも，自ら熱心に働く動機がさらに弱くなるのである[37]。

　このように，長年，農業で生産組織として作動してきた家族という単位が，社会主義体制を樹立した北朝鮮では清算され，集団農場がその地位を占める

ようになった。ところが，家族が生産組織として作動する「領域」が完全に消えたのではない。北朝鮮で「付属畑(터밭)」と呼ばれる「自耕地」で成り立つ活動は，相変わらず，家族が生産組織として作動する領域であると言える。農家は，割り当てられた自耕地を処分することはできない。しかし，耕作および生産物処分において，相当な制限はあるが，自分の意志によって生産活動を遂行できるし，余剰を取得できる。これは基本的に「私的生産活動」である。そして，農家は，集団農場での場合とは異なって，自耕地では生産結果に直接的で強い利害関係を持つようになる。これが，自耕地の生産性が集団農場の生産性よりずっと高い理由を説明している[38]。

4-3-2. 集団農場の変化

続いて，前述のように形成された集団農場は，どのように変化してきたのかについて考察することにする。

社会主義的理想によれば，家族農を清算して編成した協同農場で農場員は，共同で生産に参加し，国家に提供する部分を除いて残る生産結果物を，各々提供した労働量によって分配を受ける。北朝鮮政府は，初期にこのような「純粋社会主義的」な方式で協同農場が作動するように指導した[39]。

ところで，このように分配総量が農場単位で決定し，個別農場員は自分が提供した労働量を数値化した「労働点数」によって総量から一定の部分を受け取るようになれば，個別農場員が主に関心を抱くのは，農場生産総量よりは自分の労働点数になる。個別農場員が生産総量に及ぼす影響は非常に小さいので，自分が熱心に労働することで生産総量を伸ばして，その結果として自分に帰ってくる分配分が大きくなることについては実感がわかないのである。一方，自分の労働点数をうまく管理すれば，農場生産総量の変化を待たずに，すぐに分配分を大きくすることができると期待するようになる。そして，農場生産総量を伸ばして個別分配分を増やそうとする集団主義的方式ではなくて，生産総量にはあまり関心を向けずに自分の労働点数をうまく管理して分配分を増やそうとする「個人主義的」な態度が広く現れるようにな

る[40]。

　このような問題点を北朝鮮政府は早い時期に把握したと見られる。集団化を遂げてからさほど時間が経っていない1960年の時点で，もう「作業班優待制」を取り入れるようになったのである。

　「作業班優待制」は，1960年2月に金日成が〈青山里協同農場〉を「現地指導」したことをきっかけに導入された。これは，農場で単純な作業組織にすぎなかった「作業班」(50～150名程度)を分配単位の性格を同時に持つようにさせる，ということである。作業班単位で生産目標［普通，過去3年間の生産実績平均の90％］を設定して，これを超える生産物は作業班に分配するということである[41]。

　このように，個別農場員の分配分が，規模が大きい農場全体の生産量だけに影響を受けるのではなくて，規模が小さい作業班単位の生産量にも影響を受けるようになったので，個別農場員の立場から見て，分配で「直接性」が少し高くなったと言える。このことから，以前よりは労働意欲を刺激するはずであり，若干効果があったと推論される。

　しかし，協同農場を作業班単位に完全に割ったわけではないので，自分の作業班が熱心に働いて生産量が増えても，その成果の一部だけが自分の作業班に帰ってくるのである。そして残りは，熱心に働かないかも知れない他の作業班に行ってしまうので，大きな効果を生むことはできなかったようである。これは，「作業班優待制」を取り入れてから，また1965年に「分組管理制」[42]を取り入れるようになった，ということから分かる。

　「分組管理制」は，金日成が1965年〈浦川協同農場〉を現地指導したことをきっかけに導入された[43]。それは，作業班の下にある「分組」(10～25名程度)という単位を，単純な作業組織から分配単位の性格も持つようにさせる，ということである。分組に土地・農機具など生産手段を固定し，生産目標を設定して，その結果から一定部分を分組へ分配する仕組みである。

　それは，「作業班優待制」をもう一段階割ったものであると言える。そして農場，作業班に継いで分組が分配単位の性格を持つようになった。それで，分配において「直接性」がより少し高くなったので，若干成果があったと推

論される[44]。

　しかし，この制度も農場員個人を刺激するのには限界があったようである。分組管理制が農場を分組単位に完全に割ったわけではないので，ある分組が熱心に働いて生産量が増加しても，その成果から一部だけが当該の分組に帰ってくるのである。残りは，熱心に働かないかも知れない他の分組・作業班に行くようになるので，農場員たちがあまり熱心に働こうとしないのである。農場員個人としては，自分が熱心に働いても，効果がまだ間接的であると感じるはずである[45]。

　それに，ある作業班・分組・個人が，他の作業班・分組・個人より熱心に働いて，分配分が大きくなって，基礎的な生活を解決してから分配分が残る場合，その「余剰分配分」を個別農場員が自分の意志によって処分することができるのではなくて，国家に低い価格で強制的に売らなければならないようになれば，その効果は，さらに体感することができなくなる。

　このように，作業班優待制や分組管理制は，協同農場という体制を維持しながら，個別農場員を熱心に働かせるために考案された制度である。そして，このような若干の修正が行われた後，その状態は，大きな変化なしに，以後30年程度持続した。しかし，そのような制度下で，農場員が熱心に労働しない現象はあまり改善できなかったと見られる。

　農業分野でそのような状態が持続しているうち，1990年代初頭に社会主義圏が崩壊すると，農業生産量が激減するようになって，食糧難が現れた。その状況で，協同農場体制を崩さない形で，何とか農場員の労働意欲を高めようと，1996年に分組管理制を「改善」しようとする試みが現れた。それは，しばしば「新しい分組管理制」と呼ばれるようになり，江原道など一部の地域に適用されたことが知られているが，次のような注目に値する特徴が見られる[46]。

　第一に，分組の「規模」に変化がある。その規模を10～25名から7～10名へ減らしている。

　第二に，分組員を「構成する方式」に変化がある。以前には老年・長年・青年を適切に組み合わせるという形であったが，それを変えて，主に家族・

第 4 章 農業の変化　137

図表 4-11　分組管理制の変化

	以前の分組管理制(1966〜1995)	新しい分組管理制(1996 年の試み)
構成員の数	10〜25 名	7〜10 名
構成の基準	能力と要求を考慮して，老年・長年・青年を適切に組み合わせる。	主に家族・親戚で構成する。
生産目標値	毎年，国家的な生産目標に従って農場に指標を示す。	去る 3 年間の収穫高と 1993 年以前 10 年間の収穫高の平均値。
超過分の処分	目標値を超える生産物は，国家で買収する。	超過分は，分組員が自由に処分する。

出典：『朝鮮新報』(1996/10/24，1997/07/16)を参照。

親戚で構成している。

　第三に，「生産目標値」を設定するのに変化がある。以前には国家が政策的に目標値を設定したが，それを変えて，近年の生産量を基準としている[47]。

　第四に，「追加分配分」を支給する方式に変化がある。追加分配分を貨幣ではなく穀物で支給して，それを自由に処分できるようにしている。

　このような変化を整理すれば，図表 4-11 のようになる。

　そして，咸鏡道の一部の地方では破格的に「個人営農制」を示範実施している，という報道もあった[48]。

　しかし，このような試みがそれほど拡散・定着してはいないようである。2002 年 6 月 1 日に下されたある内部文献によれば，新しい分組管理制が 2003 年 1 月から全国的に施行される，ということだったが[49]，その後，実施された様子はない[50]。

　このように協同農場の運営で一定の変化が模索されていて，「7・1 経済管理改善措置」(2002.7.1)では，農産物の「実現方式」に相当な変化が現れている。

　北朝鮮は長い間，国家が農産物の処分を主導してきた。前述したとおり，協同農場で生産した農産物の中で最少必要量を超える部分は，どの形式を取っても安価で国家に売るようになっていたのである。しかし，長い間持続したこのような方式が農場員の労働意欲を落とす結果を生んだと評価され，農産物の買収価格を正常価格に「接近」させる措置を取るようになった。こ

こでは代表的な農産物である米とトウモロコシを例として見ることにする。

以前には，国家は米1 kgを80銭(＝0.8 NK₩)で買収して，国営商店で8銭(＝0.08₩)で販売し，トウモロコシは1 kgを60銭(＝0.6₩)で買収して，6銭(＝0.06₩)で販売した。しかしこのような買収・販売方式は，多くの問題を生んだ。これは二つの側面で分析できる。

一つは，農民側に現れる現象である。農民は，農産物を生産して国家に売る場合，「正常」な価格での取引ができないので，最少必要量を超える水準で生産するのに消極的になるか［生産量を隠すことができないと判断する場合］，最少必要量を超える部分を国家に売らず，農民市場で売ろうとする［生産量を隠すことができる場合］。

もう一つは，国家側に現れる現象である。国家が買収する価格より販売する価格が低いので，国家財政の赤字の要因になった。買収価・販売価を元々低い値段で付けておいたため，その絶対額はそれほど多くはないが[51]，販売価が買収価の1/10にすぎなかったので，相当な財政赤字の要因になるのである[52]。

このような状況を改善するために買収価と販売価を調整するようになった。米は1 kgを40₩で買収して，44₩で販売することにし，トウモロコシは1 kgを20₩で買収して，24₩に販売することにしたのである（図表4-12）。

このような買収価格の変化は，農場員の生産意欲を刺激し，財政赤字の要因をなくそうとする意図を持って行われた。それは，意図的に価格を価値から背理させるという以前の政策に比べれば，かなり大きな変化である。そして，これをもって協同農場の農民に，ある程度の労働意欲を高めることができると考えたのである。

しかしこのような政策にも，相変わらず「限界」がある。このような政策について，「価格を現実化」したと評価する場合が多いが，それは一時的な現象に止まる可能性が高い。買収価格を当該の時点で正常価格に接近させても，「義務買収制度」を通じて国定価格制度を維持する限り，価格を完全に現実化することはできないからである。市場価格は絶えず変化して，すぐ国定価格から遠くなりうるが，国定価格はそれに追いつくことができない。そ

図表4-12　農産物国定価格の変化

品目	価格	7・1以前	7・1以後	引き上げ幅
米	収買価	80銭/kg	40₩/kg	50倍
	販売価	8銭/kg	44₩/kg	550倍
トウモロコシ	収買価	60銭/kg	20₩/kg	33倍
	販売価	6銭/kg	24₩/kg	400倍

出典：『朝鮮新報』(2002/07/26)に基づく。

うすると，再び農民は国家に販売すると損になると感じて，国家への販売に消極的になりやすい。

　以上のように協同農場の運営で若干の変化が見られるほか，家族が農業生産で占める地位と役割に一定の変化が現れている。このような変化は，協同農場の運営と関連して起きたり，協同農場の「外」で起きたりする。

　第一に，農家の「自耕地」が徐々に拡大している。自耕地は，大きく二つに分けられる。一つは，公式に認定されるものである。これは，普通「付属畑(터밭)」と呼ばれる。はじめに付属畑は，国家が農業生産を指揮するのに現れる現実的限界によって認められたものである。以後，付属畑の生産性が高いことが認識されて[53]，政府が徐々に自耕地を拡大しようとしているようである。一般的に付属畑は，農家当たり30坪ずつ割り当てられていたが，咸鏡道の会寧と茂山地方などでは400坪まで許容するようになったという[54]。

　自耕地の中でもう一つは，公式には認められず，黙認されているものである。それは「小畑(뙈기밭)」と呼ばれ，農家が政府から承認を受けずに，自ら開墾して耕作するものである。これは，1990年代中盤以後，農民が食糧難を自力で打開しようとして現れた現象である。住民に必要な食糧を十分に提供できない国家としては，それを見逃さざるをえないのが実情である。

　第二に，自耕地の運営で「自律性」が高くなりつつある。元々自耕地では主食(米，トウモロコシ)の栽培は禁止されており，野菜などだけを栽培して，自ら消費し，一部残るものがあれば農民市場に売ることが許容されていた。ところが，このような制約が弱くなっているようである。たとえば，自耕地でトウモロコシを栽培する現象が現れているという[55]。

第三に，前の協同農場の運営で現れた変化で，分組を構成する基準として血縁的関係を活用しようとすることによって，家族の重要性が高まっている。
　第四に，農家が協同農場で農産物を受け取る権限，および自耕地で栽培した農産物を処分する権限が少しずつ大きくなっている。それは，自然に農民市場の活性化につながる。ここで一つの事例として，私的流通が禁止されていた主穀(米，トウモロコシ)が市場で取り引きされる現象が挙げられる。これは，政府が直接統制できない農産物の比重が大きくなっていることを意味する。
　このように協同農場の外では，自耕地の拡大および自耕地運営の自律性の向上を通じ，家族が生産組織としての地位と役割を少しずつ回復しており，協同農場の中では分組を構成する基準として血縁的関係を考慮する試みが現れていることは，家族農が復活する可能性を微かながらも見せていると評価できる。
　ところが，このように協同農場が変わりつつある中でも，協同農場を国営農場へ転換させる動きがある[56]のは，一概に理解しにくい独特な現象である。二つの形態は，基本的に社会主義的な生産組織であるという点では同質であるが，国営農場はより国家的統制が強い形態である。そして，協同農場が変わりつつある状況で，一部の協同農場をより統制の強い国営農場へ転換させるということは，政策における「一貫性」がない現象であると解釈できる。
　このような現象は，おそらく，北朝鮮政府の私的経済活動に対する「矛盾」した態度から来ると言える。つまり，一面では，私的経済活動の効果を感じるので，それをある程度奨励したり黙認したりしながらも，もう一面では，私的経済活動が活性化するのは望ましくないとみなすので，それを統制しようとするのである。このような矛盾した現象は，北朝鮮政府の立場が大きく変わらない限り，今後もいろいろな形で現れるだろう。

4-4. 営農指導の変化

　続いて，北朝鮮政府の農業生産に対する指導がどのように変化してきたのかを，もう少し詳しく分析することにする。北朝鮮政府は，農業分野で生産組織を社会主義化する過程と並行して，以前の伝統的な農業生産とかなり異なる営農方法を確立した。それは「主体農法」と呼ばれる[57]。そして，初期の相対的な成長期には，相当の成果を挙げたと言える。しかし，1990年代に入って食糧難に陥ると，問題に気づき主体農法をかなり「修正」している。そして，食糧難と前後して，営農指導がどう修正されるかという視点から分析を進めることにする。

　修正の一番目は，作物選択の問題でトウモロコシの比重を減らしてジャガイモの比重を増やすようになった，ということである。これは，作物選択においてかなり重要な変化を意味する。その重要性は，歴史的な文脈から理解できる。

　伝統的に北朝鮮の農業は，典型的な「小農体制」であった。自作であれ小作であれ，小規模耕作を行う多数の農家が農業を営んでいたのである。このような状態では，農家は，自ら設定する優先順位に従って作物を選択する。そして，土地・気候条件を考慮して，水田には主に米を植え，畑には多様な作物を植えたのである。特に水田より畑が多い北朝鮮の農地事情により[58]，米以外に多様な作物が少量栽培されていた。このような作物は，単位面積当たりの収穫高は多くなかったと見られるが，長年，試行錯誤を経た結果，土地および気候条件に相応しいものになった。

　ところが，社会主義化以後，事情が変わった。もはや，農家ではなくて，実質的に国家が運営する協同農場が基本生産組織になったのである。そして，作物選択権は，形式的には協同農場に，実質的には国家に帰属するようになった[59]。

　植民地統治からの解放以後，北朝鮮を統治するようになった金日成は，作物選択の問題で収穫量を重要基準として設定した。政治的「自主」のために

は経済的「自立」を遂げなければならないし，その中で重要な一部分が食糧自給であり，それを達成するには，収穫量が多い作物を集中的に耕作しなければならない，と考えたのである。このような観点から，水田には米，畑にはトウモロコシを主要作物として選択した。

水田に主に米を栽培することは伝統的な方式であったので，特別な変化を意味しなかったが，畑に主にトウモロコシを栽培することは，重大な変化を意味することであった。トウモロコシは伝統的な畑作物とは異なる特性を持っているからである。トウモロコシは，単位面積当たり収穫量を増やすことはできるが，本来，高温多湿な気候に相応しい作物である。このようなトウモロコシを，平均気温が低くて降水量が多くない北朝鮮の畑で育てるのは相当な冒険であった。

初期には，比較的円滑だった経済運営および相対的に有利な対外関係を背景にして，必要な物資（種子，農薬，肥料，機械など）を相当量投入することができて，生産量の増大という効果をもたらしたと見られる。

しかし，時間の経過と共に事情が変わった。物資と人力を集中的に動員するのに効果的である社会主義体制は，「外延的成長」にはある程度効果的であるものの，「内包的成長」には効果的ではない，という現象が北朝鮮経済にも現れた。また，1989～1991年の間にソ連・東欧で脱社会主義移行が大々的に起きて社会主義圏が崩壊すると，必要な物資をまともに投入することができなくなった。さらに，農業技術的な問題として，同じ土地で継続的にトウモロコシを植えたことによって，必要な栄養分が足りなくなった。このようにして，北朝鮮の土質および気候がトウモロコシの栽培に不利である，という特性が著しくなったわけである。

食糧自給を目標にして，トウモロコシを大々的に栽培したことが副作用を起こすようになったことの反省から，トウモロコシの栽培面積を減らして，他の作物，特に「ジャガイモ」の栽培面積を増やすようになった。そして，米・トウモロコシに続いて，ジャガイモが「第3の主食」として登場するようになった[60]。それは，次のような作物別栽培面積の変化で示される（図表4-13）。

第4章　農業の変化　143

図表4-13　北朝鮮の作物別栽培面積の変化　　　　（単位：万ha, %）

		1961	1965	1970	1975	1980	1985	1990	1995	1996	1997	1998	1999	2000	2001	2002	2003	2004	2005
総耕地	面積					210.4	214.0	214.1	199.2	199.2	199.2	199.2	185.3	199.2	186.9	185.3	185.3	190.3	190.7
	比率					100	100	100	100	100	100	100	100	100	100	100	100	100	100
米	面積	42.0	48.0	53.0	62.5	65.0	64.5	60.0	58.2	58.0	61.1	58.0	58.0	53.5	57.2	58.3	58.4	58.3	59.0
	比率					30.9	30.1	28.0	29.2	29.1	30.7	29.1	31.3	26.9	30.6	31.5	31.5	30.6	30.9
トウ	面積	52.5	53.5	57.0	67.0	69.0	69.0	68.0	67.0	58.9	60.2	62.9	57.5	49.6	49.6	49.6	49.5	49.5	50.0
	比率					32.2	32.2	31.8	33.6	29.6	30.2	31.6	31.0	24.9	26.5	26.8	26.7	26.0	26.2
イモ	面積	3.6	3.6	3.8	4.0	5.0	5.8	6.1	4.5	4.8	8.0	12.0	18.7	18.8	18.7	19.8	18.7	18.9	19.0
	比率					2.4	2.7	2.8	2.3	2.4	4.0	6.0	10.1	9.4	10.0	10.7	10.1	9.9	10.0
小麦	面積	16.8	16.3	14.5	9.5	8.5	8.5	9.0	9.0	7.5	7.5	7.0	4.8	5.9	5.7	6.3	6.9	7.0	7.0
	比率					4.0	4.0	4.2	4.5	3.8	3.8	3.5	2.6	3.0	3.0	3.4	3.7	3.7	3.7
麦	面積	10.0	10.0	9.0	8.5	7.0	6.0	6.0	7.5	7.2	7.0	5.0	4.1	3.4	3.9	3.9	3.4	3.2	3.0
	比率					3.3	2.8	2.8	3.8	3.6	3.5	2.5	2.2	1.7	1.9	2.1	1.8	1.7	1.6
豆	面積							35.3		32.0		33.0		34.0		35.0		36.0	36.0
	比率							16.5		16.1		16.6		17.1		18.9		18.9	18.9

出典：FAO statistics databases ［http://faostat.fao.org/site/339/default.aspx］に基づいて作成。
注：トウ＝トウモロコシ，イモ＝ジャガイモ。

　米の栽培面積は，1961年に42万haから徐々に増えて，1980年に65万ha（30.9％）と最高値に至り，以後少し減って60万ha水準で維持されているが，2005年には59万ha（30.9％）である。トウモロコシは，1961年に52.5万haで，1980年に69万ha（32.2％）と最高値に至り，食糧難以後激減して，50万ha水準にとどまっており，2005年の場合には50万ha（26.2％）である。これは最高値に比べて，20万ha程度減ったことになり，かなり大きな変化である。反面ジャガイモは，1961年に3.6万ha，1980年に5万ha（2.4％）であったが，1995年以後，食糧危機に対処する過程で大きく増加して，2005年には19万ha（10.0％）に至る（小麦は，1961年に16.8万ha，麦は同じ年に10万haと，伝統的に非常に重要な作物であったが，2005年には小麦は7万ha（3.7％），麦は3万ha（1.6％）と，1/3水準まで大幅に減っている。豆は，ずっと35万ha水準を維持していて，非常に重要な作物であることを示している）。

　全体的に米は栽培面積に大きな変化はなく，トウモロコシが大きく減って，その代わりにジャガイモが増える形である（小麦・麦は徐々に減って，豆は

図表 4-14　北朝鮮のジャガイモ生産の変化

	1965	1975	1980	1985	1990	1995	1996	1997	1998	1999	2000	2001	2002	2003	2004	2005
栽培面積 （万 ha）	3.6	4.0	5.0	5.8	6.1	4.5	4.8	8.0	12.0	18.7	18.8	18.7	19.8	18.7	18.9	19.0
生産性 （生ジャガ、トン/ha）					13.3	9.7	10.6	10.0	10.6	7.9	9.9	12.1	9.5	10.8	10.9	10.9
生産量 （万トン）　生ジャガ		48.0	62.0	74.0	81.0	43.6	51.0	80.0	126.9	147.3	187.0	226.8	188.4	202.3	205.2	207.0
精穀		12.0	15.5	18.5	20.3	10.9	12.8	20.0	31.7	36.8	46.8	56.7	47.1	50.5	51.3	51.8

出典：FAO statistics databases［http://faostat.fao.org/site/339/default.aspx］に基づいて作成。
　　　精穀換算率は25％を適用した。

図表 4-15　ジャガイモ生産性の比較（2005年基準）

国家	北朝鮮	中国	韓国	日本	イスラエル	オランダ	アメリカ
面積当生産量 （生ジャガ、トン/ha）	10.9	16.6	25.8	30.8	37.1	42.5	43.5

出典：FAO statistics databases［http://faostat.fao.org/site/339/default.aspx］に基づいて作成。

あまり変化がない）。ジャガイモが「第3の主食」として登場していることが確かに現れている。

　ジャガイモが重要になっていくのは，図表4-14の統計が示すように，ジャガイモの生産量が大きく増えていることでも分かる。生ジャガイモ基準で，1990年の81万トンから2005年の207万トンへ増えている。

　なお，単位面積当生産性はあまり変化がなくて，他の国々に比べて低い方である。2005年に生ジャガイモ基準で，ha当生産量が10.9トンであるが，これは，農業先進国に遅れていることはいうまでもなく，中国（16.6トン）よりも低い数値である（図表4-15）。

　続いて，修正の二番目は，畜産業で「草食家畜」を飼うことを重視するようになった，ということである。一般的に畜産業で重要な牛・豚・鶏を飼うには，穀物を相当量必要とする。穀物生産が円滑なときは，食用をまかないながら飼料用へ割り当てることができるから問題がなかろうが，穀物生産が大きく減ると，事情が変わる。人が食べる穀物が足りない状況では，家畜に与える穀物は消えるのである[61]。このような状況で対策として打ち出されたのが，穀物をあまり必要としない，草食家畜を飼う方策である。このようにして，食糧難の状況では，ヤギ・兎・鴨・ガチョウなどを重視するように

図表 4-16 北朝鮮の家畜飼育頭数の変化　　　　　（単位：万）

	1980	1985	1990	1995	1997	2000	2002	2004	2005
牛	95.0	110.0	100.0	88.6	54.5	57.9	57.5	56.6	57.8
豚	420.0	480.0	580.0	267.4	185.9	312.0	315.2	319.4	320.0
鶏	1795.0	1845.0	2100.0	887.1	790.4	1573.3	1850.6	2030.9	2100.0
羊	29.0	35.0	50.0	26.0	16.0	18.5	17.0	17.1	17.2
ヤギ	49.0	60.0	65.0	71.2	107.7	227.6	269.3	273.6	275.0
兎	−	−	−	−	274.0	1147.5	1948.2	1967.7	1967.7
鴨	200.0	240.0	300.0	109.8	82.2	207.8	418.9	518.9	550.0

出典：FAO statistics databases［http://faostat.fao.org/site/339/default.aspx］に基づいて作成。

なった。この対策は，相当な効果をおさめており，それは図表 4-16 の統計から分かる。

　牛は食糧難以前に 100 万頭水準であったが，食糧難状況で 55 万頭水準に減って，2005 年に至ってもあまり回復していない。豚は食糧難以前には 600 万頭近くまで増えていたが，食糧難状況で 200 万頭以下に減り，以後徐々に回復しているが，2005 年に 320 万頭と，まだ食糧難以前の水準を回復してはいない。鶏は，食糧難以前には 2000 万匹を超えており，食糧難状況で 800 万匹水準に減るも，以後急速に増えて，2004 年に至って食糧難以前水準を回復している。羊は，食糧難以前には 50 万頭に至ったが，食糧難状況でその半分の水準に減って以後も持続的に減って，2005 年の段階で 17 万頭水準に止まっている。ヤギは，食糧難以前に 70 万頭の水準であったが，草食家畜重視政策が効果をあげて，2004 年に 270 万頭を超えている[62]。兎は，食糧難以前に 200 万匹水準であったが，ヤギのように，食糧難状況での草食家畜重視政策で大きく増えて，2002 年に至っては 2000 万匹水準に近づいている[63]。鴨は，食糧難以前には 300 万匹ほどだったが，食糧難状況で急激に減って 80 万匹水準になるも，草食家畜重視政策以後大きく増えて，2004 年に至って 500 万匹を超えている。

　続いて，修正の三番目は，先の図表では示されていないが，作物の「栽培密度」に変化が現れている，ということである。「密植栽培」は「主体農法」における核心的要素の一つである。全体人口，農業人口に比べて耕地面

積が少ないという条件で，集約農法を行うのは当たり前の選択であろうが，栽培密度が高すぎると問題を起こすということが分かった。たとえば，北朝鮮で稲を坪当たり120株程度植えていた[64]。これは，肥料など物資の投入が十分な条件ではある程度持続できようが，長く続けると，物資投入が十分ではない条件では急激な地力低下を招き，むしろ収穫量が落ちる場合がありうる。密植栽培は一定期間では肯定的な効果を生んだが，1990年代以後には否定的効果を生んだ。そして，栽培密度を少し低くする現象が現れている。

続いて，修正の四番目は，揚水機をたくさん使う灌漑体系から，たくさん使わない「自然流れ式(자연물길식)」へ水路を改造している，ということである。北朝鮮は，持続的に水路工事を行ってきて，「2千里水路」[65]工事などに示されるように，相当な成果をおさめてきた。ところが，このような水路がエネルギーをたくさん必要とする揚水式中心なので，部品・石油・電気など物資の投入が不足した状況ではまともに稼動できない，という弱点が現れた。そして，これを打開するため自然な水の流れを主に利用する方式が生み出されたのである。この方法により，次のような成果が現れた。「開川—泰星湖」水路[66]工事を1999年11月に始めて，2002年10月18日に完工した。「白馬—鉄山」水路[67]工事を2002年10月に始めて，2005年10月に完工した[68]。「ミル平野」水路[69]工事は2006年4月に始まった。このような水路工事は，揚水式中心から自然流れ式に灌漑体系を変えるという点で望ましいと評価されている[70]。

続いて，新しい現象とは言えないが，食糧難の状況で新しい「意味」を帯びるようになったことをいくつか指摘することにする。

第一に，「種子革命」を強調していることである。これは，以前から積極的に推進してきたことで，主体農法でも強調した項目であった。この時期に再び強調するようになったのは，経済難以前に取り揃えていた種子増殖および供給体系が円滑に作動しなくなって，それを「正常化」しようとしているからである。そうすると研究人力および物資を投入しなければならない。研究人力の供給に問題はないだろうが，物資は不足している。内部的経済沈滞および社会主義圏解体で，急激に低くなった物資の投入能力を回復するのは

容易ではない。外部の支援[71]を得ながら解決を模索している状況である。

　第二に,「二毛作」を積極的に推進していることである。これは,耕地面積が少ない条件で耕地利用率を高めるための方案である。北朝鮮地域は,気候条件が農業に不利で,一毛作が一般的である。以前から二毛作に関心がなかったのではないが,1995年以後の深刻な食糧難でこれを打開するための方案の一つとして,二毛作地域を拡大しようと努力しているのである。二毛作面積は,1997年頃約4万haにすぎなかったが[72],2000年頃には10万ha程度に増えたと推定されている[73]。このような努力で,二毛作による食糧生産が増えている。たとえば,2001年に17万トンであったが,2002年には44万トンに増えている[74]。また今後,二毛作面積を30万haまで拡大しようとする目標を設定していると知られている。

　第三に,「豆農事革命」を強調していることである。豆は伝統的にかなり重要な作物であったが,新しく注目されているのは,トウモロコシの連作で現れた地力弱化を緩和するのに効果があるという点が考慮されたためである。

　第四に,「果樹業」を強調していることである。これは,傾斜地を穀物(トウモロコシ)耕作用として無理やりに利用した弊害を改善しようとするものと連関がある。傾斜度が高い所には,一年生作物ではなくて果樹など多年生作物を植えなければならない,という外部の助言を受け入れたという。

　以上のように北朝鮮は,「我が国の社会主義農村問題に関するテーゼ(우리나라　사회주의농촌문제에　관한　테제)」(金日成,1964/02/25)に定式化した農業運営方向と政策をもって,1980年代前半まではある程度成果をおさめたと言える。しかし,1980年代後半に入り,農業生産が停滞・衰退して,1990年代中盤に極甚な食糧難に苦しんでからは,一定の動揺・変化が現れている。スローガンとしては,相変わらず「主体農法の貫徹」を叫んでいるが,相当な「修正」を加えているのである。「主体農法の科学化」という新しいスローガンは,これを暗示している。

4-5. 農業生産量の変化

　ここでは，北朝鮮で農業生産量がどのように変化してきたのかについて考察することにする。まず，統計を整理してみると，図表4-17のようになる。
　表に現れるように，農業生産においては食糧作物の栽培が中心である。2005年を基準にして見ると，全体耕地面積約191万haの中で食糧作物の栽培面積が約161万haと，全体の84.3％に当たる。それでは，食糧作物を通じて農業生産量の変化を分析することにする。
　農業生産に対する正確な数値は得にくいということを前提にして議論を進める[75]。農業生産は1980年代前半まではかなり成長したが，1980年代後半からは停滞し，1990年代中盤にはむしろ減って，以後やや回復している趨勢である。このような変化を若干詳しく分析してみることにする。
　まず，1980年代前半までは，「成長期」と言える。北朝鮮の農業生産量は持続的に増加して，1980年代前半に「絶頂」に至ったと見られる。ここには，大きく二つの要因が作用した。一つは，国家が主導したいろいろな事業が農業生産に肯定的に作用したという要因である。植民地期の工業化の遺産およびソ連など社会主義圏の積極的な支援を背景に，社会主義的動員戦略を実施し，ある程度工業化に成功し，農業で必要な機械（トラクター，揚水機など）・農薬・肥料などの物資を相当量供給し，国家主導で耕地および潅漑施設を整備・拡大し，種子改良・農業技術普及などを積極的に推進して，一定の成果をおさめた。もう一つは，中ソ紛争などの社会主義圏内部における不和はあったものの，対外環境が相対的に有利であったという事情である。自ら生産が不可能であった石油をソ連から有利な価格で相当量輸入できたことは，そのような事情をよく示す。
　このように相対的に有利な対外環境を背景に，耕地の整備と拡大，付帯施設の整備と拡大，物資投入の増大，労働力投入の増大を基本内容とする，国家主導の農業が生産増大に肯定的に作用したことにより，集団化がもたらしたと見られる労働意欲減少などの否定的に作用する要因を相殺して，相当な

第4章 農業の変化　149

図表 4-17　主要食糧作物の栽培面積と生産量[1]**の変化**

(単位：万 ha，万トン)

時期	年度	耕地総面積	米 面積	米 生産量	トウモロコシ 面積	トウモロコシ 生産量	麦 面積	麦 生産量	小麦 面積	小麦 生産量	ジャガイモ 面積	ジャガイモ 生産量	サツマイモ 面積	サツマイモ 生産量	豆類 面積	豆類 生産量	食糧総合[2] 面積	食糧総合[2] 生産量
V	1961	−	42.0	−	52.5	−	16.8	−	10.0	−	3.6	−	−	−	−	−	−	−
V	1965	−	48.0	−	53.5	−	16.3	−	10.0	−	3.6	−	−	−	−	−	−	−
VI	1970	−	53.0	−	57.0	−	14.5	−	9.0	−	3.8	−	−	−	−	−	−	−
VI	1975	−	62.5	173.8	67.0	218.3	9.5	−	8.5	−	4.0	12.0	−	−	−	−	−	−
VII	1980	210.4	65.0	124.5	69.0	203.5	8.5	−	7.0	−	5.0	15.5	−	−	−	−	182.2	371.3
VII	1985	214.0	64.5	151.9	69.0	207.2	8.5	−	6.0	−	5.8	18.5	−	−	−	−	172.8	419.3
VIII	1990	214.1	60.0	145.7	68.0	194.9	9.0	−	6.0	−	6.1	20.3	−	−	35.3	−	173.4	402.0
VIII	1991	197.4	−	164.1	−	212.0	−	−	−	−	−	−	−	−	−	−	159.3	442.7
VIII	1992	197.4	59.2	153.1	64.4	211.2	9.0	−	5.5	−	7.2	−	−	−	35.5	−	158.8	426.8
VIII	1993	197.4	−	131.7	−	196.3	−	−	−	−	−	−	−	−	−	−	158.6	388.4
VIII	1994	199.2	58.3	150.2	63.8	213.8	9.0	−	8.7	−	5.5	−	−	−	34.0	−	148.5	412.5
VIII	1995	199.2	58.2	121.1	67.0	185.1	9.0	−	7.5	−	4.5	10.9	1.1	−	−	−	148.6	345.1
VIII	1996	199.2	58.0	134.0	58.9	197.6	7.5	−	7.2	−	4.8	12.8	1.3	−	32.0	−	146.6	369.0
IX	1997	199.2	61.1	150.3	60.2	159.9	7.5	−	7.0	−	8.0	20.0	2.5	−	−	−	149.9	348.9
IX	1998	199.2	58.0	146.1	62.9	194.7	7.0	−	5.0	−	12.0	31.7	3.4	−	33.0	−	152.3	388.9
IX	1999	185.3	58.0	162.9	57.5	192.4	4.8	−	4.1	−	18.7	36.8	3.7	−	−	−	155.0	422.2
IX	2000	199.2	53.5	142.4	49.6	144.0	5.9	−	3.4	−	18.8	46.8	2.3	−	34.0	−	157.2	359.0
IX	2001	186.9	57.2	168.0	49.6	158.8	5.7	−	3.6	−	18.7	56.7	2.5	−	−	−	157.7	394.6
IX	2002	185.3	58.3	173.4	49.6	163.6	6.3	−	3.9	−	19.8	47.1	2.7	−	35.0	−	156.9	413.4
IX	2003	185.3	58.4	172.0	49.5	171.0	6.9	−	3.4	−	18.7	50.5	2.7	−	−	−	159.5	425.3
IX	2004	190.3	58.3	179.5	49.5	167.4	7.0	−	3.2	−	18.9	51.3	2.8	−	36.0	−	159.7	431.1
IX	2005	190.7	59.0	202.4	50.0	163.0	7.0	−	3.0	−	19.0	51.8	2.8	−	36.0	−	160.8	453.7
IX	2006	191.0	−	189.5	−	175.1	−	21.1	−	−	−	45.4	−	−	−	15.5	160.9	448.4
IX	2007	191.0	−	152.7	−	158.7	−	24.7	−	−	−	47.4	−	−	−	15.2	161.4	400.5
IX	2008	191.0	−	185.8	−	154.4	−	22.2	−	−	−	50.8	−	−	−	15.6	161.4	430.6
IX	2009	191.0		191.0		130.1		20.3		−		53.0		−		14.6	161.4	410.8
IX	2010	−	−	−	−	−	−	−	−	−	−	−	−	−	−	−	161.4	390.0
IX	2011	−	−	−	−	−	−	−	−	−	−	−	−	−	−	−	−	−
IX	2012	−	−	−	−	−	−	−	−	−	−	−	−	−	−	−	−	−

出典：統計庁(2007 前掲書，25・28・29 頁)，統計庁(2013 前掲書，57・59・60 頁)と FAO statistical Databases [http://faostat.fao.org] に基づいて作成。ただ，2007 と 2008 年度分は，MBC [http://imnews.imbc.com/replay/nwtoday/article/2142771_2710.html]。

注：1)生産量は「精穀」基準である。粗穀と精穀を区分しなければ，混乱が起こる。粗穀を精穀へ換算する割合は作物ごとに異なる。一般的に米は 72％，トウモロコシは 100％，小麦は 72％，麦は 65％，ジャガイモは 25％，サツマイモは 31％，豆は 100％ である。[http://www.vegetables.pe.kr/vegetablesculture/riceweigindex.htm# 곡류별 %20 정곡 %20]。
2)「食糧総合」は米，麦，小麦，豆類，ジャガイモ，サツマイモ，雑穀などを合計したものである。
3)「麦」のところの生産量は，「小麦」を含む。
4)「ジャガイモ」のところの生産量は，サツマイモを含む。

生産増大を遂げることができた。

　しかし，1980年代前半絶頂に至った農業生産量は，以後停滞・減少するようになる。このような変化には，大きく二つの要因が作用した。一つは，国家主導で推進したさまざまな事業で，副作用および否定的効果が著しく現れるようになった，という点である。無理な傾斜地の開墾による山林荒廃化，気候および土質を十分に考慮せずに行った作物の選択（トウモロコシへの偏重など），エネルギー供給状況に依存する揚水機を多用する潅漑体系，集団化による労働意欲の減少など。もう一つは，社会主義圏が崩壊して対外的状況が不利になった，という点である。ソ連・東欧では脱社会主義移行が起き，残った中国のような社会主義国家も改革・開放を推進して，これまでのように有利な関係を結ぶことができなくなった。これは石油・機械部品など物資の導入が急激に減るという結果として現れた。

　このように，耕地および潅漑施設を整備して拡大する事業は，もう「限界効用」が低下し，生産増大にあまり効果を生まなくなり，工業部門の停滞・対外関係の悪化などで物資投入量が減って，持続的に存在してきたと見られる集団化による労働意欲減少など，生産増大に否定的に作用する要因が肯定的に作用する要因を圧倒して，生産量が停滞・減少するようになった。しかも，「偶発的」な自然災害さえ重なって，おびただしい打撃を受けるようになった[76]。

　そして，絶頂期でさえ十分ではなかったと推定される食糧事情が，1995年に至って「食糧難」として現れるようになった。その状況を簡単に考察してみよう（図表4-18）。

　食糧の不足状態は，表で示されるように，二つの側面で把握することができる。一つは，北朝鮮が必要とする食糧をどれほど自ら供給できるか，ということである。このような側面での不足の程度が「実質的不足」である。このような実質的不足の程度は，食糧難以前において，1981年＝28.6％，1986年＝25.6％である。食糧生産量が絶頂であった1980年代初頭でさえ25％以上不足であった，ということになる。恐らく，この程度の不足状態は北朝鮮が朝鮮戦争後の回復期を経て，工業化を遂げた以後，1980年代初頭まで持

図表 4-18　北朝鮮の食糧不足状態

| | 人口[1]
(万名) | 需要量
(A)[2]
(万トン) | 供給量(万トン) ||| 不足状態(万トン，％) ||||
| | | | 内部
供給量
(B)[3] | 導入量
(C)[4] | 合計
(D=B+C) | 実質的不足[5] || 結果的不足[6] ||
						不足量 (A−B)	不足率 (A−B/A)	不足量 (A−D)	不足率 (A−D/A)
1960									
1970									
1980	1762.2	514.6							
1981	1781.4	520.2	371.3			148.9	28.6		
1985	1909.7	557.6							
1986	1930.5	563.7	419.3			144.4	25.6		
1990	2022.1	590.5							
1991	2049.5	598.5	402.0			196.5	33.0		
1992	2079.8	607.3	442.7	129.0	571.7	164.3	27.1	35.6	5.9
1993	2112.3	616.8	426.8	83.0	509.8	190.0	30.8	107.0	17.3
1994	2135.3	623.5	388.4	109.3	497.7	235.1	37.7	125.8	20.2
1995	2154.3	629.1	412.5	49.0	461.5	216.6	34.4	167.6	26.6
1996	2168.4	633.2	345.1	111.2	456.3	288.1	45.5	176.9	27.9
1997	2181.0	636.9	369.0			267.9	42.1		
1998	2194.2	640.7	348.9			291.8	45.5		
1999	2208.2	644.8	388.6			256.2	39.7		
2000	2217.5	647.5	422.2			225.3	34.8		
2001	2225.3	649.8	359.0	172.5	531.5	290.8	44.8	118.3	18.2
2002	2236.9	653.2	394.6	140.0	534.6	258.6	39.6	118.6	18.2
2003	2252.2	657.6	413.4	140.5	553.9	244.2	37.1	103.7	15.8
2004	2270.9	663.1	425.3	120.9	546.2	237.8	35.9	116.9	17.6
2005	2292.8	669.5	431.1	99.7	530.8	238.4	35.6	138.7	20.7
2006	2307.9	673.9	453.7	95.0	548.7	220.2	32.7	125.2	18.6
2007	2333.0	681.2	453.6			227.6	33.4		
2008	2358.4	688.7	401.0			287.7	41.8		

出典と注：1）人口統計は統計庁（2007，前掲書，18頁）による。
　　　　　2）需要量(A)は，「総人口×1人当たり年間必要量(292 kg)」で計算する。1人当たり年間必要量(292 kg)は，「1人当たり1日必要量(700 g＋100 g)×365日」。1日必要量で700 gは直接食べる量で，100 gは種子用・飼料用などに必要な量である。
　　　　　3）自力供給量(B)は前年度の生産量で，統計庁（2007，前掲書，28頁）による。ただ，一部（2007，2008年）はマスコミ報道を利用する。
　　　　　4）導入量(C)は，商業的輸入または無償支援を合わせたもので，キム・ヨンフン（김영훈 2006，14・96頁）を参照。
　　　　　5）「実質的不足」は，需要量を内部供給で解決することができない状態を表現する。
　　　　　6）「結果的不足」は，食料を輸入した後の不足状態を表現する。

続したと推定される[77]）。このような状態は「日常的に堪えられる」水準であると思われる[78]）。

　しかし，1990年代に入る頃，状況が悪化した。1991年＝33.0％という数値で示されるように，日常的に堪えられる限界を超えるようになったと見られる。この頃から食糧難に陥り，1994年＝37.7％という数値で示されるように，多大な外部援助なしには堪え難い状況になった。そして，1995年に自然災害まで被り，ついに危機的状況に落ち込んで，国際社会に支援を訴えるに至ったのである。これは，1996年＝45.5％という数値ではっきりと現れる。以後，種子・肥料など外部支援を得て，2007年＝33.4％という数値に示されるように，少々改善している。しかし，相変わらず脆弱な状態なので，気象条件が悪い場合などには，すぐ悪化しうる状況である。2008年＝41.8％という数値は，これを示す。

　このように，実質的食糧不足状態は，食糧生産が「正常」であった時期でも相当な程度に存在していたが，外部に支援を訴えるほどではなかったので，我慢していたと見られる。そうするうちに，社会主義圏が崩壊したことで，物資供給に大きな打撃を受け，1990年以後には食糧事情が悪くなり，自然災害に襲われた1995年ついに外部支援を訴えるに至ったのである。

　食糧不足状態を現すもう一つの側面は，「結果的不足」である。これは，国内で供給することはできないが，輸入や援助によって不足が緩和した状態である[79]）。1990年代に入って実質的不足率が急激に高くなるが，若干の商業的導入と外部の支援で，不足状態がかなり緩和する。1992年＝5.9％という数値は，これを示す。しかし，このような対応もすぐ限界を示すようになって，結果的不足率が1993年＝17.3％，1994年＝20.2％と，急に高くなる。このような状態で，1995年，国際社会に支援を訴えるに至ったのである。1995～1997年は，北朝鮮自ら「苦難の行軍」と表現しているように，一番深刻な状況であった。相当な外部支援にもかかわらず，結果的不足率が1995年＝26.6％，1996年＝27.9％に至る。正確な数値は得られないが，相当数の人々が餓死したことが知られている。

　以後，国際社会の食糧支援と（肥料・種子などの外部支援を背景にして）若

干の生産回復を通じて，結果的不足率が2001年＝18.2％，2006年＝18.6％と，一定の改善が見られる。

だが，国内の生産能力が格段に高くならない限り，この程度の不足状態は持続するであろう。結果的不足率が20％程度の場合は，日常的に堪えられる状態であるから，自らこの状態に至ると国際社会は支援を中断するはずである(恐らく，他に不足率が20％を超える国が現れるはずなので，優先順位で劣るようになるからである)。

このように北朝鮮は，実質的不足率・結果的不足率に示されるように，まだ自力で食糧問題を解決できる状態ではない。外部支援を得て，惨事をやっと免れる程度だと言える。実質的不足率を20％程度の水準まで改善させるのが，至急の課題である[80]。

補　論　北朝鮮の穀物生産量に対する推算

ここでは，農業生産量に対する北朝鮮側の統計の「正確性」の問題について考えてみることにする。

まず，全般的に北朝鮮側が発表した(他の分野でもそうであるが)農業統計については，二つの特徴を指摘する必要がある[81]。

一つ目の特徴は，全般的に統計が非常に「貧弱」である，ということである。統計作成がどれほど厳密に行われるかは明らかではないが[82]，少なくとも，発表されるものは非常に貧弱である。その中で，1946～1963年の期間は相対的に詳細であり，1964～1985年の期間は非常に粗略である。1986～1990年の期間は統計発表がなかったと言ってもよいほどである。以後，経済難に陥った1991年からは，国際社会の支援を期待し，国際機関などの要請に従って，ある程度統計資料を提供するようになった。特に1995年以後は，現地で活動する国際機関が統計をある程度検証できるなど，事情が好転し，比較的充実してきた。

北朝鮮が発表した農業統計に現れるもう一つの特徴は，信憑性が低い，と

いうことである。これは，いくつかの点から言える。

　第一に，自ら発表した統計値に一貫性がない，という点である。初めには「A」と発表して，後で「B」と修正し，また「C」と修正するようなことがある。しかも，その統計値の大きさが概して「A＞B＞C」となる。二つの事例を見てみよう。

　一つは，1953年度の「粒穀（알곡）」生産量に対する統計値である[83]。すなわち，1953年度の生産量が，はじめ328.8万トンと発表されたが(1954.10)，3か月後には274.1万トンに減って(1955.01.07)，また，2年後には232.7万トンに減っている(1957.02)。

　もう一つの事例は，1963年度の「粒穀」生産量に対する統計値である[84]。当時には500万トンを生産したと発表したが，1988年のある本[85]では，"1963年と比べて1974年には，粒穀生産が約2倍へ成長して，700万トンを超えた。"と言っている。内密に500万トンが350万トンへ修正されたと言える[86]。

　北朝鮮の統計の信憑性が低いと言われる第二の理由は，発表内容と合わない社会現象が発生する，という点である。北朝鮮は1958年に粒穀370万トンを生産して，食糧問題を完全に解決したと主張したが（金日成，1959/01/01），1959年9月に平壌市民に米を供給することができない状況が発生した，というような事実を例として挙げられる[87]。

　このような状況を念頭に置きながら，北朝鮮側が発表した農業生産量の統計値がどれほど正確なのかを考えてみることにする。北朝鮮側が公式に発表した「粒穀」生産量統計を整理すると，図表4-19のようになる。

　このような統計値がどれほど実際の状況を表現しているか，ということを粒穀生産が最高値に至ったとされる1984年の場合を例として考えてみよう。北朝鮮側の発表は，1984年に粒穀1000万トンを生産した，ということであ

図表4-19　北朝鮮の粒穀生産量の変化(北朝鮮発表)

年度	1956	1957	1958	1959	1960	1961	1962	1974	1975	1976	1979	1982	1984
生産量 (万トン)	280	320	370		380	483	500	700	740	800	900	950	1000

る。ところで，上で引用した統計庁（ソウル）の資料（図表 4-17）では，1985 年の「食糧作物」生産量が 419 万トンとして現れている。このように混乱した統計値をどう解釈すべきか[88]。

　北朝鮮側の農業生産量統計を理解するためには，まず，二つの点に注意する必要がある。一つは，北朝鮮で使う「粒穀（알곡）」という用語がどのような作物を含むか，ということである。一般的に農業生産量の統計で穀物または食糧作物は，図表 4-17 のように，「米，トウモロコシ，小麦，麦，ジャガイモ，サツマイモ，豆など」を言う。ここで不明なのは「など」だけである。そして，これがどの程度の比重を占めるかが判断できれば，不明なことはほぼなくなると言える。問題は，北朝鮮で言う「粒穀」がこのような一般的な概念と一致するか，ということである。

　北朝鮮は，1960 年代初頭までは「粒穀」という用語を「粒の形を取っている穀物」を示すのに用いていたようである[89]。すなわち，「米，麦，小麦，豆など」程度であった[90]。そして以後，ジャガイモとサツマイモも含むことに変えたという。このような事情を勘案すれば，1960 年代以後の統計では「粒穀」という用語が「穀物」または「食糧作物」と等しい概念を持つようになったと言える。したがって，一貫性を持って北朝鮮の統計を把握するためには，1960 年以前における「粒穀」生産量は一定部分「割増」する方向で修正しなければならない。主にジャガイモとサツマイモを穀物相当量に換算して加える必要がある。

　北朝鮮側の農業生産量統計を理解するのに注意すべきもう一つの点は，「粒穀」がどのような「状態」を表すか，という問題である。一般的に食糧作物の生産量統計で，状態に関して重要なのは，「粗穀」と「精穀」を区分することである。粗穀か精穀かは，かなり大きな差を生む。米を例として挙げてみよう。殻がある状態からない状態になると，重さを基準にして，おおよそ 72％ にまで減る[91]。問題は，北朝鮮が言う「粒穀」がどの状態を表すか，ということである。

　北朝鮮は，農業統計でこの問題を明確にしていないようである。多くの場合において，ただ「粒穀」と述べるだけである。辞書的に解釈すれば，「粒

穀」は「精穀」としてみなされる可能性が高い[92]。それに，一般的に食糧作物統計を精穀として発表する現象が重なれば，北朝鮮の発表は「精穀」としてみなされやすい。しかし，関連する情況を考えると，北朝鮮の発表する統計は，正確性の可否は別にして，「粗穀」とみなさなければならない[93]。

　これは，たとえば，「金日成 1959/01/05」に出てくる「協同組合農家当たり分配分の増加」という統計から推論できる。ここに 1958 年に農家当たり「粒穀」1826 kg，「ジャガイモ類」501 kg を分配したとなっている[94]。もしこの「粒穀」が精穀なら，農家当たり構成員が 5 人いるとしても[95]，十分に暮らせる量である。図表 4-18 で，1 人当たり 1 年間の適正な穀物需要量を 292 kg と提示したが，5 人家族なら 1460 kg で十分である。果たして，1958 年の時点で北朝鮮農家が粒穀だけで適正必要量を 366 kg も超えるほどの分配を受けていただろうか。しかも，それに加えてジャガイモも 501 kg 分配されている。

　このような事情から見て，北朝鮮側の農業生産物統計は，精穀ではなくて粗穀を基準にしたとみなさなければならない。このようにみなすと，この統計は「粒穀」を「食糧作物」へ変換する場合，統計値の「割引」要因として作用する。では，どれほど統計値を減少させるのだろうか。

　正確には，作物別粗穀生産量を把握し，それぞれ換算率を適用して求めるべきである。しかし，正確な生産量統計が得られないため，代わりに栽培面積を利用して作物別比重を計算する。これを「加重値」としてみなして，作物別換算率を掛けてその結果を合わせるという計算がありうる（図表 4-20）。

　このように，作物別栽培面積の比重を利用して 1984 年の精穀換算率を推定すれば，85.4% になる。これを利用して，1984 年の生産量 1000 万トンという数値を粗穀とみなして換算すれば，854 万トンになる。それでは，これは実際の状況を正確に表現しているのだろうか。

　1985 年の適正需要量は 588 万トン程度であるので，1984 年の生産量が 854 万トンだとすれば，食糧作物が 266 万トンも余る，というすごい結果になる。このような状況であったら，北朝鮮は農産物を少なくとも 200 万トン程度輸出したはずである。他の産業部門で輸入したい必要な物品がたくさん

図表 4-20　総量的精穀換算率の推定

作物	食糧作物総合	米	トウモロコシ	小麦	麦	ジャガイモ	サツマイモ	豆	その他
栽培面積（万 ha）	200.0	64.5	69.0	8.5	6.0	5.8	1.2	35.0	10.0
栽培面積比率(A)（％）	100	32.5	34.5	4.3	3.0	2.9	0.6	17.5	5.0
精穀換算率(B)（％）	85.4	72.0	100	72.0	65.0	25.0	31.0	100	80.0
A×B	0.854	0.234	0.345	0.031	0.020	0.007	0.002	0.175	0.04

あったからである。しかし，果たして，そのような現象があったのだろうか。そのような記録は見られない。

　このように，「粒穀」という用語が持つ「範囲，状態」という二つの側面で検討して，粒穀を粗穀とみなして推論しても，北朝鮮側の統計値は大きく誇張されている，と言わざるをえない。

　それでは，1995年以前の北朝鮮の穀物生産量はどれほどであったのか。北朝鮮の発表値はそのまま受け入れ難いので，真実に接近するためには，別の方法論を考案する必要がある。ここでは，人口統計を利用し，適正需要量を計算して，「不足率」を推定し，生産量を推計する方法を取ることにする。この過程で不足率は，図表4-21のように推定する[96]。

　これを利用して，年度別の生産量を推算すれば[97]，図表4-22のようになる。

　つまり，1985年度の穀物生産量は，おそらく502万トン程度だったであろう。それは，1000万トンというのが粗穀だと判断して，それを精穀に換算し850万トンと計算しても，348万トンというおびただしい差を示す。北朝鮮は，生産量を実際より70％程度も誇張して発表したと推定されるのである。

　このような判断に基づいて，北朝鮮側の穀物統計がどれほど「誇張」されているかを推定すれば，図表4-23のようになる。

　推算した生産量(D)が現実的だとみなすと，北朝鮮側の発表はきわめて誇張されている，と言える。「誇張率」が低い場合でも21％程度で（1956年），

図表 4-21 時期別食糧不足率(推定)

期間	不足率範囲	中間値
1945～1949	10～20%	15%
1950～1954	20～40%	30%
1955～1960	10～20%	15%
1961～1970	5～15%	10%
1971～1980	0～10%	5%
1981～1985	5～15%	10%
1986～1990	10～20%	15%
1991～1995	20～30%	25%

図表 4-22 北朝鮮の食糧生産量(推算)

年度	1956	1957	1958	1959	1960	1961	1962	1974	1975	1976	1979	1982	1984
翌年の人口(万名)	970	1005	1042	1079	1110	1142	1174	1665	1685	1708	1762	1847	1910
翌年の需要量(万トン)	283	293	304	315	324	333	343	486	492	499	515	539	558
翌年の不足率(%)	15	15	15	15	15	10	10	5	5	5	5	10	10
該当年の生産量(万トン)	241	249	258	268	275	300	309	462	467	474	489	485	502

図表 4-23 北朝鮮の穀物生産量の誇張率(推算)

	年度	1956	1957	1958	1959	1960	1961	1962	1974	1975	1976	1979	1982	1984
生産量(万トン)	北側の発表(A)	287	320	370	340	380	483	500	700	740	800	900	950	1000
	Aの修正(B)	344	384	444	408	456	483	500	700	740	800	900	950	1000
	Bの精穀換算(C)	292	326	377	347	388	411	425	595	629	680	765	808	850
	推定生産値(D)	241	249	258	268	275	300	309	462	467	474	489	485	502
誇張率(C−D/D)(%)		21.2	30.9	46.1	29.5	41.1	37.0	37.5	28.8	34.7	43.5	56.4	66.6	69.3

出典：1)北側発表(A)は，新年辞で提示されたものである。
2)Aの修正(B)は，1960年までの粒穀で「ジャガイモ類」が含まれていないことを穀物相当量に換算して合わせたものである。正確な計算は難しいので，元々の発表値に20%を追加した。
3)Bの精穀換算(C)は，Bを精穀に換算したものである。換算率は上の85%を適用した。

高い場合には70%に近づく(1984年)。また，年を経るごとに誇張率が高くなる傾向がある。これは，統計を一度誇張し始めると，以後には「複利算式」に進むからである[98]。

1) 参考までに，よく使われる面積の単位を簡単に整理しておく。
　　・1 m² = 1 m × 1 m
　　・1 a = 10 m × 10 m = 100 m²

- 1 ha = 100 m × 100 m = 1,0000 m^2 = 100 a
- 1 km^2 = 1000 m × 1000 m = 100,0000 m^2 = 100 ha
- 1 坪 ≒ 3.3 m^2
- 1 町歩 = 3000 坪 ≒ 9917 m^2

2) 従来，家族農の形態，つまり，その生産組織的性格については，二つの類型があると考えられてきた。一つは，土地を所有して耕作する「自作農」であり，もう一つは，土地を借りて耕作する「小作農」である。そして，中国や北朝鮮などで現れた，社会主義権力による「土地分配」を自作農の創設として理解してきた（具体的な例は，生産組織の変化を議論するところで挙げることにする）。しかし，このような解釈をもっては，釈然しない疑問が生じる。すなわち，自作農は集団農場とは対蹠点にあるとも言えるので，社会主義権力が農政の方向をわずか10年程度の期間で逆転させたのか，という疑問である。この点について本書では，別の解釈を提示する。つまり，社会主義権力による土地分配とは，自作農を創設した過程ではなくて，自作農でも小作農でもない「第三の家族農」を創設したのであり，それは，集団化とは対立的なものではなくて，むしろ「親和的」なものであると思われる。

3) 別の外的刺激としては，次のようなものが挙げられる。労働過程を監視すること，熱心に働かない者をムチで殴ること，熱心に働く人に「労働英雄」という称号を与えること，生産量が多い組合に奨励金を与えること，など。

4) これは，地主が，小作農が熱心に働いているか否かを監督する必要がない，というところで確かに現れる。収穫過程でのみ，小作農が生産物を横取りするのではないか，ということを見張るだけで十分である。ただ，これは（現物であれ貨幣であれ）「生産物地代」を支払う場合を想定したものである。地主—小作関係を形成する地主が，小作料をどのような「形式」で受け取るかによって，地主が小作人を労働過程で見張る必要があるか否かが決まる。「労働地代」を受け取る場合［地主が小作人を直営地に連れてきて労働させる場合］には，見張る必要がある。小作人は，労働地代を支払った結果がどうなるかには，大きな利害関係を持っていないからである。直営地でどれだけ多い生産物が出るかということは，小作人にはそれほど重要ではない。そして，小作人は，直営地では熱心に働く理由がないので，地主としては，小作人が直営地で熱心に働くようにさせるためには，監視・監督する必要がある。ところが，それには費用がかかり，必ずしも効率的なものとは言えない。このような事情を把握した地主は，地代として「労働」ではなくて「生産物」を受け取る方式に変える。小作人が生産した生産物から一定の分量（定額地代）または一定の割合（定率地代）を受け取る方式である。これは，小作人が耕作地全部で自ら熱心に働く動機を提供する。自分が熱心に働いて生産物が増加すれば，増加分から少なくとも一部を自分が受け取ることができるからである。この形態では，地主が小作人を労働過程で見張る必要が消える。このような形式がもっと「効率的」である（生産物地代が現物か貨幣かということは，このような側面では何ら差を生まない。よく，現物地代から貨幣地代へ変わるが，こ

れは社会的に貨幣経済化する現象を反映するだけである。そして，地代の形態を「労働，生産物，貨幣」と 3 分することは，このような側面では適切ではないと見える。まず「労働，生産物」と 2 分して，生産物を「現物，貨幣」に再び 2 分する方が適切であろう）。

5) 割当小作農は，生産結果物から自分の受け取り分が，事実上，予め決まっていると言える。たとえば，農地 1 ha を耕作して，米 500 kg を生産するにせよ 700 kg を生産するにせよ，自分の分け前にはあまり差が生じないのである。当該の農家の必要とする穀物が 300 kg と設定されていれば，残りは，どのような方式であれ（「税金」の形式であれ，無償譲渡に近い「売買」の形式であれ），国家に帰属するようになる。このように，自分の受け取り分が，事実上，300 kg と決まっているのであれば，500 kg にとどまらず 700 kg を生産するために一生懸命働く必要がなくなる。税金ではなくて売買の形式であったとしても，わずかな現金はあまり魅力がない。

6) この点について記述することは，常識的な話を繰り返してしまう恐れがあるが，ここであえて整理するのは，二つの問題意識があるからである。一つは，北朝鮮も社会主義体制の一つであるので，社会主義諸国の農業に現れた傾向を整理することは，北朝鮮の農業を理解する「基礎知識」になりうる，という問題意識である。もう一つは，従来の社会主義農業論について再検討する必要があると思うからである。ここで提起する論点は，主に，二つである。一つは，社会主義権力による「土地分配」に対する解釈の問題である。つまり，土地分配とは，前述したように，自作農を創設する過程ではなくて，労働者的存在である「割当耕作農」を創設する過程である，ということである。それゆえ，土地分配という表現は適切ではない。「土地委託」くらいが実情にふさわしいと言える。もう一つは，集団化の結果現れた協同組合は，自立的な組織ではない，ということである。それゆえ，「協同所有」という範疇は，国家所有という範疇と対等な概念として成立できない。むしろ，社会主義体制下の協同所有は，国家所有の一つの「現象形態」にすぎないと言える。

7) たとえば，金日成はこう言っている。"党の方針に従って農業協同化が完成した結果，農村で搾取と貧窮の根源が永遠に清算されました。"［당의 방침에 따라 농업협동화가 완성된 결과, 농촌에서 착취와 빈궁의 근원이 영원히 청산되었습니다.］金日成 1959/01/01,「新年祝賀宴会で行った演説（신년축하연회에서 행한 연설）」,『金日成著作集 13』，朝鮮労働党出版社，1979，平壌。

8) スターリンが，農業集団化を推進する過程で，農業生産が相当な打撃を受けていると知っていながらも，強力にその政策を押しつけたことを，代表的な事例として挙げることができる。カザフスタンでは，集団化過程で極甚な食糧難が発生して，1931～33 年の間に，全住民の 40% ほどが死に，その余波で 1928 年に 1920 万匹だった羊や山羊は，1935 年には 260 万匹に減った。Nove（1992,『An Economic History of the USSR―1917～1991―』, Penguin Books, London, 174～175 頁）を参照。恐らく，この過程では食糧不足という要因に加え，遊牧民を短期間で定着させるという急激で強

第 4 章　農業の変化　161

制的な生活様式の変化という文化人類学的要因も影響を与えたと思われる。
 9) このような協同農場は「公的協同組合」にあたると言える。自律的な協同農場が存在すると，それは「私的協同組合」にあたる。
10) 私的主体が国家から受けた「賃借使用権」を相続・売買することができるようになれば，これは「永久的使用受益権」および「処分権」を持ち，完全な(下級)所有権を持つようになる，ということを意味する〔私は，所有権には上級所有権と下級所有権があると思っている。そしてこの分類からすると，一般に経済活動との関係で論じられる所有権は下級所有権にあたる。これについては，拙稿2009,「財産権の等級問題─上級財産権，下級財産権─」,『(日台)共同交流検討会検討報告概要集』，北海道大学大学院法学研究科，193-200頁を参照。〕。この場合，賃借使用権という表現は，私的所有を否定的にみなす社会で現れる，「ごまかし」表現にすぎない。
11) このような現象は，社会主義経済理論で大部分のサービス業が「非生産的産業」と解釈され，サービス業の比重が高いのは望ましくない現象だと認識されるし，サービス業は私的経済活動が活性化しやすい領域であるので，統制を多く受けることから現れる。
12) 社会主義農業を論ずる際，「戸当耕地面積」という表現は，誤解を招きやすい。社会主義体制では，一般的に家族は農業生産組織として機能しないが，このような表現はまるで家族が生産組織として機能しているような印象を与える可能性があるからである。しかし，このような事情があるにもかかわらず，戸当耕地面積を「計算」するのは，耕地面積が農業人口に照らしてどれほど広いか，ということを見積もるためである。
13) ユ・ヨンオク&グァック・テシユン(유영옥&곽태순), 2004,「北朝鮮農業政策の推進過程と展望(북한의　농업정책　추진과정과　전망)」,『韓国国際農業開発学会誌』第16巻第1号，韓国国際農業開発学会，ソウル，25頁。
14) キム・ヨンフン(김영훈), 2006,『食糧難以後北朝鮮の農業と農政変化の分析(식량난　이후　북한의　농업과　농정변화　분석)─1995〜2005年─』，ソウル，17頁。また，北朝鮮政府は，1993年に灌漑面積が耕地面積の約70%水準に至る140万町歩であると発表したことがある。『労働新聞』1993/03/23。
15) これは，韓国地域が220〜240日であることを考慮すれば，農業に不利であると言える。
16) ユ・ヨンオク&グァック・テシユン(유영옥&곽태순), 2004, 前掲論文，25頁。
17) 1994年まで発表された「新年辞」とそれに実質的に続く「新年社説」は，北朝鮮の一年の国政の方向を簡潔に示しているので，それは，ある主題に対する「通史的」考察の際，役に立つ。また，その「形式の変化」も注目に値する。金正日の時代になって，「新年辞」が「新年社説」に変わったということは，何らかの事情で，指導者が前面に出たくないという意志を持っている，ということを暗示するのである。
18) 北朝鮮で社会主義国家を樹立する過程は，「南北」両側にそれぞれ「分断国家」が

成立する過程の一部分を成す。北緯38度線を境界にして，それぞれ南と北に米軍・ソ連軍が進駐した状況で，彼らが望む体制(南側では資本主義，北側では社会主義)が樹立されるのは，「阻むことのできない」状況であった。このような流れに抵抗して，「統一国家」を樹立しようとする動きがあったが，「力不足」であったのである。

19) 1955年「新年辞(신년사)」。"去年，経験的に組織された農業協同組合が初年度の農業で誇るべき成果をおさめました。協同農場の単位当たり穀物収穫高は，個人農家に比べて10～15%も高くて，現金収入もずっと高いのです。これは協同農場が，個人農家に比べて，非常に優越しているということを確かに証明してくれるのです。"

20) この過程で，1958年に370万トンを生産して食糧問題を解決した，と宣言している。1959年「新年辞」。

21) 「農業の化学化」というのは，農業に化学技術を取り入れるということから，主に「化学肥料」を十分使うことを意味する。

22) この問題については，後ほど［補論］で論じることにする。

23) 金日成 1959/01/05，「我が国での社会主義的農業協同化の勝利と農村経理の将来の発展について」(우리나라에서의 사회주의적 농업협동화의 승리와 농촌경리의 앞으로의 발전에 대하여)，『金日成著作集第13巻』，平壌。"土地改革後には土地の売買，抵当，小作などを厳格に禁止しました。"

24) 北朝鮮が土地改革を通じて「自作農」を創設した，という見解は多くある。一つ例を挙げれば，次のようなものである。"北朝鮮政権は1946年，土地改革を通じて封建的土地所有制を清算して，小作農を自作農へ変える土地革命を成しとげた。"(イ・ジュウチョル이주철 2008，「1950年代の北朝鮮農業協同化の穀物生産成果の研究(1950년대 북한 농업협동화의 곡물 생산성과 연구)」，『韓国史学譜』第31号，ソウル，207頁)。しかし，このような評価は，現実に対する適切な理解とは言えない。「自作農の創設」という評価は，農家が当該の土地に対する処分権を持っているのか，余剰取得権を持っているのか，ということを検証せずに下したものと見える。国家が農地を農民に分配したように見える「表面的な姿」にとらわれているのである。

25) このように集団化以前に形式的に余剰を取得する可能性が残っていたのは，農業生産組織を社会主義的に改造する過渡的状態であったという点，土地の没収で富農が事実上消滅した状況で現実的にプラス余剰の生じる可能性があまりなかったという点のためであったろう。もし，このような関係が継続し，生産力が上昇して，プラス余剰を取得しうる現実的な可能性が生じると，社会主義国家は余剰を吸収しうる措置を講ずるはずである。

26) 金日成(1959/01/05，前掲論文)は，こう言っている。"土地改革が実施された結果，我が農村では小商品生産的個人農民経営が支配するようになりました。レーニンが言ったように，小生産は絶え間なく，日々時間ごとに自然に資本主義とブルジョアジーをたくさん生むのです。"

27) 金日成(1959/01/05，前掲論文)は，こう言っている。"小規模的に分散した個人農

民経営は，計画的に発展させることができないし，その大部分は拡大再生産を実現することができないのです。小農経営が支配する限り，我々の農村経済は，発展において必ず一定の限界にぶつかるようになるだろう，ということは明白でした。"

28) ゾ・ヨンジン(조영진)，1994，『韓国統一に備えた土地政策に関する研究(한국통일에 대비한 토지정책에 관한 연구)』，東國大大学院博士論文，ソウル，67頁。

29) 金日成 1954/11/03,「農村経済の今後の発展のためのわが党の政策に関して(농촌경리의 금후 발전을 위한 우리 당의 정책에 관하여)」,『金日成著作集第9巻』, 平壌。

30) 金日成 1956/01/01,「増産・節約して，三ヶ年計画を超過完遂せよ(증산하고 절약하여 3개년 계획을 초과완수하자)」,『金日成著作集第10巻』, 平壌。

31) 金日成 1958/01/01,「新年辞(신년사)」,『金日成著作集第12巻』, 平壌。

32) 金日成 1959/01/01,「新年祝賀宴会で行った演説(신년축하 연회에서 한 연설)」,『金日成著作集第13巻』, 平壌。

33) 金日成 1959/01/05, 前掲論文。

34) 金日成(1959/01/05, 前掲論文)。"党と国家は，初期に組織された農業協同組合の運営管理事業を積極的に指導し，彼らに食糧と種穀を貸し付け，肥料と農機具を優先的に供給し，財政的融資を実施し，労力を提供するなど，すべての力をつくして国家的傍助を与えました。"

35) 金日成(1959/01/05, 前掲論文)。"富農層に対しては，彼らの搾取的傾向を厳格に制限しながら，まじめに働こうとする者は，組合に受け入れて社会主義的勤労者に改造し，協同化運動を妨げる極少数分子たちにはしかるべき制裁を加えました。"

36) このような点で，北朝鮮が自ら推進した集団化を，単純に「協同化」とは呼ばずに，「社会主義的協同化」と呼ぶことは，示唆的である。すなわち，北朝鮮政府は，性格の異なる二つの協同組合があるということを認識していたようである。

37) 金日成は，農場員が植民地時代の小作農よりも熱心に働かない，と不平を言ったことがある。「植民地奴隷」から「解放された祖国の主人」になったのに，熱心に働かない理由が分からない，ということである。このような現象がなぜ起きるのか。それを理解するためには，二つの要素で異なる二つの「組」を設定して考えてみよう。組A［植民地の人民，小作農］対組B［独立国の国民，農場員］である。このような二つの組の中で，どの状態にある人がより熱心に働くのだろうか。植民地の人民か独立国の国民かという問題では，絶対多数の人々が独立国の国民であることを好むはずである。しかしこれが，経済活動でどちらが熱心に働くかを規定するには，あまり大きな影響を及ぼさない。小作農か農場員かという立場がより大きな差を生む。小作農は，生産手段所有主ではないが，生産活動組織者であるので余剰取得権を持つ。しかし農場員は，労働者的な存在であるので，余剰取得権を持っていない。それで，農場員より小作農がより熱心に働く動機を持つようになる。金日成は，AとB二つの組で，植民地人民か独立国国民かという変数が持つ影響力と小作農か農場員かという変数が

持つ影響力を区別して理解することはできず，当然 B 組の状態にある人がもっと熱心に働くはずなのにそうではない，と不平を言ったのである。

38) 言い換えれば，「国の米びつを背負った主人の姿勢」ではなくて，「余剰取得が可能なメカニズム」が農家を熱心に働かせる要因であると言える。北朝鮮では，余剰取得権ではなくて，主人意識が農家を熱心に働かせると期待して「人間改造」を試みたが，期待した結果を得ることはできなかった。

39) 純粋社会主義的な方式で個別農場員に分配が行われる過程は，次のようになる。第一に，「農場所得総額」(I)を定める。これは，収入総額(R)から支出総額(O)を抜いた値である。第二に，農場所得総額(I)から農場全体的に必要な共同基金(F)を抜く。第三に，残る部分(I-F)を農場員に労働量によって分配する。これを数式で表現すれば，次のようになる。農場員(A)の分配分＝農場分配総量(I-F)×(Aの労働量／農場員全体の労働量)。

40) これは，社会主義国家から非難を浴びるにもかかわらず，「自然」な現象である。これを，集団主義思想を吹き入れる「思想改造」をもって解決することができる，と期待したのが幻想であった。

41) しかし，実際の分配は，もっと複雑になる。農場を作業班に完全に割ったわけではないからである。そして，一部［基本分配基金］は農場員全体を対象にして分配し，他の一部［作業班優待基金］を，作業班員を対象にして分配するようになる。そして，個別農場員がどれほど大きい分け前を受け取るかは，農場全体で分配できる総量がどれほど多いか，当該の農場員が所属した作業班がどれほど成果を出したか，また，当該の農場員がどれほど高い労働点数を記録したか，という三つの要素によって決まる。

42) 当初は名称が「分組請負制」であったが，すぐ「分組管理制」に変わった。

43) 『勤労者(근로자)』1965 年 2 号，平壌。『経済辞典(경제사전) 1』1985，科学百科事典出版社，平壌，「分組管理制(분조관리제)」の項目。

44) 北朝鮮政府は，分組管理制を取り入れた結果，大きな成果が現れたと主張した。農業生産量が，1967 年には 1966 年に比べて 116％になって，1968 年には 1967 年に比べて 111％になった，という。キム・ヨンフン(김영훈)，2006，前掲書，44 頁。

45) この制度下で農場員個人が受け取る分け前は，四つの要因によって決まる。農場全体の次元で分配しうる総量，当該の農場員が所属している作業班の成果，当該の農場員が所属している分組の成果，また当該の農場員の労働点数である。そして，個別農場員としては，自分が理解することさえ難しい複雑な計算を経て与えられる分け前から成果を直接体感するのは容易ではないのである。

46) 『朝鮮新報』(1996/10/24, 1997/07/16)を参照。

47) 具体的な計算方式は，「(最近 3 年間の生産量＋過去 10 年間の平均生産量)/4」と知られている。

48) ソ・ゼジン(서재진)，2002，「北朝鮮の 7・1 経済管理措置が住民生活に及ぼす影響(북한의 7・1 경제관리 조치가 주민 생활에 미치는 영향)」，統一研究院，ソ

ウル，4頁。
49) ナム・ソンウク(남성욱)，2002，「北朝鮮の7・1経済管理改善措置と農業改革(북한의　7・1경제관리　개선조치와　농업개혁)」，経済正義実践市民連合，ソウル，15頁。
50) キム・ヨンフン(김영훈)，2006，前掲書，47頁。
51) カン・イルチョン＆コン・ソンヨン(강일천＆공선영 2003，「『7・1経済管理改善措置』1年の評価と再解釈(『7・1 경제관리개선조치』1년의　평가와　재해석)」，『統一問題研究』2003年下半期号，ソウル，134～135頁)は，米の供給制度維持のため生じた赤字規模が，国家予算の約5～8％にのぼったと推算している。
52) なお，「外形上損害を被る」義務買収制度を維持することが，社会主義国家にそれほど大きな負担だとは言えない。農民が生産した穀物を安く買って，より安く都市労働者に売るので，若干財政赤字の要因にはなるが，この「わずか」な財政赤字によって，都市労働者を「食べさせられる」からである。これは，粗く言えば，農民の生産をもって農民・労働者を食べさせて，労働者を国家が必要とする部門に労働させることができる構造である。これが，赤字買収体系が数十年の間作動できた根本動力である。
53) 付属畑では，労働の成果が直ちに自分の家族に返ってくるので，労働生産性が協同農場での生産性よりはるかに高い。2～3倍にものぼるという。
54) ナム・ソンウク(남성욱)，2002，前掲論文，15頁。
55) ジョン・ウンミ(정은미)，2007，「北朝鮮の時代別農業生産構造の分析—『適地適作原則』の変化を中心に—(북한의　시대별　농업생산구조　분석—'적기적작원칙'의　변화를　중심으로—)」，『現代北韓研究』第10巻第3号，北韓大学院大学，ソウル。
56) キム・ヨンフン(김영훈)，2006，前掲書，50頁。
57) 主体農法についての詳しい議論は，次の論文を参照すること。飯村友紀 2003，「北朝鮮農法の政策的起源とその展開—'主体農法'の本質・継承を中心に—」，『現代韓国朝鮮研究』第2号，東京，41～57頁。
58) 北朝鮮の耕地で水田と畑は，「3：7」程度の割合を成す。2006年の統計を見れば，水田が60.9万ha，畑が130.1万haである。統計庁(2007，前掲書，26頁)。
59) 作物選択権が多数の農家から国家に移転すると，肯定的な場合でも否定的な場合でも，作物選択の効果が早く，そして広く現れるようになる。否定的事例を二つ挙げてみることにする。一つは，「陸稲」を栽培した経験である。1960年代序盤，日本で陸稲を研究して帰国したキム・ナムシン(김남신)の建議を受け入れて，陸稲を大々的に栽培したが，さまざまな技術的問題が現れて(イヌビエという雑草と陸稲を区別しにくいという点，除草剤を供給することができなかった点，潅漑施設の未整備で水の供給が難しかった点等)，失敗した[ユ・ヨンオク＆グァック・テシユン(유영옥＆곽태순) 2004，前掲論文，29頁]。もう一つの事例は，1979年から「食用ガヤツリ」(기름골/Cyperus esculentus)という南方作物を栽培した経験である。これは脂肪質と糖分が多いピーナッツに似ている植物で，「人民に糖分と油を食べさせる」という目標で推進されたが，これをトウモロコシ畑に植えるとトウモロコシの生産量が激減するな

どの副作用が現れて，1984年まで失敗を繰り返した後，あきらめた［ユ・ヨンオク＆グァック・テシユン2004，前掲論文，30頁］。

60) キム・ウングン(김운근)，2000,「北朝鮮の農業基盤の実態と農業開発協力方案(북한의 농업기반 실태와 농업개발협력 방안)」,『農村経済』第24巻第2号，韓国農村経済研究院，ソウル，73～74頁。ユ・ヨンオク＆グァック・テシユン(유영옥＆곽태순)，2004,前掲論文，24～25頁。

61) 穀物生産が大きく減れば，二つの要因で牛・豚など家畜が大きく減る。一要因は，飼料用へ割り当てる穀物が不足するからである。もう一つは，人々が，穀物摂取が減る状況で，足りなくなったカロリーを補充するため，肉類摂取を増やすからである。

62) なお，副作用がないわけではない。ヤギが大きく増えると，旺盛な食欲で野山を荒廃化させているという。

63) 兎は体が小さくて繁殖力が高い，という事情が，このような早い増加の一要因であろう。

64) これは，自然条件がもっと有利な韓国で80～90株程度を植えることを考慮すれば（ユ・ヨンオク＆グァック・テシユン(유영옥＆곽태순)，2004,前掲論文，28頁），栽培密度が非常に高いことが分かる。

65) これは，大同江・礼成江・鴨緑江・大領江を連結する水路である。1991年「新年辞」。

66) これは，大同江閘門から南浦市泰成湖まで至る160 kmに及ぶ水路である。

67) この水路は，平安北道白馬湖から新義州へ至るもので，全長は270 kmに及ぶ。

68)『労働新聞』2005/10/03。

69) この工事が完成すれば，黄海北道の谷山郡・新渓郡・新安郡地域の2万余町歩に水を供給できるようになるし，全長は「数百里」に至るという。『労働新聞』2006/04/01。

70) キム・ヨンフン(김영훈)，2006,前掲書，36頁。

71) 〈国際トウモロコシ財団〉がトウモロコシ種子を提供し，〈ワールドビジョン〉がジャガイモの種子を提供したことを事例として挙げられる。キム・ヨンフン(김영훈) 2006,前掲書，30頁。

72) キム・ヨンフン(김영훈)，2006,前掲書，31頁。

73) ユ・ヨンオク＆グァック・テシユン(유영옥＆곽태순)，2004,前掲論文，26頁。

74) キム・ヨンフン(김영훈)，2006,前掲書，31頁。

75) 社会主義諸国でよく現れる現象であるが，北朝鮮が自ら発表した統計は少なくて，信頼性が低い。農業を含めた経済状況に対して，北朝鮮は1985年まで「概略的」な統計を発表したが，以後相当な誇張があると評価されている(UN食糧農業機関［FAO］の評価など)。しかも，1986～1994年は，統計を発表しさえしなかった。1995年，大きな洪水被害にあって，国際社会に支援を訴える際，簡単な農業統計を提供するようになった。以後は，国際機関の検証などを通じて，信頼性が改善された

統計が手に入るようになった。

76) 社会主義体制で現れる生産量の変化を説明する際，「社会主義的生産構造」のみを原因として提示する場合が多くあるが，それは，全般的な変化を把握しにくくさせる。社会主義体制での生産量の変化にも成長，停滞，減少など多様な様相が現れる。しかし，社会主義的生産構造というのは，社会主義体制では「常数」として作用するので，同じ体制で多様な様相がどうして現れるかを説明することができない。いくつかの要因が「複合的」に作用した結果として把握してこそ，説明が可能になる。多様な要因の中で，生産構造的要因がどの「方向」へ作用するか，どのような「比重」で作用するか，ということを把握すると，多様な変化を説明することができよう。

77) 北朝鮮が1970年代頃，「食糧自給」を遂げたという主張があるが，事実なのか疑わしい。よく食糧自給を「証明」するものとして北朝鮮が米を輸出した事実がある，ということが挙げられる。米は北朝鮮で主食なので，これを輸出するということは，穀物が余っていることを意味する，と解釈しているのである。果たして，こう解釈するのは適切であろうか。食糧自給というのは，「元気に生活するのに必要な穀物を自ら生産する」ということを言うべきである。すなわち，1人当たり1日に食用として700g程度，種子用など他の用途として100g程度を供給することができる状態である。果たして，北朝鮮がこのような状態に至った時期があったのか？　米を輸出したという事実が，その証拠といえるだろうか？　Kornai(1992, 前掲書，345～351頁)では，ある国家である品目が適正な需要量に照らして不足する場合にも，その品目を輸出する場合がありうる，と論証している。北朝鮮の場合にも，これを適用して考えてみることができよう。たとえば，米は不足度が10％で，石油は不足度が50％なら，米を一部輸出して石油を買う場合がありうる。そして，不足度が，米は20％になり，石油は30％になりうる(「米不足＝10％，石油不足＝50％」の組より「米不足＝20％，石油不足＝30％」の組が良い状況でありうるからである)。このような状況であった可能性が高いので，北朝鮮が米を輸出したという事実が穀物を自給したことを証明するとは言い難い。

78) 食用基準で「最小必要量」として1人当たり1日500gを設定することは，この状態を表現していると言える。食用基準で500gは不足率が28.6％となる(ところが，不足状態を評価するのに最小必要量を基準とする場合がよくあるが，これは適切ではない。不足程度は適正状態を基準として評価すべきである。最小必要量を摂取する状態は，すでにかなりの不足状態である。「日常的に堪えられる」不足状態なのである)。

79) 「輸入量＋支援量」を意味する導入量は，自力で供給することができない分とみなす。北朝鮮は，食糧自給を目標に農政を施してきたし，貿易を通じて商業的に輸入する能力をほとんど持っていないからである。ある品目を輸出して食糧を輸入するという戦略を立てて，これを遂行したら，輸入するものを自力で供給するものとみなすこともできようが，北朝鮮はそのような状態とは言い難い。導入量の中で大部分が援助であり，輸入の形式を取る場合にも，代金支払いの展望が不明であるので，事実上，

援助に近い。
80) 日常的に堪えられる不足率が20％程度で，25％を超えると問題が表面化する水準であるとみなす場合(北朝鮮が国際的支援を訴えた1995年の結果的不足率が26.6％であることを参照できる)，1980年代前半にすでに実質的不足率が25％水準を超えている，ということは説明し難い。1980年代前半までは，食糧事情に大きな問題はなかったように見えるからである。ここでは，二つの推論が可能である。一つは，1980年代前半にも食糧を導入していた可能性である。そして，結果的不足率を20％水準へ緩和させた可能性がある。もう一つは，筆者が引用した統計が実際より低く評価されている可能性である。食糧難が表面化した以前と以後の自力供給量(生産量)が大きな変動を見せていないことが，このような推論を可能にさせる。どちらが正しいかは，現在としては，確認し難い。
81) 北朝鮮の統計が持つ問題点に対する包括的な議論は，イ・ソク(이석 2007, 『北朝鮮の統計：可用性と信頼性(북한의　통계：가용성과　신뢰성)』，統一研究院，ソウル)を参照できる。
82) 社会主義諸国で現れた現象をふり返ってみると，発表を前提にしない内部統計でさえ，実状を歪曲するメカニズムが作動していた。たとえば，下部機関が上部機関に統計値を報告する場合，下部機関は，この統計値が自分を評価する資料として使われるということが分かっているので，しばしば実績を誇張するようになる。このような統計値を上部機関が直すのは容易ではなく，また他の独立的な検証機関が存在しないので，状況を改善するのは難しい。
83) ソ・ドンマン(서동만 1996, 「50年代北朝鮮の穀物生産量統計に関する研究(50년대　북한의　곡물생산　통계에　관한　연구)」，『統一経済』1996年2月号，ソウル，19頁)を参照。そこには，次のような表として，1946〜1956年の穀物生産量統計が「修正」される過程を整理している。

朝鮮の穀物生産量の修正過程

発表時点生産量	1954/10	1955/01/07	1955/01/25	1956/02	1957/02
1945	218.7				
1946	199.8				189.8
1947	217.8				206.9
1948	280.9				266.8
1949	279.5				265.4
1950	?				?
1951	260.1				226.0
1952	293.9				245.0
1953	328.8	274.1			232.7
1954		294.1	282.3		223.0
1955				252.3	234.0
1956					287.3

出典：ソ・ドンマン(1996, 19頁)。

第 4 章　農業の変化　　169

84) イ・ジュチョル(이주철 2008,「1950 年代の北朝鮮農業協同化の穀物生産成果に対する研究(1950 년대　북한　농업협동화의　곡물생산　성과에　대한　연구)」,『韓国史学報』2008/05, 高麗史学会, ソウル, 210～211 頁)を参照。
85) キム・スンジュン(김승준)1988,『我が国の農村問題解決の歴史的経験(우리　나라　농촌문제　해결의　역사적　경험)』, 社会科学出版社, 平壌, 508～509 頁。
86) このように統計値が「修正」される理由は何であろうか。その一部は,「技術的」な原因によるものであろう。たとえば, 1946 年の生産量が 199.8 万トンから 189.8 万トンに変わるようなことである。しかし, 1953 年の生産量が 328.8 万トンから 232.7 万トンへ変わること, 1962 年の生産量が 500 万トンから 350 万トンへ変わることは, それで説明できない。当該時期に, 何らかの理由で統計を改ざんして, 成長率を持続的に誇張するようになれば, 現実と統計値は「複利算式」に遠くなる。こうして時間が経つほど, より荒唐な統計を発表するように迫られるため, これをある一定の時点で「修正」することで, 荒唐さを緩和しようとするのである。
87) イ・ジュチョル(2008, 前掲論文, 217～218 頁)を参照。
88) 二つの統計値が同じ年度の生産量を表すのではない。だが, 生産量の大きな変化がなかったと前提し, 1984 年と 1985 年の生産量が同じだとみなして議論することにする。
89) これは, 北朝鮮が提示する農家当たり農産物の分配統計で「粒穀」と「ジャガイモ類」を分離して発表することから分かる。例：金日成(1959/01/05)で現れる統計。
90) このような範囲が「穀物」という表現が示す一番「日常的」な範囲であろう。ところが, 一般的に農業統計で「穀物」はこのような範囲に限定されず, 他の作物を「穀物相当量」に換算したものをも含むので, これを明らかにせずに議論を展開する場合, 混乱を起こす。
91) 「精穀換算率」は作物別で異なる。主要作物の換算率を提示すれば, 次のようになる。

作物別精穀換算率

作物	米	トウモロコシ	小麦	麦	ジャガイモ	サツマイモ	豆
精穀換算率(％)	72	100	72	65	25	31	100

出典：[http://www.vegetables.pe.kr/vegetablesculture/riceweigindex.htm#곡류별%20정곡%20]。
注：ただ, 該当の資料ではジャガイモは 20％になっているが, この表では FAO で使われる 25％に合わせた。

92) 次の二つの辞書で現れる解説を参照できる。◆粒穀：1. 中身のないものや他のものが混じっていない穀食≒粒穀食。2. 粒になっている穀食。3. 莢をむいた豆や小豆などをひっくるめて言う言葉 [http://krdic.naver.com/detail.nhn?docid=25174600]。◆粒穀：1. 精穀：混物の入っていない穀類。2. 莢を剝いた豆類 [http://jpdic.naver.com/entry_krjp.nhn?entryId=58866]。

93) ナム・ソンウク(남성욱 2002, 前掲論文, 6頁)は, 1985年までの北朝鮮側の統計で現れる「粒穀」が「粗穀」であると指摘している。
94) 参考までにこの表を引用すれば, 次のようである。

協同組合農家当たり分配分の増加

	1955年	1956年	1957年	1958年
粒穀(kg)	1250	1616	1742	1826
ジャガイモ類(kg)	193	357	434	501
現金(NK₩)	5,605	9,542	13,703	20,350

95) 1980年に農家人口は673.1万人であり, 農家戸数が160.3万戸であるので, 農家当たり家族が4.2人である。1959年には, 家族構成員がもっと多かったので, 5人程度と推定できる。
96) これは, 大雑把なものであるが, 北朝鮮の農業状況を考慮して推定したものである。不足率を推定するにあたり重要な判断は, 次の二つである。一つは, 北朝鮮の生産量が適正需要量を安定的に超えた時期はなかったであろう, ということである。そして, 経済状況が相対的に安定していた1970年代の不足率が0～10％程度だったと推定できる。もう一つは, 1995年以前には深刻な食糧危機［多数の人々が飢死する状況］はなかったであろう, ということである。近年, 多数の「脱北者」が北朝鮮の状況について証言しているが, 1995年以前に1995～97年のような深刻な状況があった, という証言はないようである［農業集団化過程で多数の人々が飢死する惨事が起きたソ連や中国とは少し異なる状況であったとも言える］。そして, 戦争中を除いて, 経済状況が急激に悪くなった1991～1995年の不足率を20～30％と推定する［この程度の水準が飢死しなくて堪えられる最低線であろう］。
97) 具体的な年度別不足率としては, 「中間値」を適用することにする。
98) 統計を一度誇張するようになると, 「一貫性」を維持するためには, 継続して誇張しなければならない状況に追い込まれる。これは, 金日成が粒穀1500万トンを生産すれば, 粒穀を「共産主義的」に分配できる, と発言したことでも窺える。共産主義的な分配というのは, マルクスが言うとおり, 「能力だけ働いて, 必要なだけ分配する」ということである。ここで「必要なだけ」とは, どれほどだろうか。恐らく, 「適正需要量」を少し超えた量であろう(もし誰かが適正需要量の2倍程度を受け取ることを願ったら, 「貪欲だ」と批判されよう。これは, 「必要なだけ」を「好きなだけ」と理解してはならないことを意味する)。そして, 1985年であれば, その年の適正需要量は558万トンである。仮に, 金日成が, これよりかなり豊かな30％ほど余る状態を「共産主義的に分配される」状態と設定したとすれば, 725万トンなら共産主義的に分配できる, ということになる。そして, これを当時の北朝鮮の発表値の意味する「粗穀」に換算すると, おおよそ852万トンになる。金日成は, 粗穀で852万

トン程度が必要なことを，継続的に誇張してきた延長線で 1500 万トンが必要だ，と発言したと推論できる。

第 5 章 経済特区の実験

「経済特区」(special economic zone)というのは，ある国家が「特別な経済政策を実施するために指定した特殊な地域」である。このような経済特区には，次のような類型が観察される。

第一に，「観光地区」(tourist zone)である。そこでは，観光客の便宜を高めるため，しばしば自国貨幣の代わりに外国貨幣を直接使えるようにするなどの政策を実施する。

第二に，「自由貿易地区」(free trade zone)である。そこでは，貿易を活性化させるため，しばしば関税を撤廃するなどの政策を実施する。

第三に，「輸出加工地区」(export processing zone)である。そこでは，外部資本を誘致するため，しばしば社会基盤施設を整備し，税率を下げ，低利金融を提供するなどの政策を実施する。

経済特区については，一般的にこのように理解できようが[1)]，社会主義国家が経済特区を設置する場合には，他にも「二つの意味」を持つと言える。

一つは，資本主義国家の企業を誘致するので，以前の「閉鎖的」な経済体制から「開放的」な経済体制へ変わることを意味する。

もう一つは，私的経済活動を清算しようとするのではなく，（少なくとも外部からの投資に対しては）逆に私的経済活動を活性化するので，以前の「正統的」な経済体制から「改革的」な経済体制へ変わることを意味する。

社会主義諸国は，長い間，資本主義企業が進出して活動する経済特区を否定的にみなしてきた。外国資本によって経済的に収奪される空間であると認識していたからである。ところが，中国で 1970 年代末に重大な変化が起きた。農業分野を中心に内部改革を実行すると共に，外部投資家（華僑，外国

人)が企業活動を大幅に自由に行えるように「経済特区」を設置し始めたのである。以後，中国の経済特区は，驚くべき成功を収めて，経済全体を発展させる牽引車の役目を果たした。

　一方，北朝鮮は，1960年代までは資本主義陣営からの資本誘致に否定的であったが，資本不足に苦しんだ後，1970年代に至っては，「借款」という形式で外資を導入して，経済発展を遂げようとした。しかし，輸出が思うように伸びず，外債を返済することができなくなり，ついに債務不履行の状態に陥った[2]。このような状況において，代案として返済の負担がない「直接投資」を誘致する方法を構想するようになった。1984年に〈合営法〉を制定し，外部投資家が直接国内で企業活動を行えるように許容した。しかしながら，この時期に至っても，経済特区の設置には否定的な立場を堅持していた[3]。

　しかし，1989〜1991年にかけて，ソ連・東欧で社会主義体制が崩壊して，北朝鮮の経済が深刻な状況に陥ると，立場を改め，1991年7月に国連開発計画(UNDP)の〈豆満江流域開発計画〉と関連して，経済特区を設置する意思があることを初めて明らかにした。それからまもなく，1991年12月には〈羅津先鋒自由経済貿易地帯〉を設置すると発表した。

　以後，朝米の緊張関係などさまざまな事情により「羅津先鋒特区」の開発は，円滑に進まなかった。それにもかかわらず，1998年の〈改正憲法〉で，"特殊経済地帯での多様な企業の創設を奨励する"などと規定し[4]，経済特区の開発に積極的な意志を見せていた。

　続いて，2000年代に入ってからは，もっと意欲的に「経済特区戦略」を推進するようになった[5]。それは，2002年に一挙に三つの経済特区を設置したことでよく表されている。すなわち，9月には〈新義州特別行政区〉を，10月には〈金剛山観光地区〉を，11月には〈開城工業地区〉を相次いで指定した。かくして北朝鮮は，四つの「経済特区」[6]を持つようになった。経済特区を指定する「決定」など，関連法令を中心にして，その経過を整理すれば，図表5-1のようになる。

　このような経済特区の設置は，北朝鮮経済体制が閉鎖的な体制から開放的

図表 5-1 北朝鮮の経済特区の設置過程

時期	内容
1991 年以前	経済特区を否定。
1991.12.28	〈羅津先鋒自由経済貿易地帯〉を指定(政務院決定第 74 号)。
1993.01.31	〈自由経済貿易地帯法〉を公布(最高人民会議常設会議)。
1994.04.28	〈自由貿易港規定〉(政務院決定第 20 号)。
1999.02.26	〈羅津先鋒経済貿易地帯法〉(最高人民会議常任委員会政令第 484 号)。
2002.09.12	〈新義州特別行政区〉を指定(特別布告令)。
	〈新義州特別行政区基本法〉を公布(最高人民会議常任委員会政令)。
2002.10.23	〈金剛山観光地区〉を指定(最高人民会議常任委員会政令)。
11.13	〈金剛山観光地区法〉を公布(最高人民会議常任委員会政令第 3413 号)。
2002.11.13	〈開城工業地区〉を指定(最高人民会議常任委員会政令)。
11.20	〈開城工業地区法〉を公布(最高人民会議常任委員会政令)。

な体制へ変わることを意味し，経済特区という一部の地域が正統的な体制から改革的な体制へ変わることを意味する。

他にも，その重要性は，次のような二つの点からも窺える。一つは，その「地理的重要性」である。羅津先鋒特区はロシアおよび中国と国境を接し，新義州特区は中国と国境を接し，金剛山特区と開城特区は南北を分ける休戦線の近くに位置する。つまり，これら地域は，他国との交流あるいは対立の過程で重要な役割を果たす地域である。そして，このような地域に経済特区を設置するということは，他国との交流を深め，対立を弱めることも意味するのである。もう一つは，羅津先鋒，新義州，開城が北朝鮮の「行政体系で占める比重」である。開城は元々「直轄市」であって，羅津先鋒・新義州は，経済特区として指定されるに当たって，「直轄市」へ昇格された。その結果，北朝鮮には，五つの中央政府直轄都市が存在するようになったが[7]，その中の三つが経済特区なのである。

以下，作動の構想，実績，評価という三つの項目を設定し，四つの経済特区について論ずることにする。ここで，議論に入る前に，各経済特区の立地条件を理解する一助として，北朝鮮の地図を提示する(図表 5-2)。

図表 5-2　北朝鮮の地図

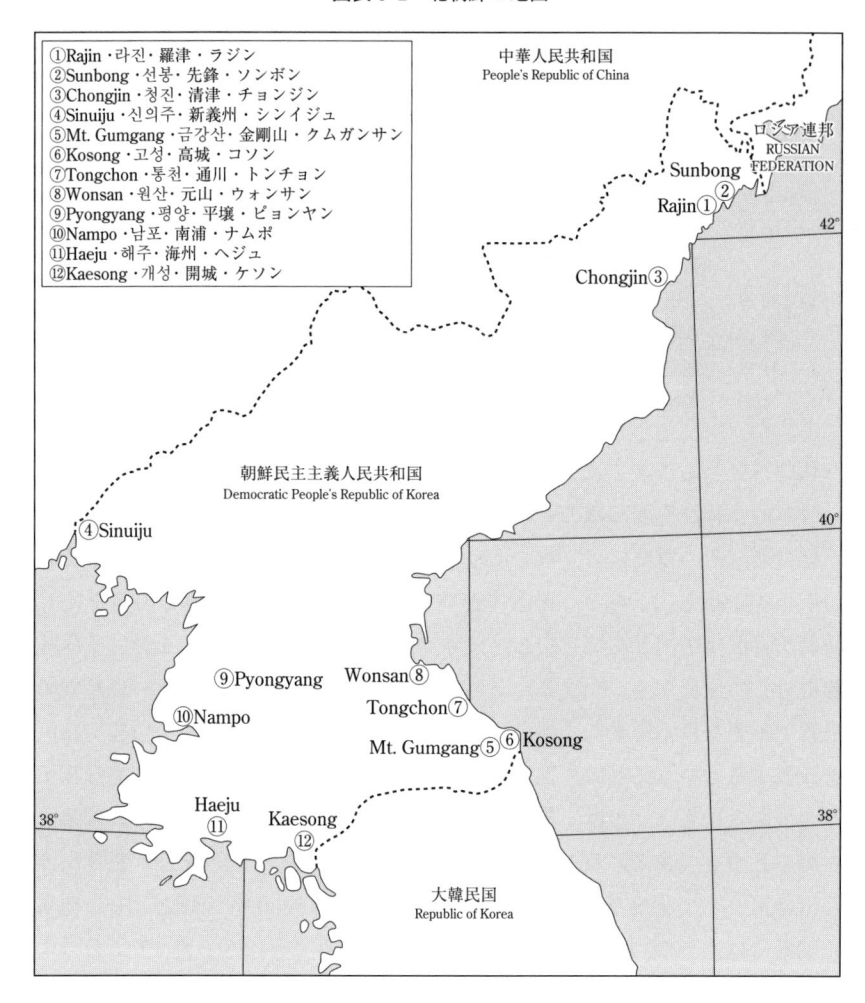

①Rajin・라진・羅津・ラジン
②Sunbong・선봉・先鋒・ソンボン
③Chongjin・청진・清津・チョンジン
④Sinuiju・신의주・新義州・シンイジュ
⑤Mt. Gumgang・금강산・金剛山・クムガンサン
⑥Kosong・고성・高城・コソン
⑦Tongchon・통천・通川・トンチョン
⑧Wonsan・원산・元山・ウォンサン
⑨Pyongyang・평양・平壌・ピョンヤン
⑩Nampo・남포・南浦・ナムポ
⑪Haeju・해주・海州・ヘジュ
⑫Kaesong・개성・開城・ケソン

5-1. 作動の構想

　まず，北朝鮮は各経済特区がどう作動するように構想したか，を分析することにする。

5-1-1. 羅津先鋒特区[8]

　この地域は，以前は〈羅津市〉［前の地図で Rajin］，〈先鋒郡〉［前の地図で Sunbong］という二つの別々の行政単位であったが，1991 年 12 月に〈羅津先鋒自由経済貿易地帯〉として指定された後，1993 年 12 月に〈羅津先鋒市〉になり，1994 年には〈羅津先鋒直轄市〉に昇格した。面積は 746 km^2 であり，人口は 16 万 8 千名（1991 年）である[9]。

　羅津先鋒は，ロシア・中国との境界地域の港湾都市なので，貿易に有利な条件を持っている。北朝鮮は，このような有利な立地条件を活用し，経済回復のための拠点として育成しようと，1991 年 12 月 28 日，政務院決定（第 74 号）により〈羅津先鋒自由経済貿易地帯〉を設置して，羅津港・先鋒港・清津港［前の地図で Chongjin］を「自由貿易港」として指定した[10]。続いて，関連規定を制定および改正した。具体的には，1993 年 1 月 31 日に，最高人民会議常設会議で〈自由経済貿易地帯法〉[11]を採択し，1994 年 4 月 28 日に，政務院決定（第 20 号）で〈自由貿易港規定〉[12]を採択し，1999 年 2 月 26 日に，最高人民会議常任委員会政令（第 484 号）で〈羅津先鋒経済貿易地帯法〉へと改正した[13]。そしてそれ以後，羅津先鋒地帯に関連する多数の下位規定が採択された[14]。

　では，羅津先鋒特区は，どう作動するように構想されたのか。それを，関連した法律，規定を中心にして考察することにする。

　まず，〈羅津先鋒自由経済貿易地帯〉を指定した，1991 年の〈政務院決定〉を分析することにする。

第一に，羅津先鋒地帯の指定について，当該の地帯は面積が621 km^{2}であり(第1項)[15]，地帯の中にある羅津港・先鋒港および近くにある清津港を自由貿易港として指定している(第2項)[16]。

　第二に，企業創設について，関係機関の承認を受ければ，合作企業・合営企業・外国人企業を運営できる，と規定している(第2項)。

　第三に，企業活動について，投資した資本と所得は法的な保護を受け，さらに税金問題では有利な条件を保障される，と規定している(第3項)[17]。

　このような1991年の〈決定〉は，以前には否定していた経済特区を初めて設置したという点で，北朝鮮の経済体制の変化における重要な分岐点になる。

　次に，1993年の〈自由経済貿易地帯法(자유경제무역지대법)〉を分析することにする。

　まず，羅津先鋒特区がどのような「運営体系」を持っているのか，ということを考えてみる。

　第一に，地帯の性格について，羅津先鋒地帯は特別につくられた制度と秩序によって，経済貿易活動を進める地帯であると規定して(第2条，第6条)[18]，「一般地域」とは異なる制度，秩序を持つ「経済特区」であると表している。

　第二に，管理主体について，羅津先鋒地帯の事業を指導する単位は〈中央対外経済機関〉，直接管理する単位は〈羅津先鋒地帯当局〉であると規定している(第3条，第8条)[19]。さらに，地帯で行われる活動は，日常的には地帯当局が管理し，一部の重要な事項は中央対外経済機関が直接担当し(第9条第3項)[20]，地帯当局は運営過程において〈諮問委員会〉を組織することができると規定している(第16条)[21]。

　続いて，羅津先鋒特区では，どのような経済政策を実施しようとしたのか，ということを分析することにする。

　第一に，生産手段の所有および使用について，土地については国家所有制を維持するが，投資家はこれを借用でき，賃貸期間の延長も可能である(第20条)[22]。また，投資した資本と所得は保護を受ける(第4条)[23]。

　第二に，市場について，商品価格は一部の大衆必需品を除いて，原則的に

市場価格で成立し(第22条)[24]，流通貨幣は「朝鮮ウォン」とするが，転換性のある外貨も決済手段として使用可能である(第30条)[25]。

　第三に，企業運営について，投資主体には特別な制限がなく，企業活動に有利な条件を保障する(第5条，第17条，第18条，第23条，第24条)。また，一般従業員については北朝鮮の人々を間接的な方式で採用し(第21条)[26]，企業所得の税率は決算利潤の14%とする(第36条)[27]。

　第四に，対外関係について，外国から地帯へ入るときには，一般地域へ入るときとは異なり，ビザを必要としない(第41条)[28]。また，関税は一部の場合には免除し(第25条，第26条)，企業活動から得た利益は国外へ送金可能であり，投資財産は契約期間終了後，持ち出すことが可能である(第35条)[29]。

　このように，羅津先鋒特区では，外部投資家を対象とするという制限はあるが，私的経済活動を活性化する「改革的政策」を実施しようとしていることが分かる。

　次に，1994年の〈自由貿易港規定(자유무역항규정)〉を分析することにする。

　第一に，税金について，自由貿易港では，関税などを賦課しない(第4条)[30]。

　第二に，企業活動について，外国の投資家は，合作企業・合営企業・外国人企業を創設および運営することができる(第6条)[31]。

　ところが，羅津先鋒特区は初めて指定された経済特区であるため，それ以後，試行錯誤の過程を経ながら，政策で相当な変化が現れることになる。そこで1997年6月の〈地帯活性化措置(지대활성화조치)〉で現れた変化を分析することにする。

　第一に，貨幣制度が変化した。以前は羅先地帯でも，一般地域と同じく，二種類の貨幣が使われていた。つまり，一般貨幣である「朝鮮マネー」と特殊貨幣である「外貨と交換したマネー票」が一緒に使われていたのである。しかし，1997年6月に「外貨と交換したマネー票」を廃止し，為替レートを1ドル当たり(マネー票)2.2ウォン程度から(朝鮮マネー)200～210ウォンに変えた[32]。

これは何を意味するのか。それは，羅先地帯で「二重貨幣制度」をなくした，ということである[33]。マネー票と朝鮮マネーは，同じ額面価を持つ場合，実質価値が異なる[34]。このような状態が望ましくないと判断して，二重貨幣制度を解消するため，マネー票を廃止したのである[35]。

このように，マネー票が廃止されて，為替レートがマネー票を基準にするものから朝鮮マネーを基準にするものへ変わったことにより，各種商品の「名目価格」も調整された。ボールペンは(マネー票) 2 W (≒ 1 ドル)から(朝鮮マネー) 200 W (≒ 1 ドル)へ，ホテルの宿泊料は(マネー票) 110 W (≒ 50 ドル)から(朝鮮マネー) 1 万 W (≒ 50 ドル)へ調整された。概して，「額面価格引き上げ」が起きたが，ドル換算価格で示されるように，実質的な物価の変化はなかった。ただ，この過程で基準賃金は下がった。以前は，最低賃金が(マネー票) 160 W (≒ 80 ドル)であったが，(朝鮮マネー) 3000 W (≒ 15 ドル)に変わったのである[36]。

第二に，自営業を許容する措置を取った。1997 年 4 月に〈羅津先鋒地帯家内便宜奉仕業規定〉を採択したが，ここで，自営業を幅広く許容した。住民は，さまざまな製造および販売分野［縫製，食べ物，家廷用品，修繕，食堂，宿屋，小売業など］で，自営業を営むことができるようになった。こうして，羅津先鋒市の中心街には，企業だけではなくて，個人が商店を開設して，さまざまな生活必需品，消費財［餅，てんぷら，たまご，せっけんなど］を売るようになったという[37]。

第三に，公的生産組職の運営で変化があった。1997 年 6 月から羅先地帯にあるすべての企業所［協同農場を含む］は，計画の樹立，生産，販売，価格の設定など主要な経営事項を独自に決められるようになった[38]。

第四に，朝中間の国境貿易を比較的自由に行える「自由交易市場」がウォンジョンリ(원정리)に開設された。毎週 4 日間(火～金)開かれて，利用者が増える傾向である[39]。

続いて，1999 年の〈改正された羅津先鋒経済貿易地帯法(개정된나진선봉경제무역지대법)〉に現れた変化を見ることにする。

第一に，法律の適用範囲が変わった。〈自由経済貿易地帯法〉［以下，1993

年地帯法]は，論理的に複数の場所に適用できる法律であったが，〈改正された羅津先鋒経済貿易地帯法〉[以下，1999年地帯法]は，1ヶ所だけに適用できるものである。「自由経済貿易地帯」は，複数指定できるが，「羅津先鋒経済貿易地帯」は1ヶ所のみであるからである。

第二に，主権に対する表現が弱くなった。1993年地帯法では，"自由経済貿易地帯には，朝鮮民主主義人民共和国の主権が行使される。"（第2条）という表現があったが，1999年地帯法では，このような表現が見られない。論理的には，経済特区も主権が及ぶ地域なので，このような規定がないとしても，当然，主権が行使されるはずであるが，これを強調するか否かは，投資家に対する態度の差を反映していると言える。

第三に，中央機関の介入の範囲を広げた側面がある。1993年地帯法では，「下部構造建設部門での総投資額2000万ウォン以上の対象とその他の部門での総投資額1000万ウォン以上の対象」のみを中央対外経済機関が承認し，それ以下は地帯当局が承認することになっていたが（第9条3項，第12条4項），1999年地帯法では，すべての投資に対する承認を中央貿易指導機関が行うようになった（第9条3項，第12条4項）。

第四に，現地執行機関の権限を広げた側面がある。1993年地帯法では，商品取引には一般的に市場価格を許容しながらも，一部の大衆消費品の価格は国家が決めるようにしていたが（第22条），1999年地帯法では，一部の大衆消費品の価格を羅津先鋒市人民委員会が決めるようになった（第22条）。

このように，羅津先鋒地帯は，外部資本を誘致して，破綻状態になっている経済を立て直すための試みとして北朝鮮が設置した最初の経済特区である。その過程で，外部の投資家に私的経済活動を許容し，それを徐々に内国人にも拡大する措置を取っている。

5-1-2. 新義州特区

新義州[シンイジュ，前の地図でSinuiju]は，平安北道の道庁所在地として鴨緑江辺にある。面積は10.6 km^{2}であり，人口は約28万9千名[1991

年基準］である。1906 年に京義線が開通し，終着駅になってから，急速に発展し始め，1914 年には平安北道の道庁が義州から移ってきた。鴨緑江の向こう側の中国都市〈丹東〉と活発な貿易を行っており，鴨緑江鉄橋を通じて中国，ロシア，ヨーロッパにつながっていて，外港として〈ダサ島〉を持つ[40]。

北朝鮮は，このような有利な立地条件を活用して，新義州を経済発展のための拠点として育成しようと，2002 年 9 月 12 日に特別布告令として〈新義州特別行政区〉を指定して，最高人民会議常任委員会で政令として〈新義州特別行政区基本法(신의주특별행정구기본법)〉[41]を公布した。それは，本文 6 章［101 条］および付則［4 条］から成っている。

では，新義州特区はどう作動するように構想されたのかということを，〈新義州特別行政区基本法〉を中心にして考察することにする。

まず，新義州特区の「性格」はどのようなものとして構想されたのか，ということを見ることにする。新義州特区は，「国際的な金融，貿易，商業，工業，先端科学，娯楽，観光地区」として設定されている(第 13 条)[42]。

続いて，新義州特区はどのような「運営体系」を持っているのか，ということを見ることにする。

第一に，新義州特区は，中央が直接管轄する特殊な行政単位である(第 1 条)[43]。新義州は，元々，北朝鮮の一般的な地方行政単位である「道」に所属していたが，経済特区に指定する際，その重要度を勘案して，「道」と同級である「直轄市」へ昇格させたのである。

第二に，新義州特区は，幅広い自治権を持つ特殊な行政単位である。立法権，行政権，司法権で幅広い自治権を持つ(第 2 条)[44]。これをもう少し詳しく見ることにする。

対外関係について，新義州特区は，独自の対外事業を行えるので，パスポートを独自に発給でき(第 8 条)[45]，区章・区旗を使用し(第 99 条)[46]，外国人も住民になりうる(第 42 条)[47]。

立法権について，立法権は立法会議が持ち(第 60 条)[48]，その議員数は 15 人で，彼らは秘密投票で選出され(第 61 条)[49]，その任期は 5 年である(第

63条)50)。立法会議の議員は，国籍にかかわらず，新義州特区の住民であれば務めることができる(第62条)51)。

行政権について，行政権は新義州特区を代表する長官が行使する(第76条，第81条)52)。

司法権について，司法権は裁判所が担当し，特区の裁判所が最終裁判機関になる(第98条)53)。

そして，特殊行政単位としての安定性を保障するため，法律制度を50年間変更せず(第3条)54)，一部の法律を除いては一般法律を適用しない(付則第2条)55)。また，一般中央部署は原則的に新義州特区の事業に関与できない(第6条)56)。

勿論，このように幅広い「自治権」を許容しながらも，中央政府は，新義州特区を統制する「てこ」は持っている。すなわち，他国の政治組織の活動を許容しないで(第10条)57)，特区の外交事業を国家が担当し(第8条)，防衛事業も国家が担当し(第7条)58)，非常事態を宣布でき(第11条)59)，立法会議の法律を拒否及び修正させることができ(第74条)60)，長官を任命・解任する(第77条)61)仕組みで統制することもできる。

続いて，新義州特区では，どのような「経済政策」を実施しようとするのか，ということを見ることにする。

第一に，生産手段の所有・使用について，一応，土地は国家所有を維持するが(第12条)62)，新義州特区に「管理権」を与える(第14条)63)。また，企業は，土地を賃借して使うことができて，その期間は最長50年である。そして一応は，2052年12月31日まで使うことができるが，その期間を延ばすこともできる(第15条)64)。賃借した土地・建物に関しては，その権限を譲渡・抵当・再賃貸することもできる(第16条)65)。そして，個人所有の財産に関しては，所有権・相続権を保障する(第17条)66)。

第二に，市場について，商品価格の問題に対する特別な規定はないが，新義州が経済特区であるという事情を考慮すれば，開城工業地区と金鋼山観光地区のように市場価格が適用されると予想される。流通貨幣は，特区政府が決める(第23条)67)。

第三に，企業運営について，投資主体には特別な制限がないとし，かなり自由な企業活動を保障しようとする努力が窺える（第24条，第29条，第30条，第31条）。一般従業員には北朝鮮の人々を採用するようにさせ（第20条）[68]，最低賃金は新義州特区行政府と中央機関が合意して決める（第21条）[69]。

第四に，対外関係について，関税は特区が独自に決めて（第25条）[70]，外貨は制限なしに搬出・搬入することができる（第23条）。

このように，〈新義州特別行政区基本法〉は，外部投資家が私的経済活動を行えるように許容するという側面で「改革的」であり，行政区政府がかなり高い水準での自治的な権限を持つように許容するという点で，「自治特区」を構想していると言える。

5-1-3. 金剛山特区

金剛山［クムガンサン，前の地図でKosongとTongchon地域］は，太白山脈にある山で，東西は約40km，南北は約60kmであり，面積は約530 km²である。最高峰は毘廬峰［高さ1638m］で，それを中心に内金剛，外金剛，新金剛，海金剛の四つの地域に分けられる。自然景観が美しく，季節ごとに別の名称［春には金剛山，夏には蓬莱山，秋には風楽山，冬には皆骨山］で呼ばれる。また，寺，石塔，仏像など仏教の遺跡が多い[71]。

このような有利な自然・文化的条件を活用して，金剛山地域を観光特区として育成しようと，北朝鮮の最高人民会議常任委員会は2002年10月23日に，政令で〈金剛山観光地区〉を指定して，11月13日には〈金剛山観光地区法〉を公布した［政令第3413号][72]。続いて，多数の下位規定を採択している[73]。

では，金剛山特区はどう作動するように構想されたのか。これを〈金剛山観光地区法(금강산관광지구법)〉を中心にして考察することにする。

まず，金剛山特区の「性格」はどのようなものとして構想されたのか。金剛山特区は，基本的に「国際的な観光地域」として設定されている（第1条）[74]。

しかし，先端科学分野の経済活動も許容されていることから（第21条）[75]，できるだけ包括的な経済特区として発展させようとしていることが分かる。

続いて，金剛山特区はどのような「運営体系」を持っているのか。

第一に，金剛山特区の事業を総括する主体は「中央観光地区指導機関」であり，他の部署は原則的に関与しないことになっている（第5条）[76]。これは，観光地区の事業を効率的に進めようとする意図を表す。

第二に，金剛山特区の開発は，中央観光地区指導機関が指定する「開発業者」が推進することになっている（第7条）[77]。これは「開発業者」が実際の開発過程で独占的な開発権限を持つことを表すが，開発業者は〈現代アサン（현대아산）〉である。

第三に，金剛山特区の管理は，中央観光地区指導機関の指導の下で「金剛山観光地区管理機関」が行うことになっている（第5条）。これは，金剛山観光地区管理機関が観光地区の事業を「日常的」に進めることを意味し，この機関が相当の権限を持つことを表す。そして，金剛山観光地区の管理機関は，開発業者および中央観光地区指導機関が推薦する成員として構成される（第12条）[78]。これは，開発業者である〈現代アサン〉が，開発過程だけではなくて運営する過程でも，相当の権限を持つことを表す。

続いて，金剛山特区ではどのような「経済政策」が実施されるか[79]。

第一に，生産手段の所有・使用について，一応，土地は国家所有を維持するが，開発業者に賃貸して開発させることになっている（第7条）。

第二に，市場について，通用貨幣としては転換性外貨を使うことができる（第24条）[80]。

第三に，企業運営について，外部人が金剛山特区に投資する際は，金剛山観光地区管理機関の承認を得る必要がある（第23条）[81]。

第四に，対外関係について，外貨は自由に搬出・搬入することができ（第24条），観光地区には観光地区管理機関が発給する出入証明書を持っていれば，ビザなしで出入できる（第25条）[82]。

このように，北朝鮮政府は，金剛山地域の有利な自然・文化的条件を活用して，その地域を「観光特区」として発展させようとしている。そしてその

過程で，円滑な運営のため，外部投資家に制限はされるものの，私的経済活動を活性化する「改革的」な経済政策を実施しようとしている。

5-1-4. 開城特区

開城［ケソン，前の地図で Kaesong］は，「直轄市」で，「休戦線」の近くにある。面積は約 1309 km² であり，人口は約 40 万名で［1991 年基準］，平壌特別市，南浦直轄市に続く北朝鮮の 3 番目の大都市である[83]。休戦線の近くにあるので，韓国との交流に有利な条件を持っている。

このような立地条件を活用して，経済回復のための拠点として育成しようと，2002 年 11 月 13 日に北朝鮮の最高人民会議常任委員会は，政令で〈開城工業地区(개성공업지구)〉を指定し，11 月 20 日に〈開城工業地区法(개성공업지구법)〉を採択した[84]。続いて，10 個の下位規定を採択した[85]。

では，開城特区はどう作動するように構想されたか。それを〈開城工業地区法〉を中心にして考察することにする。

まず，開城特区の「性格」はどのようなものとして構想されたのか。開城特区は，「国際的な工業，貿易，商業，観光地域」として設定されている(第 1 条)[86]。「工業地区」という名称が付いてはいるが，「総合的な経済特区」を目指していることが分かる。

続いて，開城特区はどのような「運営体系」を持っているか。

第一に，開城特区の事業を総括する主体は「中央工業地区指導機関」であり(第 5 条)[87]，他の部署は原則的に関与しないことになっている(第 6 条)[88]。これは，開城特区の事業を効率的に進めようとする意図を表す。

第二に，開城特区の開発は，中央工業地区指導機関が指定する開発業者が進めることになっている(第 2 条，第 10 条)[89]。これは，「開発業者」が独占的な開発の権限を持つことを現すが，開発業者とは〈現代アサン(현대아산)〉である[90]。

第三に，開城特区の管理は，中央工業地区指導機関の指導の下で，「工業地区管理機関」が行うことになっている(第 5 条，第 21 条)[91]。これは，工

業地区管理機関が工業地区の事業を日常的に進めるということを意味し，この機関が相当の権限を持つことを表す。そして，工業地区管理機関は，開発業者および中央工業地区指導機関が推薦する成員として構成される（第24条，第26条）[92]。これは，開発業者である〈現代アサン〉と〈韓国土地公社（한국토지공사）〉が，開発過程だけでなく運営する過程でも，相当の権限を持つことを表す。

続いて，開城特区ではどのような「経済政策」が実施されるか。

第一に，生産手段の所有および使用に関連して，一応，土地は国家所有を維持するが，開発業者に賃貸して開発させるようになっている（第2条）。そして，企業活動をしようとする投資家は，開発業者から賃借して利用する（第18条）[93]。賃借期間は50年であり，さらに延長することもできる（第12条）[94]。また，投資した財産に対しては，所有権と相続権を保障する（第7条）[95]。

第二に，市場について，商品価格は市場価格を適用する（第40条）[96]。また，流通貨幣は転換性外貨とし，クレジットカードなどを使うこともできる（第41条）[97]。

第三に，企業運営について，投資主体には，韓国および海外同胞・外国の法人・個人・経済組織がなることが可能であり，投資家は工業地区に企業の創設や支社・営業所・事務所などの設置を行い，経済活動を行うことができる（第3条）[98]。一般従業員には北朝鮮の人々を採用する（第37条）[99]。税金に関しては，企業所得税・取引税・営業税・地方税などを納めるが，企業所得税率は決算利潤の14％にし，一部の部門では10％にする（第43条）[100]。

第四に，対外関係について，工業地区には，工業地区管理機関が発給した出入証明書を持っていれば，ビザなしに出入りすることができる（第28条）[101]。また，工業地区では関税を賦課せず（第33条）[102]，外貨は自由に搬出・搬入することができるし，利潤も送金することができる（第44条）[103]。

以上のように北朝鮮政府は，開城地域の有利な立地条件を活用して，その地域を「総合的経済特区」として発展させようとしている。そしてその過程で，円滑な運営のため，主に外部投資家に制限はされるものの，私的経済活

図表 5-3 北朝鮮経済特区の作動の構想

			羅津先鋒	新義州	金剛山	開城
体系	監督機関		中央貿易指導機関	最高人民会議	中央観光地区指導機関	中央工業地区指導機関
	管理機関		市人民委員会	行政区政府	地区管理機関	地区管理機関
	責任者		市人民委員長	行政長官	理事長	理事長
経済政策	土地政策	所有主	国家	国家	国家	国家
		使用権	地帯⇒投資家	特区⇒投資家	管理機関⇒投資家	管理機関⇒投資家
		賃貸期間		50年(延長可能)		50年(延長可能)
	市場政策	価格	市場価格	市場価格		市場価格
		貨幣	朝鮮貨幣 転換性外貨	当局の決定	転換性外貨	転換性外貨 クレジットカード
	企業運営	雇用	間接採用	直接採用		
		最低賃金			月57.5ドル	月57.5 $
		税金	所得税=14%			所得税=10-14%
	対外政策	人の移動	ビザの免除	便宜保障	ビザ 出入証明書	ビザ 出入証明書
		商品の移動	自由化 関税の一部免除	関税の当局決定	関税の免除	関税の免除
		外貨の移動		自由化	自由化	自由化
		為替レート	中央政府の統制	行政区の統制	中央政府の統制	中央政府の統制
性格	設定		貿易地区 輸出加工地区	貿易地区 輸出加工地区 自治特区	観光地区	輸出加工地区

動を活性化する「改革的」な経済政策を実施しようとしている。

以上の議論を簡単に整理すれば，図表 5-3 のようになる。

5-2. 成　果

続いて，各経済特区はどれほどの「成果」を挙げてきたのか，を分析することにする。

5-2-1. 羅津先鋒特区

羅津先鋒特区は，どれほどの「成果」をおさめてきたのか。それを判断す

図表 5-4　羅津先鋒地帯の開発計画

	当面段階(1995～2000 年)	展望段階(2001～2010 年)
開発目標	・国際貨物中継基地建設 ・輸出加工基地建設	・総合的・現代的な国際交流拠点都市の建設
重点事業	・羅津地帯の経済特区拠点化 ・中国・ロシアとの中継輸送網形成(鉄道,道路,通信など) ・自由貿易港(羅津,先鋒,清津)の荷役能力を,各々,3000万トン規模へ拡張 ・加工輸出型工業団地造成 ・観光団地開発	・自由貿易港(羅津,先鋒,清津)の荷役能力を,各々,1億トン規模へ拡張 ・中継貿易,輸出加工,製造業,金融サービス,観光の諸機能を総合的に遂行できる地帯建設 ・21世紀の国際水準に相応しくなるよう地帯の現代化と情報化を追求
都市建設	・人口30万規模の都市建設：羅津地域を中心にし,先鋒地域へ拡大	・人口100万規模の都市建設：羅津の外郭地域と豆満江地域に新興都市開発

出典：極東問題研究所,1995,「羅津先鋒自由経済貿易地帯の投資環境(나진선봉자유경제무역지대의 투자환경)」,『極東問題』202号,極東問題研究所,ソウル,114-127頁。

るため,まず,北朝鮮政府がどのような「目標」を設定したのかを見ることにする。

　北朝鮮政府は,当初「3段階の開発計画」を設定したことが知られている。それは同地帯を,第1段階(1993～1995年)では「東北アジアの国際的な貨物中継基地」,第2段階(1996～2000年)では「輸出加工基地」,第3段階(2001～2010年)では「総合的・現代的な国際交流の拠点都市」として発展させる,という計画であった。

　しかし,その後,計画がうまく実現しないことが判明すると,1995年の初頭,3段階の計画を「2段階の計画」へ変更した。当初の第1段階と第2段階の計画の内容を統合して「当面段階」(1995～2000年)として設定し直し,第3段階を「展望計画」と改名した。修正された計画は,図表5-4のとおりである。

　北朝鮮は,このような壮大な「青写真」を打ち出した。そして,それを実現させようと,具体的な「投資誘致計画」を作成した。それによると,工業部門に約36億ドル,道路など基盤施設部門に約9億ドル,ホテルなどサービス部門に約1億ドル,合計して,投資件数で119件,投資総額で約47億ドルの投資を誘致すると予想した。

　では,その「実績」はどうであったのか。それは「大失敗」と言えるほど,

みすぼらしかった。統計が公表された1991〜1997年の実績を見れば，次のとおりである。

投資するという契約が，件数で111件，投資額で7億5077万ドルであった。北朝鮮側の「予想」の約16%にすぎない。しかも，実際の投資は，件数で77件，投資額で5792万ドルだけであった。予想の約1.2%にすぎない。その内容を投資対象企業の形態別に見れば，合営企業に46件・2547万ドル，合作企業に14件・1168万ドル，単独投資に17件・2076万ドルで，投資国は，香港・中国・タイ・オランダ・日本の順であった[104]。

5-2-2. 新義州特区

新義州特区は，どれほどの「成果」をおさめてきたのか。新義州特区の指定およびそれ以後の過程は，反転の多い，一篇のドラマのようである。外部の予想を上回る「破格的」な構造を持つように，香港をモデルにしたとされる「自治特区」が指定され，特区の最高責任者たる行政長官に中国系オランダ人楊斌が任命され，その任命発表のわずか三日後，楊斌が中国当局に脱税や不法貸出の容疑で逮捕されたのである。そして，新義州特区は，最初の段階で座礁するようになる。

その後，北朝鮮は，他の人物を行政長官として招聘しようとするなど[105]，困難を打開しようと努力をしたが，うまく行かず，2004年，「暫定保留」と発表し，事実上，中断状態になっている。そのため，実績は全くないと言える。

5-2-3. 金剛山特区

金剛山特区は，どれほどの「成果」をおさめてきたのか。それは，二つの基準で見積もることが可能である。一つは，特区の開発がどれほど進んでいるか，という基準である。もう一つは，特区の開発と運営からどれほど経済的利益が出るか，という基準である。

図表 5-5　金剛山特区の地区別開発類型

類型	海辺型	湖畔型	山岳型
地区	海金剛地区 高城地区 元山地区	三日浦地区 侍中湖地区 洞庭湖地区	温井里地区 高城地区 通川地区 内金剛地区

図表 5-6　金剛山特区の段階別開発計画

段階		地域
第 1 段階 (2005～2010 年)	優先事業地区	高城地区，温井里地区，城北里地区
	その他	三日浦地区，海金剛地区，通川地区の一部
第 2 段階(2011～2020 年)		通川地区，内金剛地区，侍中湖地区，洞庭湖地区，元山地区

ではまず，「開発の程度」という基準から見ることにする。これは，開発業者である〈現代アサン〉の「開発計画」と実際の開発の進展を比較すれば，判断できる。現代アサンの「開発計画」を要約すれば，次のようになる[106]。

現代アサンは，開発の「地域的範囲」として，江原道の高城郡，金剛郡，通川郡，元山市地域を設定しているが，この地域は，海金剛から元山まで約 109 km に至る。そして，この地域を 10 個の「地区」に分けて，地区別の特色を利用して，三つの類型として開発する。「海辺型」，「湖畔型」，「山岳型」がそれである。具体的な配置は，図表 5-5 のとおりである。

そして，開発を二つの「段階」に分けて進めることになっている。具体的には，図表 5-6 のとおりである[107]。

「第 1 段階」の開発は，2005～2010 年の 5 年間と予想され，この段階の開発が終わると，多数の宿泊施設で 4600 客室が完備され，2010 には年間訪問客が 138 万人に達すると期待していた。そして，「第 2 段階」の開発は，2011～2020 年の 10 年間と予想され，この段階の開発が終わると多数の宿泊施設で 7300 客室が完備され，2020 年には年間訪問客が 226 万人に達すると期待している。

では，このような開発計画は，実際どれほど進んでいるか。第 1 段階の開発期間が終わったが，残念ながら実績に対する具体的な資料は得られないので(現代アサンが具体的な工程率などは公表していない)，正確な判断はでき

ない。ただ，断片的な新聞の報道などを総合すれば，計画どおりには進んでいないようである。とはいえ，進展があるのは，確かである。

　続いて，金剛山特区からどれほど経済的利益が出るか，という基準から見ることにする。これは，北朝鮮側と現代アサン側を分けて分析する必要がある。両者の利益の「源泉」が共通的な部分もあるが，そうではない部分もあるからである。

　まず，北朝鮮側から見てみる。北朝鮮側にとっては，おおむね，三つの利益の源泉がある。一番目は，開発の過程で開発業者である現代アサンとそれを支援する韓国政府による投資である。現代アサンは宿泊施設に，韓国政府は道路などに投資するが，その一部が開発過程で雇われる北朝鮮の労働者の賃金として支払われる。これは，持続的なものではないが，現金に困る北朝鮮側にとっては，若干の収入になる。

　二番目は，金剛山特区の施設を利用して行われる多様な「南北交流行事」である。この過程でいろいろな名目により北朝鮮側に若干の現金が流れる。たとえば，「南北離散家族の再会」の過程で渡される「プレゼント」が挙げられる。これは，不定期的なもので，政治的な方面の影響を強く受けるという弱点はあるが，一応，北朝鮮側にとっては，若干の収入になる。

　三番目は，観光客の「入場料」である。北朝鮮は，観光客1人当たり70ドルの入場料をもらうことになっている[108]。これは，観光が続く限り持続的で確かなものであるので，一番重要な収入である。

　このように，北朝鮮側は，金剛山特区の開発と運営の過程で三つの源泉からかなりの利益が得られる。しかもその過程で，北朝鮮側としては，金剛山地域を観光地区として提供する以外に行うことがないので，ほぼ「最初から黒字」と言えるほどやさしい商売である。

　次に，現代アサン側から見ることにする。金剛山特区の開発と運営で，北朝鮮側には最初から黒字が保障されるが，現代アサン側はそうではない。まず現代アサンは，膨大な金額を投資しなければならない[109]。開発の過程で，道路など社会基盤施設の整備には韓国政府の支援が期待できるが，宿泊施設などは，自力であるいは他の投資家を募集して行わなければならない。また，

運営の過程で韓国政府による若干の支援が期待されるが，それは持続的なものではないし，安定的なものでもない。よって，現代アサンにとって一番重要なのは，観光客の数をできるだけ早く増やして，「損益分岐点」を突破することである。観光客の数がある水準に至るまでは赤字であろうが，その水準を超えれば黒字になりうるからである。

では，その損益分岐点となる観光客の数は，何人になるのか。現代アサンが2010年の観光客を138万人と期待していたことから，その水準ならかなりの黒字になると推測できる。また，現代アサンは自ら，年間50万人が損益分岐点である，と発表したことがある[110]。そして，実際の観光客の数を見ると，1998年に観光が開始されて以来，2005年に30万人に達し[111]，その後，2007年までは若干増える傾向にある。このような傾向を見ると，現代アサンが期待している水準にははるかに及ばないが，相当の可能性は見せたと言える。

このように，特区の領有者である北朝鮮側と開発業者である現代アサン側の両者の利益の源泉と損益分岐点は異なるが，一番重要で共通的な利益の源泉は，「観光収入」である。また，観光の持続性を確保するためには，経済外的な要因による利益がなくなる場合を想定して，商業的なベースで現代アサンが黒字になることが必要である。

5-2-4. 開城特区

開城特区は，どれほどの「成果」を収めてきたのか。それは，二つの基準から見積もることができる。一つは，特区の「開発」がどれほど進んでいるか，という基準である。もう一つは，特区の開発と運営からどれほど経済的利益が出るか，という基準である。

では，まず，「開発の程度」から見ることにする。それは，開発業者である〈現代アサン〉の「開発計画」と実際の開発の進展を比較すれば，判断できる。現代アサンの「開発計画」を要約すれば，次のようになる[112]。

現代アサンは，北朝鮮側から開城地区65.7 km^2（2000万坪）に対する50年

図表 5-7　開城特区の開発用途

区域	面積	備考
工場区域	19.7 km² (600 万坪)	
生活区域	3.3 km² (100 万坪)	
観光区域	4.9 km² (150 万坪)	
商業区域	1.7 km² (50 万坪)	
開城市街地	13.1 km² (400 万坪)	北朝鮮側が自ら開発
拡張区域	23.0 km² (700 万坪)	追加に確定する予定
全体地区	65.7 km² (2000 万坪)	

図表 5-8　工場区域の開発計画

段階		期間	面積	誘致企業(数と類型)	雇用人員(累計)	年間生産額
第1段階	示範	2003.6〜2005	3万坪		約 7千名	約 1.3 億 $ /2005 年
		〜2007 年	100 万坪	300 個, 軽工業型	約 10 万名	
第2段階			150 万坪	700 個, 技術集約型		
第3段階		〜2011 年	350 万坪	1000 個, 大企業型	約 35 万名	約 160 億 $ /2011 年
総計		8 年間	600 万坪	2000 個	約 35 万名	

間の「利用権」を得て(2002/12/26)，2003 年 6 月にその地区の開発に着手した。そして，その地区をいくつかの「区域」に分けて開発することにしている[113]（図表 5-7）。

そして，開城特区が「工業地区」である点を考慮すれば，いくつかの区域の中で「工場区域」が核心である。その区域の開発の計画は，図表 5-8 のとおりである。

この計画では，開発を大きく 3 段階に分けている[114]。第 1 段階には，2007 年までに 100 万坪を開発して，300 の企業を誘致し，10 万人の労働者を雇うことを予想している。その最初の段階である「示範」段階には，3 万坪を開発して，7 千人の労働者を雇い，2005 年に年間 1.3 億 $ 分を生産することを予想している。第 2 段階には，150 万坪を追加開発して，700 の企業を追加誘致することを予想している。第 3 段階には，350 万坪を追加開発して，1000 の企業を追加誘致して，累計 35 万人の労働者を雇い，2011 年に年間約 160 億 $ 分を生産することを予想している。総計すれば，8 年ほどかけ

図表 5-9　開城特区の生産と輸出

	2005 年	2006 年	2007 年	2008 年
生産額 (増加率)	1490 万	7374 万 (395％)	1 億 8478 万 (151％)	2 億 5142 万 (36％)
輸出額 (増加率)	866 万	1983 万 (129％)	3967 万 (100％)	3584 万 (-10％)

て，約 600 万坪の工場区域を開発して[115]，2000 個の企業を誘致し，35 万人の労働者を雇い，2011 年に年間約 160 億＄分を生産することを予想している。

　では，このようなかなり壮大な計画はどれほど実現しているのか。2003 年 6 月に開発が始まって，2004 年 5 月，示範団地が分譲され，12 月に最初の製品が生産されて以来，2009 年 5 月現在，企業 106 が稼動していて，4 万 1 千人の労働者(この中で北朝鮮の労働者が 4 万名である)が雇われている。

　これは，現代アサンが予想していた第 1 段階の水準をはるかに下回る。時間も 2 年遅れていて，企業の数は計画の 1/3 に止まり，労働者の数は 40％に止まっている。つまり，開発業者の期待に比べると，実績ははるかに及ばない。

　しかし，開城特区は相当の「可能性」を示していると言える。開発業者の計画には及ばないが，相当の企業が稼動しており，生産と輸出がよほど早く伸びていることから，そう言えるのである。生産額と輸出額の変化を整理すれば，図表 5-9 のようになる。

　生産額と輸出額の変化を見ると，まだ初期であり，その絶対額は大きくないが，かなり早く伸びていることが分かる。つまり，十分な可能性を示している。

5-3. 評　　価

　続いて，北朝鮮の経済特区の実験を評価してみることにする。

5-3-1. 意　味

まず，経済特区の実験が北朝鮮経済体制の変化という側面で持つ「意味」を考えてみることにしよう。それは，次の二つである。一つは，北朝鮮の経済体制が閉鎖的な経済体制から開放的な経済体制へ変わる過程に入った，ということである。これは，最初の経済特区たる羅津先鋒特区が指定された時点で始まった変化である。

もう一つは，経済特区という地域において，私的経済活動を清算しようとする正統的な経済路線から，私的経済活動を活用しようとする改革的な経済路線を実行するようになった，ということである。北朝鮮は，経済特区を除いた「一般地域」では改革的な経済路線をなかなか導入しようとしないという特性を見せながらも，経済特区ではかなり積極的に改革的な経済路線を実行しようとしている。

このような点から，経済特区の実験は，北朝鮮経済体制の変化という側面で，非常に重要な意味を持っていると言える。

5-3-2. 戦略的変化

次に，経済特区実験の過程で見える北朝鮮の「戦略的変化」を考えてみることにする。前述したように，北朝鮮は1991年，羅津先鋒特区を設置した。それは，経済特区が必要ではないとみなしていた認識から，どのような背景があったかは別にして，経済特区が必要だという認識に変わったことを意味するので，経済特区に対する認識の変化の中で一番重要なものである。それ以後，経済特区戦略を追及しながら現れる変化は，二つの段階に分けて理解できる。

第1段階は，1991年以前から2002年に至る時期である。つまり，経済特区として羅津先鋒経済貿易地帯一つだけを運営していた期間である。この段階に現れる主な特徴は，（以後展開される段階との比較から分かるものだが）二つを挙げることができる。

一つは，外資を誘致しようとしながらも，特区を強く統制しようとした，ということである。これは，「中央貿易指導機関→市人民委員会」という指導体系で開発を試みたことでよく現れる。このような仕組みが持つ利点は，特区の統制を容易に行えることである。しかし，このような仕組みには，二つの弱点がある。一つは，特区の「自立性」に対して外部から疑問が生じうることである。つまり，投資家が自由に企業活動を行えるかどうかということが疑われやすいのである。もう一つは，特区開発の基本的責任が地方政府にあるので，企業活動に直接必要な工場などを除いて，道路などの社会基盤施設を自ら整備する必要があり，そのような投資には失敗のリスクがあるということである。

もう一つは，韓国資本を排除する形を取った，ということである。外資は必要だが，できる限り，韓国資本は避けたい，という考え方であった。それは，韓国を体制競争の相手としてみなしていたからであろう[116]。そして，羅津先鋒特区の場合，日本企業を主な投資家として想定していたと言える。

第2段階は，2002年以後の時期である。前述したように，北朝鮮は2002年，一気に三つの経済特区を指定した。新義州特区，金剛山特区，開城特区がそれらである。ところが，三つの特区は，最初の特区たる羅津先鋒地帯の経験から学んで，利益を得る可能性を高める仕組みを模索している。まず，特区を強く統制しようとしてはいけない，と判断したようである。前述したように，特区を強く統制しようとすれば，企業活動の自立性に対する疑問が起きるし，資金調達が難しくなると感じたと思われる。また，韓国資本を排除してはいけない，と判断したようである。日本や米国などがあまり積極的に応じてくれないので，「体制の優越性」に対する宣伝に妨害になりうるにもかかわらず，韓国資本を受け入れざるをえない，と判断したと思われる。

このような認識の変化に基づいて，第2段階には相当の政策的な変化が見られる。

まず，新義州特区の場合は，「自治特区」の形式を取って，その「自主性」を訴えるようになった[117]。そして，外部の予想を超える「破格的」な構造を持つ経済特区を建設するという発表は，かなり外部世界を驚かせ，注

目を集めることに成功した。

　また，金剛山特区と開城特区の場合は，「開発業者」を指定して開発を依頼する仕組みを取るようになった。これは，北朝鮮側としては，自分が掌握している土地だけを開発業者に提供して，その後の開発過程での投資の負担を開発業者に負わせる仕組みである。そうすると，経済的側面で，北朝鮮側は，最初から「黒字」になる。前述したように，道路の設備などの開発過程でも北朝鮮の労働者が雇われて賃金を受けるので利益になるし，その後，外部企業が入ってきて稼動すると，企業の収益性にかかわりなく，稼動する限り，得られる労働者の賃金，企業の収益性によって左右されるものの，一定の条件で企業が納める企業所得税などが黒字を保証する。このような状況で，韓国の企業(具体的には現代グループ)の投資を受け入れるようになった[118]。つまり，その時まで回避しようとしていた韓国企業の投資を苦肉の策として受け入れるようになったのである。北朝鮮側にとって，この戦略のリスクは，前述したように，「体制競争の相手」である韓国の企業が入ることによって，内部的な政治的・理念的混乱が生じる可能性である。だが，北朝鮮にとって有利な点は，韓国企業が，少なくともその一部は，投資において，政治的な要因によるかなり高いリスクがあるにもかかわらず，投資する意向を持っていることであり[119]，また，当時の金大中政府が北朝鮮への投資を奨励し，投資する企業を支援する立場を取っていたという事情であった[120]。

5-3-3. 不振の原因

　北朝鮮の経済特区実験は，壮大な青写真・華麗な修辞にもかかわらず，特区別に差はあるが，全体的に不振に陥っている。なぜ，このような結果になっているのか。その原因は何か。重要な原因は，次のように整理できる。

　第一に，投資に友好的な対外関係を造成するのに失敗した，という点である。ある国家が外資を誘致しようとする際，「潜在的投資家」は，二種類に分けて考えられる。一つは，「戦略的利害関係」を持つ，いくつかの「外国」である。北朝鮮にとっては，韓国・日本・中国・アメリカの四ヶ国程度

である．もう一つは，外国の「個別企業」である．この二種類の潜在的投資家の投資を誘導するためには，投資に友好的な対外関係をつくることが必須である．しかし，北朝鮮は，1991年以後，経済特区戦略を推進しながらも，そのような対外関係を造成するのに失敗した[121]．その原因がもっぱら北朝鮮側にあるとは言えないが[122]，結果的にそうなったことは，経済特区の発展に大きな悪影響を与えた．国家的次元においても，個別企業の次元においても，投資があまり行われないようになったのである．この要因が，北朝鮮経済特区の不振をもたらしたもっとも大きな要因であると言える．

　第二に，経済特区が対外関係に多く左右されるという一般的特性に加わって，北朝鮮の場合には，地域ごとにただ一つの外国との関係に大きく左右される場合が多い，という点である．北朝鮮東部の経済特区なら日本との関係に，南部の経済特区なら韓国との関係に，北西部の経済特区なら中国との関係に左右される，という地政学的特徴を持っているのである．それで，その特定の外国との関係が悪い場合，該当の地域の経済特区は大きな悪影響を受けることになる．日本との関係が良くないので羅津先鋒特区が低迷したこと，韓国との関係が良好な関係から悪い関係に変わることにつれ，金剛山特区と開城特区が順調に進む状況から停滞に落ちたことは，このような要因の作用をよく示す．金剛山特区の場合，北朝鮮に「抱擁的」であった金大中政権と盧武鉉政権の時期とは異なって，「対決的」な姿勢を取る李明博政権が登場した以後，金剛山観光は低迷し，ついには観光客への「銃撃事件」をきっかけに中断状態に陥ってしまった[123]．また同じく，開城特区の場合も，低迷するようになった[124]．

　第三に，経済特区の性格設定に問題がある場合があった，という点である．これは若干長い分析が必要なので次節で考察するが，羅津先鋒特区と新義州特区に「輸出加工地区」の性格を与えたのは間違いだと思われる．二つの特区は輸出加工地区としてはふさわしくないにもかかわらず，その機能を担わせようとしたのは，その不振の一因であると言える．

　第四に，経済特区の立地選定に問題がある場合があった，という点である．この点も次節で詳しく考察するが，香港をモデルにした自治特区を設定しよ

うとすれば，人口密集地帯である平壌近くの港湾地域を指定すべきだろうが，新義州にその機能を担わせようとしたのは間違いである。

第五に，「自力」で開発する努力が足りなかった，という点である。経済特区を開発しようとする際，状況が良ければ，国家的次元であれ，個別企業の次元であれ，投資家が現れることも期待できる。そのような場合には，自らの大きな努力がなくても，成功は可能である。しかし，そうではない場合には，自ら相当努力する必要がある。代表的に，道路など「社会基盤施設」を整備することである。特に外資の誘致がうまく進まないと判明した場合は，特区戦略の真剣さを示すためにも，自らできるだけ積極的に開発する必要がある。北朝鮮が自力で開発する能力が低い，ということは確かだが，基盤施設の整備などに相当の努力を注ぐべきである。軍隊などを動員していろいろな土木・建設事業を行っている北朝鮮の事情を考えれば，事業の優先順位を調整することによって，特区の基盤施設の整備などは，かなり推進できそうである。

5-3-4. 立地条件

特区の成功を左右する要因の一つである各経済特区の立地条件の妥当性を，節を変えて，検討してみることにする。

1）まず，羅津先鋒特区の立地条件の妥当性を検討することにする。北朝鮮は羅津先鋒特区を，「貿易地区」・「輸出加工地区」・「総合的な国際交流拠点」として構想した。それは現実的な構想だろうか。

第一に，「貿易地区」としての可能性について考えてみることにする。それは，「自力貿易」を行う場合と「中継貿易」を行う場合に分けて考えられる。

まず，「自力貿易」の側面である。羅津先鋒地帯が「朝―中―ロの接境地帯」にあるので，北朝鮮と中国，北朝鮮とロシア間の貿易の「関門」として機能している。そして，ロシアとの接境地帯は他にはないので，海路ではなくて陸路を利用する場合，北朝鮮とロシア間の貿易は，この地域を通じて行

われることになる。ゆえに，ロシアとの関係においては，羅津先鋒地帯はほぼ「独占的」な地位にあると言える[125]。しかし，中国との関係においては，そのような「独占的」な地位にはない。中国との接境地帯は長く，羅津先鋒地帯よりも，北西部の新義州がより有利な位置にあり，海路ではなくて陸路を利用する場合にも，北朝鮮の北東地方と中国の東北三省［黒龍江省，吉林省，遼寧省］の間の物流程度を処理する機能を担うことができるからである[126]。勿論，この機能は，すでに果たしている。新しく議論しうるのは，「輸送網」を整備して，その機能をより円滑にさせることくらいである。

次に「中継貿易」の側面である。羅津先鋒地帯は，「朝―中―ロの接境地帯」にある関係で，「中継貿易」の可能性はかなり大きい。ただ，それは，「朝―中―ロの接境地帯」という漠然とした描写が連想させがちな「ばら色の可能性」ではない。「朝―中―ロの接境地帯」と言っても，もう少し詳しくその周辺を見てみると，「第二のシンガポール」を目指しうるほどの立地条件を持っているとは言えない。かなりの数の「阻害要因」[127]を除去してこそ，中継物流を処理する機能を担うことができよう。うまく行けば，韓国とロシア・中央アジア・ヨーロッパの間[128]，日本と中国の東北三省・モンゴルの間の物流[129]くらいを処理することは期待できる。

このように考えれば，「貿易地区」としての機能は，北朝鮮が期待しているようなばら色のものではないが，一応，かなりの可能性を持っていると言える。

第二に，「輸出加工地区」としての可能性について考えてみることにする。北朝鮮の「東部地方」に投資するのに「関心」を持ちうる国家は，主に日本であり，個別投資家は日本の企業である。日本としては，北朝鮮は「近隣国家」なので，「戦略的利害関係」を持っている[130]。そして，日本の企業は，条件が良ければ，北朝鮮の労働力と天然資源を活用して，競争力ある商品をつくって，北朝鮮国外へ持ち出してどこか［日本あるいはアメリカなど］で販売するか，または，北朝鮮「現地」で販売することを期待できる[131]。ところが，このような可能性を実現させるのには，羅津先鋒地帯より，元山［ウォンサン］の方が勝る。日本との距離の面では両地域の差は大きくない

が，元山とその周辺の人口が羅津先鋒地帯の方より多いし，北朝鮮の最大人口密集地帯である平壌とその周辺に接近するのに元山の方がはるかに有利だからである[132]。

このように，羅津先鋒特区は，「貿易地区」としての可能性はかなり大きいが，「輸出加工地区」としての可能性は低い。

第三に，「総合的な国際交流拠点」としての可能性について考えてみることにする。先ほど分析したように，羅津先鋒特区は，「貿易地区」としての可能性はかなり大きいが，「輸出加工地区」としての可能性は低い。そして，このことから，「輸出加工地区」の機能を含んでいる「総合的な国際交流拠点」としての可能性は低い，と言わざるをえない。

2) 次に，新義州特区の立地条件の妥当性を検討することにする。前述したように，新義州特区の場合，外部の予想を超える「破格的」な構造を持つ経済特区を建設するという発表は，かなり外部世界を驚かせ，注目を集めることには成功した。しかし，早くも中国の牽制によって，中断状態に追い込まれる。なぜ，北朝鮮の一番重要な友好国である中国によって，新義州特区が「暫定保留」の状態に置かれるようになったのか。それは，主に立地条件の問題と関連している。羅津先鋒特区の場合で検討したように，「貿易地区」・「輸出加工地区」・「総合的な国際交流拠点」としての可能性という点から考えてみることにする。

第一に，「貿易地区」としての可能性について考えてみることにする。それは，「自力貿易」を行う場合と「中継貿易」を行う場合に分けて考えられる。

まず，「自力貿易」の側面である。新義州は，中国との接境地帯にあるので，北朝鮮と中国の間の貿易の「関門」として機能している。中国との接境地帯はかなり長いが，新義州が一番有利な位置にある。北朝鮮の最大の人口密集地帯である平壌およびその周辺と中国を結ぶ位置にあるからである。そして，海路ではなくて陸路を利用する場合，中国との物流の大部分が新義州を通じる。勿論，この機能はすでに果たしている[133]。新しく議論しうるのは，輸送網を整備して，その機能をより円滑にさせることくらいである。

第 5 章　経済特区の実験　203

　次に,「中継貿易」の側面である。新義州は,中国との接境地帯にある関係で,中継貿易地区としての可能性はかなり高い。だが,北朝鮮が期待するほどではない。もし成功すれば,韓国と中国の東北地方・モンゴルとの間の物流程度を処理することを期待できる[134]。

　このように考えれば,「貿易地区」としての機能は,北朝鮮が期待しているようなばら色のものではないが,一応,かなりの可能性を持っているとは言える。

　第二に,「輸出加工地区」としての可能性について考えてみることにする。北朝鮮に輸出加工地区をつくる目的で投資するのに関心を持ちうる国家は,主に,韓国と日本であり,個別企業は両国の企業である。しかし,両国および両国の企業とも,新義州を輸出加工地区として選好するとは考えにくい。日本の企業としては,日本に近い北朝鮮東部地方の元山が一番優先順位の高いところであり,その次なら,北朝鮮の人口密集地帯である平壌の周辺にある南浦［ナンポ］くらいである。韓国としては,韓国に近い北朝鮮南部地方の開城（ケソン）か海州（ヘジュウ）が一番優先順位の高いところであり,その次なら,日本と同様に南浦（ナンポ）くらいである[135]。これは,日本と韓国の企業が投資する際,生産した商品を持ち出して自国あるいは第三国で販売する可能性と現地で販売する可能性を重視するはずだからである。

　もし,日本と韓国の企業が新義州を輸出加工地区として考えるなら,その販売市場としては中国が想定されることになる。ところが,中国を市場に想定する場合,新義州に輸出加工地区を設けるのは合理的でない。それは,二つの側面からそう言える。一つは,「経済的」側面である。中国の東北地方に直接投資する方より新義州に投資する方が有利かどうか,という問題がある。北朝鮮が中国より後発走者であるので,その点では新義州の方が若干有利であろうが,中国を市場として想定する場合,その利点はそれほど大きくない。直接中国に投資し,生産した製品を現地で販売するのが有利であろう。

　もう一つは,「経済外的」側面である。すなわち,中国の牽制の問題である。中国としては,自国に投資する企業には,ある程度自国市場を開放するのに友好的に対応するはずであるが,自国の「すぐそば」に投資した企業に

はそう対応するとは期待しにくい。すなわち，新義州と中国の東北地方は，投資の誘致において競争関係に置かれるため，軋轢が生じやすいので，新義州を輸出加工地区として考える潜在的投資家には，負担になる[136]。

ところが，中国は，新義州を含め，北朝鮮で輸出加工地区をつくる目的で投資するには利益もなく，そうする意思もない。ただ，新義州が「貿易地区」つまり「物流拠点」として発展するには利害関係を持っている。北朝鮮との貿易には有効な場所であり，北朝鮮の投資能力が低いという条件では，友好国に対する恩恵として投資できる。しかし，「輸出加工地区」としては投資する意思がない。自国で必要とする品物を新義州で生産して持ち込む必要も，それによる利益もないし，韓国や日本・米国などに輸出しようとする品物を北朝鮮で生産する必要も，それによる利益もない。北朝鮮に販売しようとする場合にも同じである。中国で生産して，北朝鮮を含めた他の国へ輸出すれば良いのである[137]。

このように新義州は，「貿易地区」としての可能性はかなりあるが，「輸出加工地区」としての可能性は低い。

第三に，「総合的な国際交流拠点」としての可能性について考えてみることにする。先ほど分析したように，新義州は，「貿易地区」としての可能性はかなりあるが，「輸出加工地区」としての可能性は低い。そして，このことから，「輸出加工地区」の機能を含んでいる「総合的な国際交流拠点」としての可能性は低い，と言わざるをえない。このような条件で新義州を自治特区として指定したのは，中国との競争相手として育成することを意味するので，中国がいち早く牽制したのである。

3）次に，金剛山特区の立地条件を検討することにする。前述したように，北朝鮮は，金剛山特区を観光地区として構想した。それは，妥当だろうか。

北朝鮮の可能性あるいくつかの観光資源の中で，一番優先させるべきところが金剛山地域であろう。それは，観光の対象としても他のところに劣らないし，観光客の大部を占めると予想される韓国人と日本人が接近するに容易な場所である，という点からそう言える。

前述したような戦略的変化があり，立地条件が妥当だったので[138]，現代

アサンという開発業者が現れ，開発と運営で相当の実績を挙げるようになったと言える。

4）次に，開城特区の立地条件の妥当性を検討することにする。開城特区は，その公式名称「開城工業地区」でよく現れるように，主に輸出加工地区として設定された。前述したように，羅津先鋒特区と新義州特区の場合も，「輸出加工地区」として設定されていたが，その可能性は低いと思われる。開城特区の場合はどうか。

開城特区の場合は，「輸出加工地区」としての可能性が高いと言える。この地域は，韓国企業を誘致するのに適切な地域の一つなのである。韓国企業が北朝鮮に投資する場合，三つの要因を重視するはずである。一つ目は，生産した製品を韓国に持ち帰るのに便利であること，二つ目は，生産した製品を日本や米国などに輸出するのに便利であること，三つ目は，生産した製品を北朝鮮に販売するのに便利であることである。開城地域は，このような条件に適した地域の一つであり[139]，他の地域に劣らない[140]。

前述したような戦略的変化があり，立地条件が妥当だったので，現代アサンという開発業者が現れ，開発と運営で相当の実績を挙げるようになったと言える。また，開城特区の場合は，金剛山特区と比べても，その商業性において，より早くその可能性を見せてくれた。金剛山特区の場合は，政治的判断による補助金などの支援を除けば，投資した企業がいつ黒字になるかが不明だったが，開城特区の場合は，投資企業が黒字になる可能性をもう見せてくれたのである。

5-3-5. 課　題

北朝鮮側が，開放路線を堅持し，経済特区戦略を成功させるためには，今までの失敗から教訓を得て，提起される課題を解決すべきである。いくつか重要な課題を挙げれば，次のようになろう。

第一に，当然ながら，投資に友好的な対外関係を造成すべきである。経済特区戦略は，主に外部資本を誘致し，外部世界との貿易などを通じて特定の

地域を発展させることを図る経済路線であるので，外部世界との友好的な関係を築くのは必須である。

第二に，社会基盤施設の整備など，自力でできることから積極的に推進すべきである。開発業者を設けていない羅津先鋒特区のような場合は，特にそうである。これは，経済特区の発展のための基礎条件であり，外部世界に経済特区戦略の真剣さをアピールする効果も持っている。

第三に，羅津先鋒特区と新義州特区の場合，立地条件に合わない「輸出加工地区」としてではなく，「貿易地区」として発展させることを目指すべきである。もし，それがうまく行けば，その後，「輸出加工地区」や「総合的な国際交流拠点」としての可能性を考えても遅くない。

第四に，金剛山特区の場合，外部世界との関係改善を前提にしても，特区の成功の可否は，根本的にはその観光地区としての魅力に左右されるので，開発業者である現代アサンが黒字になる必要がある。金剛山は，韓国人に「天下第一名山」として認識されているので，かなりの可能性を持ってはいるが，まだ，その収益性が確認されたとは言えない。それは，金剛山特区が正常に運営され，政治的特恵[141]がなくなった時期に判明しよう。

第五に，北朝鮮東部に，主に日本資本を誘致する経済特区を発展させようとすれば，羅津先鋒地域ではなくて，元山地域を経済特区として指定すべきである。

第六に，今の段階で，香港をモデルにする「総合的な国際交流拠点」を開発しようとするなら[142]，新義州ではなくて「南浦」を「自治特区」として指定すべきである。北朝鮮にとっては，南浦は東南アジアなど外部世界と交流するのに一番有利な位置にあり，首都であり人口密集地帯である平壌の近くにあるので，外部投資家が高い関心を持つはずである。

1) このように当該の国家が経済特区を設置して，外部投資に「特恵的条件」を提供するのは，当然，それが自国の経済にも利益になる，と判断するからである。
2) この問題に対する詳しい記述は，澤池忍（2010，「日朝経済関係」，『経済から見た北朝鮮』，明石書店，東京，116〜119頁）を参照できる。
3) 次のような出来事は，そのような立場をよく示す。中国が1979年に〈中外合資経

営企業法〉を制定して，経済特区を設置すると，北朝鮮は，1983年に中国経済特区に高位級代表団を派遣して視察したが，この方式を採択しようとはしなかった。"経済特区は，朝鮮の実情に相応しくないだけでなく，合営は，当事者の合意によって，(今も)どの場所でも可能であるから，特別に経済特区を設置する必要はない。"と説明した。韓国開発研究院，1992，「北朝鮮の経済と貿易の見込(북한의　경제와　무역의　전망)—1991—」，ソウル，118頁。

4) "国家は，我が国の機関，企業所，団体と他国の法人または個人との合営と合作，特殊経済地帯でのさまざまな企業の創設・運営を奨励する。"

5) このような過程で，北朝鮮が経済特区を拡大するように外部からの勧告が，しばしばあった。たとえば，チェ・スヨン(최수영 2001，「北朝鮮の外国資本の誘致現況と課題(북한의　외국자본의　유치현황과　과제)」，『統一安保研究』第一巻第一号，京畿大学校統一安保研究所，ソウル，10頁)は，"全面的な対外開放が現実的に困難であるとすれば，北朝鮮は，経済貿易地帯を追加的に指定して，この地域を中心に外資誘致の拡大を模索することもできる。羅津先鋒地帯とは別に，中・短期的に可視的な成果を収められる地域を経済特区として指定して，運営することである。新義州，南浦，開城などを経済特区として指定し，その地域に相応しい産業を誘致することも一つの方法である。"と提言している。

6) なお，北朝鮮では，「経済特区」という言葉は使わないようである。

7) 平壌だけは「特別市」で，南浦，開城，新義州，羅津先鋒は「直轄市」である。

8) 当初は〈羅津先鋒自由経済貿易地帯〉という名称であったが，1998年3月に「自由」という表現が削除された。『共同通信』1999/09/01。

9) 『斗山百科事典』[http://www.naver.com]で「羅先直轄市(나선직할시)」の項目。

10) 〈羅津先鋒自由経済貿易地帯を創るのに対する決定(라진선봉자유경제무역지대를 내올 데 대한 결정)〉[http://www.kcna.co.jp/index-k.htm：朝鮮通信]。

11) 〈自由経済貿易地帯法〉[http://www.unikorea.go.kr：統一部]。

12) 〈自由貿易港規定〉[http://www.unikorea.go.kr：統一部]。

13) 〈改正された羅津先鋒経済貿易地帯法〉
[http://netizen.sgt.co.kr/north_korea/north_economy.asp：サイバー世界日報(사이버　세계일보)]。

14) 羅津先鋒地帯に関連した下位規定は，次のとおりである。〈外国人出入規定〉(1993.11)，〈企業常住代表事務所規定〉(1994.02)，〈外国人の在留と居住規定〉(1994.06)，〈税関規定〉(1995.06)，〈中継荷物賃貸者代理業務規定〉(1995.07)，〈建物譲渡と抵当規定〉(1995.08)，〈加工貿易規定〉(1996.02)，〈国境検疫規定〉(1996.06)，〈外国人投資家代理人規定〉(1996.07)，〈貨幣流通規定〉(1996.07)，〈中継貿易規定〉(1996.07)，〈境界通行検査規定〉(1996.07)，〈自動車登録規定〉(1996.07)，〈価格規定〉(1996.09)，〈企業所管理規定〉(1996.11)，〈統計規定〉(1997.04)，〈朝鮮貨幣貸付規定〉(1997.04)。統一部 2000，『北朝鮮の外国人投資関連法規集(북한외국인투자관련법규

集)』，ソウル。
15) 第1項：咸境道の羅津・先鋒地区に自由経済貿易地帯を設置する。自由経済貿易地帯は，621 km^2 にする。※その後，1993年3月，中国に接したウォンジョンリ一帯の125 km^2 を編入して，羅津先鋒地帯は746 km^2 に広がった。チェ・スヨン2001，前掲論文，5頁。
16) 第2項：自由経済貿易地帯の中で外国人は，朝鮮民主主義人民共和国の関係機関の承認の下で合作企業・合営企業・外国人企業を含む合理的な形態の企業を創設して運営することができるし，さまざまなサービス業もできる。自由経済貿易地帯の中の羅津港・先鋒港とその隣接地域にある清津港を自由貿易港にする。
17) 第3項：国家は，自由経済貿易地帯で，外国人が投資した資本と企業運営から得た所得を法的に保護する。自由経済貿易地帯で創設・運営される企業体の投資の性格によって，関税と所得税の減免を含めたさまざまな特恵と便宜を保障する。
18) 第2条：自由経済貿易地帯は，特恵的な貿易および中継輸送と輸出加工，金融，サービス地域として宣布された朝鮮民主主義人民共和国の一定の領域である。自由経済貿易地帯には，朝鮮民主主義人民共和国の主権が行使される。この地帯では，国家が特別に建てた制度と秩序によって，経済貿易活動を進める。
第6条：自由経済貿易地帯の中でのすべての活動は，この地帯と関連した共和国の法と規定による。自由経済貿易地帯と関連した法と規定に規制されていない事項は，共和国の当該の法と規定に準ずる。
19) 第3条：国家は，対外経済機関と自由経済貿易地帯当局を通じて，自由経済貿易地帯の開発と管理・運営事業を指導する。
第8条：自由経済貿易地帯の管理機関には，中央対外経済機関と地帯当局が属する。中央対外経済機関は，自由経済貿易地帯の開発と経済管理運営を委任された中央執行機関であり，地帯当局は現地執行機関である。
20) 第9条第3項：(中央対外経済機関が)下部構造建設部門で総投資額2千万ウォン以上の対象とその他の部門で総投資額1千万ウォン以上の対象を審議し，承認する。
21) 第16条：地帯当局は，諮問委員会を組織することができる。諮問委員会は，地帯当局の代表，当該機関，企業所の代表と外国投資家代表によって構成されて，地帯の開発と運営管理事業を協議・協調する。
22) 第20条：外国投資企業と外国人は，自由経済貿易地帯の中で必要な土地を賃借することができるし，賃貸機関の承認の下で賃借期間の延期を受けることもできる。
23) 第4条：国家は，投資家が自由経済貿易地帯に投資した資本と得た所得，彼に付与された権利を法的に保護する。
24) 第22条：自由経済貿易地帯の中で，商品の価格は，販売者と購買者の間の合意によって決めることができる。一部の大衆必需品の価格は，国家が決める。
25) 第30条：自由経済貿易地帯での流通貨幣は朝鮮ウォンにし，すべての取引に対する決済は朝鮮ウォンまたは転換性のある外貨で行える。朝鮮ウォンに対する外貨の換

算は，外貨管理機関が発表した比率に従う。
26) 第21条：外国投資企業は，地帯労働力斡旋機関と結んだ契約によって，必要な労働力を採用および解雇することができる。外国投資企業は，自由経済貿易地帯以外の地域にある我が国の技術者，高級技能工を地帯労働力斡旋機関に申し込み，供給してもらえるし，地帯当局，対外経済部署との合意の下で，一部管理人員と特殊な職種の技術者および技能工の場合，外国人を採用することも可能である。
27) 第36条：自由経済貿易地帯の中の企業所得の税率は，決算利潤の14%にする。
28) 第41条：国家は，自由経済貿易地帯に直接入国する外国人に対しノービザ制度を実施する。
29) 第35条：外国の投資家は，自由経済貿易地帯の中で企業活動をして得た利潤と利子，配当金，賃貸料，サービス料，財産販売収入金を含めた所得を国外に送金することができるし，国外から自由経済貿易地帯へ持ち込んだ財産を，経営期間が終わった後，制限なしに国外へ持ち出すことができる。
30) 第4条：自由貿易港に出入する船と荷物には，関税やトン税，運賃税を賦課しない。
31) 第6条：外国投資家は，（自由貿易）港で外国人投資企業（合作企業，合営企業，外国人企業）を創設して，倉庫業・船舶修理業などを営むことができる。
32) 『朝鮮新報』1997/06/10，06/27。
33) このことについて，「評価切下げ」であると解釈するのは誤りである。たとえば，"額面基準で，おおよそ，朝鮮マネーを1/100に評価切下げしたのである。"［ゾン・ホンテク(전홍택)1999，「金正日体制下の北朝鮮経済(김정일체제하의 북한 경제)」，『亜細亜研究』1999，高麗大学亜細亜問題研究所，ソウル，53頁］というような分析は，正確ではない。ドルと交換して渡す貨幣を「特殊貨幣」から「一般貨幣」に変えたことだけであるからである。元々，一般貨幣と特殊貨幣は相異なる価値を持っていたので，ドルと交換して渡す貨幣を変えるとき，「額面為替レート」が変わるのは当然である。この過程で，平価切上げも起こりうるし，評価切下げも起こりうる。当該の場合は，あまり変動がなかった。
34) これは，同じ額面価を持っているマネー票と朝鮮マネーで同じ品物を買うことができないということでよく現れる。それを見せてくれるのが「外貨商店」という制度である。朝鮮マネーをもってはここで品物を買うことができないが，マネー票をもってはできる。
35) 二重貨幣制度を実施する一般的な目的は，外貨を厳格に統制しようとすることである。ところが，このような制度を実施すれば，外貨を統制する効果は得られるが，対外経済活動を制約する副作用を生む。そして，二重貨幣制度を廃止するということは，対外経済活動を活性化しようとする措置であると解釈できる。二重貨幣制度が廃止されたことは，「外貨商店」制度が消えたことによく示される。
36) これは，多くの発展途上国が行う熾烈な外資誘致競争で競争力を高めるための措置である。他の発展途上国に比べて，最低賃金80ドルは，相当高かった。

37) 『ハンギョレ(한겨레)』1997/08/18。
38) ゾン・ホンテク(전홍택)1999，前掲論文，55頁。
39) ゾン・ホンテク(전홍택)1999，前掲論文，54～55頁。
40) 『斗山百科事典(두산백과사전)』［http://www.naver.com］で「新義州(신의주)」の項目。
41) 法律の全文は；http://www.unikorea.go.kr/［統一部(통일부)］。
42) 第13条：国家は，新義州特別行政区を国際的な金融，貿易，商業，工業，先端科学，娯楽，観光地区として作り出すようにする。
43) 第1条：新義州特別行政区は，朝鮮民主主義人民共和国の主権が行使される特殊行政単位である。国家は，新義州特別行政区を中央に直轄させる。
44) 第2条：国家は，新義州特別行政区に立法権，行政権，司法権を付与する。
45) 第8条：新義州特別行政区と関連した外交事業は国家が行う。新義州特別行政区は，国家が委任した範囲の中で自分の名義で対外事業を行って，新義州特別行政区旅券を独自に発給することができる。
46) 第99条：新義州特別行政区は，朝鮮民主主義人民共和国の国章・国旗を使用する他に，自分の区章・区旗を使用する。区章・区旗の使用秩序は，新義州特別行政区が決める。
47) 第42条：新義州特別行政区の住民になる条件は，次のとおりである。1. 新義州特別行政区が組職される以前に居住した者。2. 共和国公民として新義州特別行政区の要求によって区の機関または企業に就職した者。3. 外国人として合法的な職業を持ち，区に7年以上居住した者。4. 最高立法機関［最高人民会議］または長官が推薦した者。
48) 第60条：立法会議は新義州特別行政区の立法機関である。立法権は立法会議が行使する。
49) 第61条：立法会議の議員数は15人とする。立法会議の議員は，住民の一般的・平等的・直接的選挙原則によって秘密投票によって選挙する。
50) 第63条：毎期の立法会議の任期は5年である。立法会議の議員の任期は，立法会議の任期と同じである。
51) 第62条：立法会議の議員には，新義州特別行政区の共和国公民がなりうる。新義州特別行政区の住民権を持つ外国人も立法会議の議員になりうる。
52) 第76条：長官は新義州特別行政区を代表する。長官は，自分の事業に対して，最高立法機関の前に責任を負う。
第81条：行政府は新義州特別行政区の行政的執行機関で，全般的管理機関である。行政府の責任者は長官である。
53) 第98条：新義州特別行政区で裁判事業に対する監督は，(新義州特別行政)区裁判所が行う。区裁判所は最終裁判機関である。
54) 第3条：国家は，新義州特別行政区の法律制度を50年間変化させない。

第 5 章　経済特区の実験　　211

55) 付則第 2 条：新義州特別行政区には，朝鮮民主主義人民共和国の国籍・国章・国旗・国歌・首都・領海・領空・国家安全に関する法規を除いては，他の法規は適用しない。
56) 第 6 条：朝鮮民主主義人民共和国の内閣・委員会・省・中央機関は，新義州特別行政区の事業に関与しない。新義州特別行政区に人員を派遣しようとか駐在させようとする場合には，長官の同意を受けなければならない。
57) 第 10 条：国家は，新義州特別行政区内で他国の政治組職の活動を許容しない。
58) 第 7 条：新義州特別行政区の防衛事業は，国家が担当する。国家は，必要ならば，新義州特別行政区に軍事人員を駐屯させることができる。新義州特別行政区は，駐屯部隊に社会秩序維持・災害救助の協助を要求することができる。
59) 第 11 条：国家は，戦争・武将反乱のような事由の発生の時，新義州特別行政区に非常事態を宣布することができる。この場合，全国的に適用する法規を実施する。
60) 第 74 条：(特区)立法会議で採択した決定は，1 ヶ月以内に最高立法機関［最高人民会議］に登録する。最高立法機関は，提出された決定に対して登録するとか，返して修正させることができる。登録しないで返した決定は，効力を持つことができない。
61) 第 77 条：長官としては，新義州特別行政区の住民で，事業能力があり，住民の信望の高い者がなりうる。長官の任命と解任は最高立法機関が行う。
62) 第 12 条：新義州特別行政区の土地と自然資源は，朝鮮民主主義人民共和国の所有である。国家は，新義州特別行政区で土地と自然資源の侵害を許容しない。
63) 第 14 条：国家は，新義州特別行政区に土地の開発・利用・管理の権限を付与する。新義州特別行政区の建設総計画は，国家の承認を受ける。個別建設は，承認された建設総計画に従う。
64) 第 15 条：新義州特別行政区の土地賃貸期間は，2052 年 12 月 31 日までである。国家は，土地賃貸期間が終わった後にも，企業の申し込みによって，その期間を延ばす措置をとる。この場合，企業に与えていた有利な経営活動の与件をそのまま保障する。
65) 第 16 条：国家は，新義州特別行政区で合法的に得た土地利用権と建物・施設物を譲渡，賃貸，再賃貸，抵当できるように許容する。
66) 第 17 条：国家は，新義州特別行政区で個人所有の財産を保護し，それに対する相続権を保障する。国家は，新義州特別行政区で個人所有の財産を国有化しない。国の安全と関わって個人所有の財産を収容しようとする場合には，その価値を報償する。
67) 第 23 条：国家は，新義州特別行政区で独自に貨幣金融政策を実施できるように許容する。新義州特別行政区では，外貨を，制限なしに搬出・搬入することができる。
68) 第 20 条：国家は，新義州特別行政区に設立された企業が共和国の労働力を採用するようにさせる。必要な職種には，(特別行政)区の行政府の承認を得て，外国人を雇うことができる。
69) 第 21 条：国家は，新義州特別行政区での勤労者の最低労賃基準を(特別行政)区行政府と共和国の該当の機関が合議して決めるようにさせる。

70) 第25条：国家は，新義州特別行政区で特恵関税制度を設けさせる。関税率は，新義州特別行政区が決める。
71) 『斗山百科事典(두산백과사전)』［http://www.naver.com］で「金剛山(금강산)」の項目。
72) 法律の前文は；http://www.unikorea.go.kr/ ［統一部(통일부)］。
73) 最高人民会議常任委員会が，2004年4月29日に金剛山観光地区法に基づく下位5個の規定［観光地区管理機関設立運営規定，税関規定，出入規定，在留規定，居住規定］を採択して，5月6日に3個の規定［労働規定，外貨規定，広告規定］を採択した。『ハンギョレ(한겨레)』2004/05/30。
74) 第1条：金剛山観光地区は，共和国の法によって，管理・運用される国際的な観光地域である。……。
75) 第21条：観光地区には，南側および海外同胞・外国の法・個人・経済組職が投資して観光業を営むことが可能である。観光業には旅行業，宿泊業，娯楽および便宜施設業のようなものが属する。ソフトウェア産業のように公害がない先端科学技術部門の投資も観光地区で可能である。
76) 第5条：観光地区の事業に対する統一的指導は，中央観光地区指導機関が観光地区管理機関を通じて行う。機関・企業所・団体は，観光地区の事業に関与しようとする場合，中央観光地区指導機関と協議しなければならない。
77) 第7条：観光地区の開発は開発業者が進める。開発業者は，中央観光地区指導機関から当該機関の土地利用証を発給してもらわなければならない。
78) 第12条：観光地区の管理は，中央観光地区指導機関の指導の下で，観光地区管理機関が行う。観光地区管理機関は，開発業者が推薦する成員として構成する。中央観光地区指導機関が推薦する成員も，観光地区管理機関の成員になりうる。
79) 金剛山特区は，基本的には観光地区である関係で，経済政策に関する規定は簡略である。
80) 第24条：観光地区では転換性外貨を使うことができる。転換性外貨の種類と基準貨幣は，観光地区管理機関が，中央観光地区指導機関と合意して，決める。観光地区において外貨は自由に搬出・搬入することができる。
81) 第23条：観光地区に投資しようとする者は，観光地区管理機関の企業創設承認と業種許可を受けなければならない。企業創設承認を受けた場合には，決まった出資をして，観光地区管理機関に企業登録をし，当該機関の税関登録・税務登録をしなければならない。
82) 第25条：南側地域から観光地区へ出入する南側および海外の同胞・外国人と輸送手段は，観光地区管理機関が発給した出入証明書を持っていれば，指定された通路においてビザなしで出入することができる。観光地区から共和国の他の地域へ出入するか，他の観光地から出入する秩序，共和国の他の地域を通じて観光地区へ出入する秩序は，別に決める。

83) 『斗山百科事典(두산백과사전)』[http://www.naver.com] で「開城直轄市(개성직할시)」の項目。
84) 法律の全文は；[http://www.unikorea.go.kr/](통일부)。
85) 『朝鮮中央通信(조선중앙통신)』2003/12/17 は，最高人民会議常任委員会が，2003年12月11日に，開城工業地区法の下位規定として管理機関設立運営規定，出入在留居住規定，税関規定を採択したと報道した [http://www.kdi.re.kr/data/download/attach/7239_tr20031226.pdf.]。続いて，残りの下位規定を採択した(『ハンギョレ21』2004/05/04,「夢は開城で始まる(꿈은 개성에서 시작된다)」。
86) 第1条：開城工業地区は，共和国の法によって管理・運営される国際的な工業・貿易・商業・観光地域である。……。
87) 第5条：工業地区の事業に対する統一的指導は，中央工業地区指導機関が行う。中央工業地区指導機関は，工業地区管理機関を通じて工業地区の事業を指導する。
88) 第6条：機関・企業所・団体は，工業地区の事業に関与することができない。必要によって工業地区の事業に関与しようとする場合には，中央工業地区指導機関と協議しなければならない。
89) 第2条：工業地区の開発は，地区の土地を開発業者が賃借して，敷地整理と下部構造建設を行って，投資を誘致する方法で行う。工業地区は，工場区域・商業区域・生活区域・観光区域などに分ける。
第10条：工業地区の開発は，決められた開発業者が行う。開発業者を決める事業は，中央工業地区指導機関が行う。
90) 北朝鮮が指定した開発業者は，元々，現代アサンであるが，以後開発過程で，現代アサン側が単独でその役割を遂行できないと判断して〈韓国土地公社〉を「共同開発業者」として招いた。
91) 第21条：工業地区に対する管理は，中央工業地区指導機関の指導下で工業地区管理機関が行う。工業地区管理機関は，工業地区の運営事業の状況を分期別に中央工業地区指導機関に報告しなければならない [ただ，開城工業地区の中の現開城市街は観光区域だけにして，それに対する管理は，開城市人民委員会が担当する(最高人民会議常任委員会が発表した政令，〈朝鮮民主主義人民共和国開城工業地区をつくり出すことに対して(조선민주주의인민공화국 개성공업지구를 내올 데 대하여)〉，http://www.chongryon.com/ [朝総連])。
92) 第24条：工業地区管理機関は，開発業者が推薦する構成員から成る。中央工業地区指導機関が推薦する構成員も工業地区管理機関の成員になりうる。
第26条：工業地区管理機関の責任者は，理事長である。理事長は，工業地区管理機関の事業全般を組織し，指導する。
93) 第18条：開発業者は下部構造の建設が終わり次第，工業地区開発総計画に従って，投資企業を配置しなければならない。この場合，工業地区の土地利用権および建物を企業に譲渡，もしくは再賃貸することができる。

94) 第12条：工業地区の土地賃貸期間は，土地利用証を発給した日から50年とする。土地賃貸期間が終わった後にも，企業の申し込みにより，賃借した土地を引き続き利用することができる。

95) 第7条：工業地区では投資家の権利と利益を保護し，投資財産に対する相続権を保障する。投資家の財産は国有化しない。社会共同の利益と関連してやむをえず投資家の財産を収容しようとする場合には，投資家と事前協議をして，その価値を償うことにする。

96) 第40条：工業地区で商品の価格とサービス料金，企業と共和国の機関・企業所・団体の間に取り引きされる商品の価格は，国際市場価格に準じ，当事者が合意して決める。

97) 第41条：工業地区で流通貨幣は転換性外貨とし，クレジットカードなどを使うこともできる。流通貨幣の種類と基準貨幣は，工業地区管理機関が，中央工業地区指導機関と合意して，決める。

98) 第3条：工業地区には，南側および海外同胞・外国の法人・個人・経済組織が投資することができる。投資家は，工業地区に企業の創設や支社・営業所・事務所などの設置を行うことで，経済活動を自由に行える。工業地区では，労働力採用・土地利用・税金納付のような分野で，特恵的な経済活動の条件を保障する。

99) 第37条：企業は従業員には共和国の人々を採用しなければならない。管理人員と特殊な職種の技術者・技能工は，工業地区管理機関を通じて中央工業地区指導機関と協議して，南側または他の国の人々を採用することができる。

100) 第43条：企業は，会計業務を正確にして，企業所得税・取引税・営業税・地方税などの税金を適時に納めなければならない。工業地区で企業所得税率は，決算利潤の14％として，下部構造建設部門と軽工業部門・先端科学技術部門は10％とする。

101) 第28条：南側地域から工業地区に出入する南側および海外同胞・外国人と輸送手段は，工業地区管理機関が発給した出入証明書を持って，指定された通路で，ビザなしに出入することができる。共和国の他の地域から工業地区に出入する秩序，工業地区から共和国の他の地域に出入する秩序は，別に決める。

102) 第33条：工業地区への搬入または工業地区から南側や外国へ搬出する物資と共和国の機関・企業所・団体に委託加工する物資に対しては，関税を賦課しない。外国から搬入した物資を，そのまま共和国の他の地域に販売する場合には，関税を賦課する場合がありうる。

103) 第44条：工業地区では外貨を自由に搬出・搬入することができる。経営活動をして得た利潤とその外の所得は，南側地域または外国へ税金なしに送金や持ち出しができる。

104)「98 羅津先鋒経済貿易地帯投資相談会北朝鮮側基調演説文(98 나진선봉경제무역지대투자상담회　북한측　기조연설문)」，『北韓ニュースレター(북한뉴스레터)』1999年1月号, ソウル, 20頁。

105) たとえば,沙日香(シャルシャン)という中国系の米国人が長官になる,と報道されたことがある。『連合ニュース(연합뉴스)』2004/09/02。
106) 現代アサンのホームページ[http://www.hyundai-asan.com/]を参照。
107) ただ,「第1段階」の中の一部[高城地区,温井里地区,城北里地区]を「優先事業地区」として指定しているので,事実上「3段階」として理解しても良い。
108) これは,北朝鮮側にとっては,非常に魅力的な収入である。入場料を得るまでに北朝鮮側が行うことは,金剛山を観光地区として提供し,その開発を開業者に依頼することだけである。その後,開発業者が,自ら投資して観光地区を整備し,観光プログラムをつくり,観光客を募集し,連れてきて,開発業者の収益性にかかわりなく,一人当たり70ドルを北朝鮮側に渡す仕組みである。開城特区の労働者の月給が,2005年57ドル,2009年70ドル程度であることを考慮すれば,この入場料がどれほど魅力的なものか容易に分かる。
109) 現代アサンは,2008年,観光客の死亡事件をきっかけに金剛山観光が中断されるまで,金剛山特区の開発に9832億ウォン(≒820億円)を投資したという。独占開発権である「土地利用権」を確保するのに7010億ウォン(≒584億円)を支給し,以後,宿泊施設などを建設するのに2822億ウォン(≒235億円)を投資した,ということである。なお,土地利用権に対する支給額は,当初合意した金額の半分であるという。[http://blog.naver.com/jmw8282?Redirect=Log&logNo=140058699884]などを参考。
110) 『文化日報(문화일보)』1999/01/16。
111) 『朝鮮日報(조선일보)』2006/01/12。
112) 現代アサンのホームページ[http://www.hyundai-asan.com/]を参照。
113) この地区の開発は北朝鮮との合意に基づいていることであり,現代アサンによると,事業の成果によっては,将来,もっと広い地区を開発することも予想される。すなわち,約130 km^2(4000万坪)を開発するのが「拡張計画」であり,約300 km^2(1億坪)を開発するのが「長期計画」である。
114) ただ,第1段階には「示範」段階を設けているので,事実上4段階として理解しても良い。
115) 工場区域と一緒に開発される他の区域を含めた計画は,次のとおりである。

開城地区の開発計画(総合)

段階	第1段階	第2段階	第3段階	既存市街地	拡張予定地
内容	工場区域=100万坪	工場区域=150万坪 生活区域= 30万坪 商業区域= 20万坪 観光区域= 50万坪 小計:250万坪	工場区域=350万坪 生活区域= 70万坪 商業区域= 30万坪 観光区域=100万坪 小計:550万坪	400万坪	700万坪

116) このような事情は，羅津先鋒特区に韓国企業が投資しようとする際，直接にはできなくて，ロシアとか他の国の企業と合作し，その名義でしかできない，ということでよく示される。『連合ニュース(연합뉴스)』(2009/02/10)を参照。
117) このような自治特区の構想は，香港をモデルにして樹立されたと推定されている。〈新義州特別行政区基本法〉が〈香港基本法〉とよく似ている点から，そう指摘される。
118) 北朝鮮への韓国企業の投資は，北朝鮮側が先に要請したのではなくて，韓国側が先に北朝鮮側に投資を受け入れるように働きかけたと見える。北朝鮮は，初めは後ろ向きであったが，経済特区戦略に対する日本と米国の反応がほぼなかったことを背景にして，ついに韓国企業の投資を受け入れるようになった。
119) 一般的に，「外資」は，それほど遠くない未来に利益が出ることを目指し，政治的環境によるリスクを高く背負おうとはしない。しかし，ある場合には，かなり時間が経ってこそ利益が得られると予想し，政治的環境によるかなり高いリスクをも甘受する投資家がありうる。投資対象地に「血縁的連関」を持つ投資家がそのような場合である。中国の場合には，「華僑」がその特性をよく見せてくれた。北朝鮮の場合には，日本の〈在日朝鮮人総聯合会〉が昔からそうであったが，投資能力が高くないのが弱点であった。そして，1998年，韓国で北朝鮮に「宥和的」な政府が登場したことを背景にして，創業者が北朝鮮の江原道の通川郡［この地域は金剛山地区に属する］出身である〈現代グループ〉がそのような投資家として登場した。それは，〈現代アサン〉が自ら掲げた金剛山地区の「開発の目標」からも窺える。"民族の名山である金剛山を世界的な観光名所として開発して，21世紀の韓半島観光産業の飛躍を先導し，金剛山観光地区を南北和解と協力の拠点として，民族共同体を実現し，統一の礎石を整えていこうとする。"［http://www.hyundai-asan.com/］。
120) 金大中政府は，北朝鮮の道路など，すぐには利益が得られないような社会基盤施設への投資を「統一費用」としてみなしていたので，民間企業が進出する際，その企業を支援する形で積極的に投資した。
121) それは主に，米国など国際社会との関係においての北朝鮮の核やミサイル問題，日本との関係においての拉致問題である。なお，この問題に対する考察は，本書では行っていない。その問題がうまく解決できていないことが，経済特区実験の成果に大きな悪影響を与えた，ということだけを指摘するのにとどめる。
122) 北朝鮮が対外関係を改善しようと積極的に試みたがそれが「挫折」した過程については，次の論文を参照できる。平岩俊司 2007「国際環境の変化と北朝鮮の対外姿勢―南北首脳会談と積極的対外姿勢の挫折―」，『現代韓国朝鮮研究』第7号，東京，9～17頁。
123) 観光客への銃撃事件など，いろいろな突発的な事件が絡み合っているが，それが主な原因とは言えない。たとえば，金大中大統領の時期には，もっと深刻な「西海交戦」があったにもかかわらず，両側がそれによる緊張を何とか抑えて，南北和解の大

勢は変わらなかった。
124) たとえば，以前に合意していた開城特区の労働者用寮の建設を移行しなかったことが挙げられる。そのような態度の結果，北朝鮮向けに用意されていた協力基金がほとんど使用されない状況になった。たとえば，統一部によると，2009 年度使用予定の「南北協力基金事業費」1 兆 1612 億ウォン（≒968 億円）の中，9 月末までにわずか 559 億ウォン（4.8％）だけが執行された。
125) ただ，その物流の「量」がどれほどになるかは，両国の経済発展の程度と経済的連携の程度による。短期的には，北朝鮮［特にその北東地方］とロシアのプリモルスキー地方［沿海州］との間の物流を処理する役割を担える。
126) 北朝鮮の西部地方と中国との物流は，羅津先鋒地帯ではなくて，新義州を通じる。
127) 「阻害要因」は，大きく二つに分けられる。一つは対外的問題で，「潜在的顧客」である韓国・日本との政治的関係が悪いことである。もう一つは国内的問題で，内部輸送網が悪い状態にあることである。たとえば，鉄道・列車が老朽化しているので，現在の状態では，円滑に物流を処理できないという。
128) 韓国と中国の東北三省・モンゴルの間は，羅津先鋒より，新義州を通じる方が有利である。
129) 韓国の場合とは異なって，日本やロシア・中央アジア・ヨーロッパの間の物流は，羅津先鋒地帯を通過する可能性が低い。シベリア横断鉄道（STR）の終着駅であるウラジオストクが利用されよう。
130) 「近隣国家」が経済的にどれほど重要であるかは，最近の日本の貿易相手を見れば，すぐ分かる。最近の日本の貿易相手は，貿易量が大きい相手から言うと，中国(1)，アメリカ(2)，韓国(3)，台湾(4)，香港(5)，ドイツ(6)，タイ(7)，オーストラリア(8)，マレーシア(9)，インドネシア(10)の順番である（「日本の貿易動向 2005 年」，http://www.jetro.go.jp/world/statistics/data/trade2005.pdf など）。世界的に経済規模の大きさを誇るイギリス・フランス・スペイン・イタリアなどは，日本にとって，韓国・台湾は言うまでもなく，タイ・マレーシアより「小さい相手」である。そこで，日本にとって，人口約 2300 万の北朝鮮は，人口約 4500 万の韓国，約 2300 万の台湾を考慮すれば，潜在的にかなり重要な相手であると言える。
131) 初期においては「現地」の人々の購買力が低いので，現地での販売の比重は小さいはずであるが，開発が進むにつれて，現地の人々の購買力が高くなると，現地での販売の比重は大きくなりうる。
132) 閉ざされる前北朝鮮と日本との唯一の「直接の貿易ルート」であった万景峰号［マンギョンボンホ］の航路が「元山—新潟」であることを参照すれば，元山が日本との経済交流で持つ利点が推測できる。
133) 陸路を利用する，北朝鮮と中国の物流の約 70％が新義州を通過する。『週刊朝鮮（주간조선）』2009/10/26。
134) 韓国の場合とは異なって，日本と中国の東北地方・モンゴルとの間の物流は，新義

州を通過する可能性が低い。主に，中国の大連が利用されよう。

135) これは，北朝鮮側と韓国の現代グループ(현대그룹)の間の開発予定地をめぐる協商でよく示される。『週刊東亜(주간동아)』(2008/12/24)を参照。この点については，後ほど開城特区の議論で再び触れることにする。

136) 中国の牽制は常識で考えられるより強かった，と言える。北朝鮮が新義州を経済特区として考慮しているとき，中国の朱鎔基総理が開城を推薦したということは，新義州が中国東北地方の競争相手として登場することを嫌う，という旨を伝えたと言える。その警告を無視して，その後，北朝鮮が新義州を経済特区として指定すると，予想以外に早く・強く牽制したことは，楊斌の逮捕で鮮明に示される。それについては，投資誘致の競争の問題だけではない，という見方もある。新義州の開発構想の中で「娯楽」があるが，中国はそれを恐れたという。新義州が香港のような都市になって，カジノなど娯楽が自由に行える場合，中国の金持ちがそこでマネーを蕩尽すると恐れた，ということである。この点については，『連合ニュース(연합뉴스)』(2008/12/01)，『Ohmynews』(2009/10/16)などを参照。

137) 中国の企業にとって，自国から出てわざわざ北朝鮮で製造業を営むメリットがない。賃金が中国より低いが，その利益がそれほど大きくないので，別の不利［言葉が異なる問題など］を相殺できるほどではない。

138) このような変化が，必ずしも北朝鮮側の「独創」によるとは言えないが，当然ながら，少なくともそれを決定し実施したのは，北朝鮮側である。

139) 他の適した地域は，海州と南浦くらいである。

140) 開城・海州・南浦は，韓国企業を誘致するのにほぼ同じ程度の利点を持っている。そして，これら三つの地域を同時に開発しない限り，お互いに競争相手にならないし，韓国の企業としては，三つの中で特定の地域にこだわる必要はない。この点は，現代グループが，北朝鮮側と開発予定地をめぐって行った協商過程でよく示される。北朝鮮側は，最初に羅津先鋒，続いて新義州の開発を提案したが，現代グループはそれには難色を示して，代案として海州を提起した。その後，北朝鮮が開城を提示して，現代側がそれを受け入れた。この協商の過程については，『週刊東亜(주간동아)』(2008/12/24)を参照［http://weekly.donga.com/docs/magazine/weekly/2008/12/17/200812170500014/200812170500014_1.html］。

141) 南北交流事業の場合においては，いろいろな政治的考慮が作用する。金剛山観光の場合，学生の修学旅行や教師の研修などに政府が補助金を支給した。このような現象は，まだ金剛山観光が，純粋な商業的ベースにおいて，収益性のある段階に至っていない，ということを示す。

142) 北朝鮮が，楊斌が逮捕された後も，新義州の行政長官として外国人を迎えようと執拗に努力したことは，「総合的な国際交流拠点」に強い意志を持っていることを窺わせる。

第6章 結　論

　序論で述べたように，本書は，「北朝鮮経済体制の歴史的変化を，成立から現在までの過程において，社会主義圏の変遷という世界史的な文脈を考慮しながら，体系的に把握する」ということを課題として設定した。そして，この課題を遂行するため，世界的次元で展開された社会主義圏の変遷を五つの局面として把握し（1-3. 社会主義圏の変遷），北朝鮮の経済体制を分析する方法論として三つの基準を設定し（1-4. 北朝鮮経済体制分析論），その三つの中の「私的経済活動の程度」という基準との関連で社会主義体制論を若干詳しく議論し（第2章. 社会主義体制論），北朝鮮経済体制を上下関係において分割して［国家―理念・政策―現実経済］，その全般的変化を把握し（第3章. 変化の概観），北朝鮮経済体制を並列関係において分割して［産業別，地域別など］，その中で相対的に変化が目立つ農業と経済特区を若干詳しく分析した（第4章. 農業の変化，第5章. 経済特区の実験）。
　そして，この章（結論）では，第5章までの議論に基づいて，北朝鮮経済体制の変化を，世界史的次元で展開された社会主義圏の変遷という歴史的文脈の中で位置づけ，その全般的特徴を整理し，今後の変化の可能性を展望してみることにする。
　ではまず，北朝鮮経済体制の変化を社会主義圏の変遷という世界史的文脈に位置づけるため，第5章までの議論に基づいて，社会主義圏の変遷と北朝鮮経済体制の変化を対比させてみることにする（図表6-1）。
　このような対比から，いくつかの特徴を読み取ることができる。
　第一に，北朝鮮での社会主義体制の樹立において現れる特徴を見ることにする。前述したように，最初の社会主義体制でありながら先導国であるソ連

図表6-1　社会主義圏の変遷と北朝鮮経済体制の変化

社会主義圏	第1局面	第2局面	第3局面 (1940〜85)			第4局面 (1985〜91)	第5局面 (1991以後)	
北朝鮮	私的経済活動		建設期 (1945〜58)	固い正統的体制 (1958〜96)			揺らぐ正統的体制 (1996以後)	
	開放度		ごく閉鎖的 (1945〜72)	かなり閉鎖的 (1972〜84)	開放模索 (1984〜91)	やや開放的 (1991〜2002)	かなり開放的 (2002以後)	
	経済成長		かなり速い (1954〜75)	鈍い (1975〜85)	停滞 (1985〜90)	縮小 (1990〜98)	ゆるやかな回復 (1999以後)	

が成立した後、社会主義圏の展開の第3局面（1940〜1985）で追従国が相次いで誕生したが、そこには二つの類型がある。つまり、ソ連の勢力圏の拡大が主な要因である「外因型」と自国の社会主義勢力の闘争が主な要因である「内因型」がある。北朝鮮の場合は、どこに属するのだろうか。

　北朝鮮での社会主義体制の誕生の過程を眺めてみれば、やはり、外因型に属すると言える。それは、米・ソ軍が、第2次世界大戦で日本を敗退させて、朝鮮半島へ分割進駐したことが、南側で資本主義体制、北側で社会主義体制が誕生する主因だったと言えるからである。（逆に言えば、米・ソ軍の進駐という要因がなかったとすれば、日本の植民地統治が崩壊しなかったはずであり、朝鮮半島で、その全部であれ一部であれ、社会主義体制が誕生しなかったはずである[1]。）

　第二に、私的経済活動の変化という側面で現れる特徴を見ることにする。それは、社会主義体制の下位類型をもって把握できるが、次のようなことが言える。

　1) 北朝鮮で正統的な社会主義体制を樹立する過程、つまり建設期体制の期間は、朝鮮戦争期間（1950.6〜1953.7）を含めても、13年程度［1945〜1958年］にすぎないので、かなり短い、ということである。これはおそらく、二つの要因から説明できよう。一つの要因は、ソ連の社会主義化過程からの学習効果である。たとえば、農業の社会主義化過程でソ連でのネップ（NEP：新経済政策）のような猶予期間なしに速やかに集団化を実行できたのである。もう一つの要因は、社会主義化に反対する勢力が、朝鮮戦争の渦中でほぼ消

滅した，ということである。戦争過程で反動分子として処刑されたり，韓国側へ逃げ出したりした[2]。

2) 正統的体制が長く持続している，ということである。東ヨーロッパや中国で改革的動きが活発化した1980年代だけではなくて，社会主義圏の崩壊という条件下でも，今まで正統的体制が持続している。1996年頃から若干の改革への模索が行われているが，全体的に見ると，依然として正統的体制を維持している。これは，北朝鮮の指導部が正統的な社会主義理念にすごくこだわっていることを表す。1985年からソ連が追従国に対する干渉をほぼ放棄したので[3]，追従国は今や自分の意思によって進路を決められるようになっていた。そして，このような状況でさえ正統的体制を固守するということは，自分がその体制が望ましいとみなしている，ということを表す。ソ連が消滅した状況でさえ目立つ改革的変化がなかったということは，このような事情をより明らかに示す。

3) 改革を模索する期間が長い，ということである。社会主義体制での改革とは私的経済活動を活性化することであるが，北朝鮮は改革に乗り出すか否かを決めるのに長く苦心しているようである。

北朝鮮で以前にも微弱な改革的動きはあったものの，改革の模索として言えるのは，1996年以後の変化だけである。集団農業の再編を試みている1996年の「新しい分組管理制」，国定価格を市場価格へ接近させた2002年の「7・1措置」，市場を奨励する2003年の「総合市場」の創設くらいが改革の模索として述べられるものである。しかし，この期間でも北朝鮮政府は，二重の態度を見せている。つまり，ある時には私的経済活動を活性化させる措置をとり，他の時には私的経済活動を抑制する措置をとるのである。まだ，改革に乗り出したとは言えない[4]。

これはおそらく，私的経済活動を活性化させないと経済回復が不可能であることは分かっているものの，それは望ましい方向ではないという認識が強く残っているからであろう。

第三に，「開放度」の変化という側面で現れる特徴を見ることにする。社会主義体制での開放とは，主に資本主義圏との関係を意味するが，この側面

では，次のようなことが言える。

1) 全般的に開放度が低くて，閉鎖的な期間が長い，ということである。北朝鮮の社会主義体制は，1940年代中盤の誕生から1984年に至るまで，資本主義圏に対して閉鎖的であったと言える[5]。ただ，その間の閉鎖の程度は若干変わる。1960年末までは，特に閉鎖的であった。その原因は，次のようなものだと考えられる。この時期は，社会主義圏が形成・拡大する過程にあって，かなりの勢いを持っていた，という事情である。つまり，社会主義圏の国々の関係が相対的に円滑であったし，各国で指導部が資本主義を克服するという目標意識を強く持ち，大衆動員に熱心であった。このような要因で，経済の物量的側面で相当の成果があったので，資本主義圏に対立するとの姿勢を堅持していたのである。その結果，資本主義圏に対して，きわめて閉鎖的であった。北朝鮮もこのような立場を取っていたのである。

しかし，1970年代になると，事情が若干変わる。開放とは言えないものの，資本主義圏との関係を改善し，協力を求める戦略を取るようになった。1968年頃中国とソ連の関係が悪くなって（中ソ国境紛争など），社会主義圏の結束が弱くなり，社会主義体制の強みである大衆動員の効果も鈍くなったので，経済状況が厳しくなった。このような事情で北朝鮮は，やむをえず，資本主義圏との関係を改善し，協力を求める戦略を考えるようになったのである。西側から若干の借款を導入するようになったことは，この時期の変化を示す。

2) 開放への模索が，他の社会主義国家より遅く，その期間が長い，ということである。1980年代，社会主義圏の協力関係がどんどん弱くなり，国別に経済の沈滞がますます深刻になると，社会主義圏の多くの国々で，改革と開放への傾向が強くなる。このような状況で，北朝鮮も，資本主義圏の協力をより必要とするようになる。そして，1984年の「合営法」が制定される。それは，外部の投資家が北朝鮮に来て企業活動を行えるようにしたものなどで，資本主義圏に対する態度で重要な分岐点になる。それは構想どおりにはうまくいかなかったが，北朝鮮経済体制にとっては重要な変化である。

その頃，社会主義圏では激変が起こる。それは，二つの傾向として現れた。

一つは，改革を積極的に推進してみて，それでも十分な改善が見られないことから，社会主義体制そのものをあきらめる類型であり(東欧とソ連)，もう一つは，社会主義を維持しようとはするものの，内部的には改革を進め，対外的には開放を進める類型である(中国とベトナム)。

このような状況で北朝鮮は，他の社会主義国家とは異なって，正統的理念に対する執着を強く持ち，改革を推進するか否か，開放を推進するか否かで迷う。そうするうち，社会主義圏が崩壊すると，経済回復の突破口を探す一つの試みとして最初の経済特区(羅津先鋒経済貿易地帯)を設置する。それは実験的なもので，本格的な開放政策を取るか否かには，慎重な立場を維持していた。このような態度は，2002年まで続く。

3) 遅くなったが，一度，開放戦略を取ると，かなり積極的に推進している，ということである。2002年は，ほぼ20年(1984～2002)に至る長い期間の開放への模索を経て，開放戦略を本格的に推進するようになった年だと言える。三つの経済特区を一気に指定したのは，それをよく示す。

ただし，さまざまな問題があったため，その成果は良いものとは言えない。つまり，日本・米国との関係改善に進展があまりなく，韓国との関係も悪くなり，特区の性格設定と位置選定に問題があり，その成果が特区ごとに特定の国との関係に強く左右されること(羅津先鋒特区の場合は日本との関係，新義州特区の場合は中国との関係，金剛山特区と開城特区の場合は韓国との関係)などによってまだ成功していない。

第四に，「経済成長」という側面で現れる特徴を見ることにする。これは経済の物量的側面であるが，この側面では，次のようなことが言える[6]。

1) 朝鮮戦争以後，しばらくの間(1954～1970)は，かなり速く経済が成長した，ということである。北朝鮮側が発表した程度には及ばないと推測されるが，かなり速い成長を遂げたとは言える。これは，主に二つの要因から可能となった。一つは，社会主義圏の協力が相対的に円滑であって，北朝鮮側にソ連などの支援がかなり多く行われた，という事情である。もう一つは，社会主義体制が大衆動員に有利で，それがある程度の期間，経済の「外延的成長」には効果的であった，という事情である。このような要因で，北朝鮮は，

体制競争の相手である韓国より1970年代初頭までは良好な状態にあったと言われている。

2) 初期にかなり速い成長を遂げた後，10年間(1971〜1980)程度は，成長が鈍くなった，ということである。これは，初期の速い成長を支えた二つの要因において事情が変化したことによる。まず，相対的に円滑であった社会主義圏の協力が，主に中ソ紛争の影響で，悪くなったのである。また，大衆動員が初期の外延的成長には効果的であったが，「内包的成長」が必要な段階になると，それには役に立たなかったのである。

3) 以後10年間(1981〜1990)，経済が停滞した，ということである。これは前の10年間と同じ要因によるが，その状態がより深刻になった。つまり，社会主義圏が解体する過程にあったので協力がより弱くなり，大衆動員の効果もより弱くなったのである。

4) 1990年代は，経済規模が成長するのではなくて，むしろ縮小した，ということである。これは，社会主義圏の崩壊がもたらした結果である。つまり，中国で改革が進むにつれ，社会主義的な友好関係から通常の国家間関係に変わり，東欧とソ連で社会主義体制が没落する激変で，友好関係が絶たれるようになった。そして，空前の「経済難」に陥る。食糧難は，その深刻さをもっともよく示している。大衆動員の効果もすでに限界に至って，資本主義圏との関係もそれほど良くない状態で，社会主義圏の崩壊は決定的打撃を与えたのである。

5) 1999年からは，ゆるやかな回復の状態にある，ということである[7]。これは主に，韓国や中国を中心とする外部の支援を受けられるようになったことと，経済難の過程で，当局の黙認の下で私的経済活動が若干活性化したことによる。

このような分析から，北朝鮮経済体制の変化に現れる「全般的特徴」として，次のようなことが言える。

1) 北朝鮮経済体制の変化は，社会主義圏の変化から大きな影響を受けている，ということである。これは，北朝鮮が「自立経済」を目指してきたが，実際には外部的要因の影響を効果的に遮断することはできなかった，という

ことを意味する。

　2)北朝鮮での社会主義体制の樹立が，主に，ソ連の勢力圏の拡大によるものであるという外因型に属するにもかかわらず，社会主義圏崩壊の時期に自己の体制をあきらめることなく，第5の局面［残存社会主義体制の局面］においてさえ，何とか社会主義体制を維持しようとしている，ということである。このように，外因型に属する国として社会主義体制の存続を図るのは北朝鮮が唯一のケースなので[8]，注目に値する。それは，次のように解釈できるだろう。北朝鮮の社会主義体制はソ連の影響によって樹立されたものであり，北朝鮮の社会主義勢力は自ら社会主義体制を樹立しうる力は持っていなかったものの，社会主義に対する自分の信念は強かったためであると[9]。それで，私的経済活動を活性化させないと経済の回復が難しいということは分かっているようだが，本格的な改革に乗り出すのにはためらっているのである。

　3)社会主義圏が崩壊した状況で，2002年以後，開放にはかなり積極的な姿勢を示している，ということである。これは，内部的改革とは異なって，外部投資家に私的経済活動を許容しても，その影響の内部への波及は遮断できるかも知れない，と考えていて，それが成功するかは不明であるが，できるだけ内部的改革は抑えながら経済の回復を試みる，残っている唯一の可能性であるからであろう。

　最後に今後，北朝鮮の経済体制はどう変化するだろうか，ということについて考えてみることにする。北朝鮮指導部の国家運営戦略の変化と今までの現実経済の変化を振り返ってみることを通じて，展望できるであろう。序論で，北朝鮮指導部の元々の国家運営戦略について推論した。便宜上，ここに再掲することにする（図表6-2）。

　この図表に現れるように，北朝鮮の指導部は，元々，自分が目指している目標として，大きく四つを設定していたと言える。つまり，国家的独立と自主を維持し，人間による人間の抑圧を撤廃し，搾取を清算し，遅れている経済を速く成長させる，ということである。そして，手段として，国家的独立と自主を維持するためには自立的民族経済を建設し，他の三つの目標を達成

図表 6-2 北朝鮮の国家運営戦略

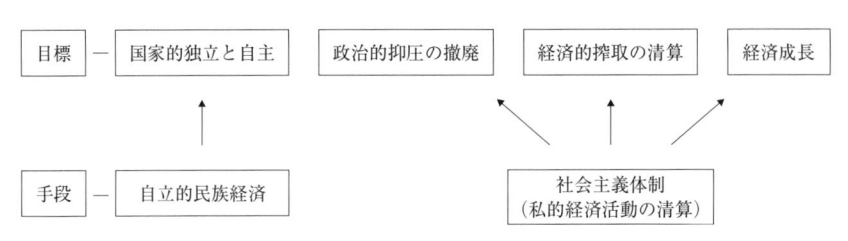

| 目標 | — | 国家的独立と自主 | 政治的抑圧の撤廃 | 経済的搾取の清算 | 経済成長 |

| 手段 | — | 自立的民族経済 | | 社会主義体制
（私的経済活動の清算） |

するためには，私的経済活動が消滅した社会主義体制を樹立すべきだとみなした，と考えられる。

　このような国家運営戦略は，最初の30年程度はかなりうまくいくように見えたが，1970年代後半からはうまくいかないということがどんどん明らかになった。事実がどうかは別の問題であるが，指導部の判断では，抑圧と搾取はなくなり，国家的独立と自主を維持するのには大きな問題はないとみなされた。だが，指導部の判断でも，経済成長はなかなか遂げられなかったのである。

　このような問題は，北朝鮮の指導部に難しい選択を迫るようになった。まず，社会主義体制を維持するか放棄するか，という次元である。もちろん，この次元では，北朝鮮の立場は揺さぶられなかった。つまり，社会主義体制をあきらめた東欧とソ連の判断は間違いだったとみなして，自分はそれをしっかり守る，という立場を取った。

　次に，社会主義体制を維持することを前提にした上で，経済成長を遂げるため，私的経済活動を清算しようとする経済路線を維持するか修正するか，また，資本主義圏に対する閉鎖路線を維持するか修正するか，という次元である。この次元では，前述のように，かなり長く迷っていた。中国とベトナムが改革と開放を意欲的に推進し，驚くべき成果[10]をおさめることを目撃しながらも，しばらくの間は，それは間違った選択であるとみなしていた。しかし，社会主義圏が崩壊し，自らの経済が破綻状態に陥ると，若干の変化が見えはじめた。つまり，内部的改革はできるだけ棚上げにしながらも，制限した地域の開放を通じて経済の回復を目指す戦略を取るようになったので

ある。これが，2002年以後現在までの北朝鮮の経済運営戦略だと思われる。

これからどうなるかは，北朝鮮指導部が現在までの変化をどう評価するか，どのような道が望ましいとみなすか，ということによる。この点から考えてみると，しばらくの間，北朝鮮の指導部は，経済体制の構造的側面での変化を意味する改革はできるだけ棚上げにしながらも，韓国・日本・米国を主な相手とする資本主義圏との関係を改善し，開放を段階的に進めることによって経済の回復と成長を試みると見られる。そして，このような戦略の成果を見ながら，さらに以後の戦略を考えるはずである。

そして，もし，米国などが問題としている核兵器開発の問題，日本が問題としている拉致の問題などの理由で関係改善に進展がない場合，「現状維持」を選択するであろう[11]。

もし，資本主義圏との関係改善がうまくいく場合には，改革はできるだけ棚上げにしながら，開放はかなり速く進めるだろう。それは，2002年以後の開放に対する積極的な態度を振り返ってみると，容易に想像できる。

また，このような場合には，時間が経つにつれ，改革への要求が高まるだろう。開放が進むと，私的経済活動が徐々に拡大する可能性が高いし，北朝鮮住民の私的経済活動への要求も高まるはずだからである。このような状況になると，北朝鮮指導部の考え方がどうなるかによって，二つの可能性が生じる。一つは，指導部の私的経済活動に対する警戒心が弱くなって，改革を積極的に進める可能性である。もう一つは，私的経済活動に対する指導部の警戒心が継続して強いために，住民との緊張が高まる可能性である。

以上が，今の段階で，北朝鮮指導部の国家運営戦略の変化と今までの現実経済の変化を総合して予想できるであろう[12]。

1) この点で，北朝鮮で主張する「自力解放論」は，歴史的事実に合っていないと言えるだろう。北朝鮮の社会主義勢力が，ソ連軍の進駐過程における若干の助力となり，その点で日本の植民地統治からの解放に一定の寄与はしたとは言えるが，そのことによって自力解放論が正当化されるわけではない。
2) 対照的に韓国では，左翼が戦争直前および戦争過程でほぼ消滅した。過去の左翼活動を理由として処刑されたり，北朝鮮側へ逃げ出したりした。

3) ゴルバチョフが、むしろ、追従国に改革的な措置を迫る様子さえ見せたということは周知のことである。

4) 北朝鮮がすでに「経済改革」に乗り出したと評価する議論も多くある。たとえば、三村光彦(2009、「経済改革と経済実態の変化」、『北朝鮮と人間の安全保障』、慶應義塾大学出版会、東京、89頁)は、"北朝鮮では、1990年代後半から、さまざまな部門で経済改革が行われた結果、経済の姿は、特に国民生活において大きく変化している。"と評価している。本書の評価とは大きく異なると言える。恐らく、このような差は、経済改革とは何かについての認識が異なることから生じるだろう。この点については、今後詳しく論じる必要がある。

5) 体制の開放度の問題で、北朝鮮と社会主義圏との関係に触れる必要があろう。北朝鮮は、相手国の体制が何かにかかわらず、自己の体制の自立性を重視して、できるだけ自立的な体制をつくろうとした。そして、相手が社会主義圏である場合も、国々の間の「国際分業」は望ましくないとみなした。そして、スターリンが提唱した「社会主義国際分業論」によるコメコン体制に加入しなかった。これは、ベトナムが積極的な立場を取っていたこととは対比される。もちろん、北朝鮮が社会主義圏に対して「自立的」であったわけではないが(それは、社会主義圏の崩壊後、北朝鮮の経済がほぼ崩れる状態になったことで明らかに示される)、自立を強く追求したとは言える。

6) 便宜上、ここでは経済成長の「速度」だけについて記述することにする。最初は速度と水準、両面において評価・記述するつもりであった。しかし、「水準」について記述することは難しいと感じてしまった。既存の資料をもって、速度についてはある程度評価できると判断したが、水準については評価しにくいと感じた。信憑性の高い資料が得られないからである。北朝鮮に対する信憑性の高い資料があってこそ、他の国々と比較して、北朝鮮が後進国、中進国、先進国の区分から見て、どの水準を歩んできたか、判断できる。それが今できる状況ではない(北朝鮮が先進国になった時期はなかったはずだが、特定の時期に後進国か中進国かを判断するのは簡単ではないと思われる。たとえば、1945年の水準と2010年水準をどう評価すべきか)。似ている問題意識は、梁文秀(2001、『北韓経済の構造(북한경제의 구조)』、ソウル大学出版会、10頁)が"(北朝鮮経済の)絶対水準よりは、一つの傾向を捉えるのに重点を置くことにする [절대수준보다는 하나의 경향을 파악하는 데 중점을 두고자 한다]"と述べているところでも感じられる。北朝鮮経済の水準の評価は、今後の課題にしたい。

7) この時期の動きを「内部の努力」を中心にして描いている研究としては、朴在薫(2010、「朝鮮における経済再建の動き」、『経済から見た北朝鮮』、明石書店、東京、16～51頁)を参照できる。

8) 外因型に属する国々の中で社会主義体制をあきらめていない国家は、北朝鮮が唯一である。他の外因型に属する国々は、すべて、社会主義体制をあきらめた。内因型に属する国々の場合も、三つ[中国、ベトナム、キューバ]を除いては、すべて、社会

主義体制をあきらめた。
9) 一方，北朝鮮内部で社会主義体制に反対する勢力は弱い，という事情もある。
10)「驚くべき成果」の一つとして，ベトナムが農業改革を推進してわずかな期間で，米の輸入国から輸出国へ変わったことを挙げることができる。
11) ただしこの場合，現状維持の状態で近いうちに関係改善が可能であろうと北朝鮮が期待を抱く余地があることを前提とする。もし，それに及ばず，この先，長期間関係改善が不可能であると判断する場合には，事情が変わる。開放への道をあきらめて，以前の閉鎖的体制へ戻って「自力更生」を追求するようになろう。
12) なお，場合によっては，現在の権力が没落する可能性もある。それは，主に二つの可能性による。一つは，内部からの反対勢力が台頭する可能性である。指導部の分裂による場合と住民の反乱による場合がありうる。もう一つは，外部からの攻撃の可能性である。北朝鮮が恐れていると言われる，イラクのように米国が侵攻する場合が想定できる。どちらであれ北朝鮮の現在の指導部が没落する場合，北朝鮮の政治体制だけではなくて，経済体制も劇的な変化にさらされるであろう。

あとがき

　私は本書で，北朝鮮の経済体制の変化を分析し，北朝鮮の行方を次のように展望した。

　これからどうなるかは，北朝鮮指導部が現在までの変化をどう評価するか，どのような道が望ましいとみなすか，ということによる。この点から考えてみると，しばらくの間，北朝鮮の指導部は，経済体制の構造的側面での変化を意味する改革はできるだけ棚上げにしながらも，韓国・日本・米国を主な相手とする資本主義圏との関係を改善し，開放を段階的に進めることによって経済の回復と成長を試みると見られる。そして，このような戦略の成果を見ながら，さらに以後の戦略を考えるはずである(第6章の中で)。

　私は本書で，基本的に客観的な立場から北朝鮮経済体制の変化を考察し，今後の変化の可能性を展望することを目指してきたので，経済運営や国際社会に対する北朝鮮の適切な姿勢や北朝鮮に対する周辺国の適切な対応が何かについては，ほとんど議論しなかった。このような問題は，それだけでも多岐に亘る議論が必要であろうが，周辺国の適切な対応とは何かを考える上での参考になることを願って北朝鮮経済体制の変化の全体像を構築してみた研究者として，私見を簡単に述べさせていただきたい。
　まず，経済運営や国際社会に対する北朝鮮の適切な姿勢とはどのようなものであろうか？　はじめに，経済運営について考えてみよう。今までほぼ100年に及ぶ社会主義体制の経験から見ると，私的経済活動を活性化することなしには，経済発展は不可能であることが明らかになった事実を受け止める必要があろう。もともと社会主義体制を樹立したのは，大衆の幸福を目指

してのことであろうから，私的経済活動を清算するといった特定の経済体制の構造が最終目的になってはならず，実際に大衆が幸福になりうる道を探る必要があろう。私的経済活動の活性化が大衆の幸福につながる経済成長のために不可欠であることが明らかになっている今の段階では，私的経済活動の活性化を避けようとするのは，時間の浪費になろう。次に，国際社会に対する姿勢について考えてみよう。過去日本帝国主義の植民地になったことに対するつらい記憶，現在強大国による核の独占の正当化などの現象に対する弱小国としての不満などがあろうが，現実の国際政治で弱小国であるからこそ，道徳的な大義名分だけで行動しては，国家の存亡が危うくなりかねないし，人民は苦境に陥りやすいという現実に目を向けて，国際関係で実利を追求する政治的な知恵が必要であろう。

　次に周辺国の北朝鮮に対する適切な対応とは何か？　何よりも，現在，北朝鮮側が，内部的改革よりは，制限された地域での開放に積極的である点を考慮して，韓国・日本・アメリカはそれに前向きに応じる必要，いや活用する必要があろう。そうして，開放地域で成果が出ると，開放地域を広げることにつながりうるし(その可能性は，すでに開城特区で垣間見られる)，内部的改革の可能性も高めることになろう。ところが，残念ながら，今までこのような「包容的な」戦略をはっきりと取ったのは，韓国の金大中政府や盧武鉉政府だけであった。韓国の李明博政府や日本とアメリカの歴代政府は，全体的に見て，北朝鮮に「先決条件」(アメリカの場合は核の問題，日本の場合はそれに加えて拉致問題まで)を突きつけて，北朝鮮が先に行動するよう要求してきた。しかしそのような対応は，一方的で無理な要求であると言える。両方が求めるものを同時に提示して交渉し，同時に行動するのが適切な対応であろう。1994年，「ジュネーヴ合意」を結び，軽水炉を建設しようとした時期は，このような対応であった。そのために，当時は，問題解決の可能性も高かったと言える。ところが，その合意が，釈然としない理由でアメリカによって破棄された。その後は，緊張の連続であり，国際社会が恐れている北朝鮮の核能力は少しずつ高まり，南北の離散家族の苦痛は軽減されることはない。北朝鮮に先決条件の履行を迫るのは時間の浪費になろう。もちろん，

何か画期的な新しい方法があればよいだろうが、それは考えにくい。「ジュネーヴ合意」と似たような合意を新たに結び、同時に行動するのが、両方が受け入れる妥協策であろう（核問題であれ、拉致問題であれ、先決条件を付けるのは、適切ではなく、妥当な主張でもないと思われる。たとえば、拉致問題について若干考えてみよう。それは人道的な観点から一刻も早く解決すべき問題には違いないが、にもかかわらず、それがなぜ、数十年間未解決のままに残っている植民地支配やその過程で起こった多くの不幸な事件より先決すべき問題だろうか。やはり同時交渉、同時行動が常識や正義に合うだろう）。

　以上、東アジアにおいて緊急を要する北朝鮮問題について、経済運営と国際社会に対する北朝鮮の適切な姿勢、北朝鮮に対する周辺国の適切な対応について、ごく簡単に述べさせていただいた。みんなが虚心坦懐に議論しあうのが、問題解決につながると思うからである。

朴鍾碩

付　録

- 役に立つインターネットサイト
- 参考文献案内
- 和文要旨
- 한국어 요지
- 中文摘要
- English Abstract

役に立つインターネットサイト

　社会主義体制論や北朝鮮経済体制の勉強・研究に役に立つインターネットサイトをいくつか紹介する。

- Marxists Internet Archive＝［http://www.marxists.org/］多数の社会主義思想家・政治家の著作がいろいろな言語で提示されている。なお，言語によって内容量の差は大きい。英語の資料は膨大に提供されているが，日本語や韓国語の資料は貧弱である。
- 朝鮮新報＝［http://chosonsinbo.com/］〈在日本朝鮮人総聯合会〉の機関誌。朝鮮語と日本語で提供されている。
- 朝鮮通信＝［http://www.kcna.co.jp/index-k.htm］北朝鮮の〈朝鮮中央通信社〉の資料を提供するサイト。朝鮮語と英語で提供されている。
- 救国戦線＝［http://ndfsk.dyndns.org/］・［http://www.aindf.com/］自称「反帝民族民主戦線」という団体のサイト。『金日成著作集』(全47巻)や『金正日著作集』(全14巻)など，かなり膨大な資料が提供されている。アクセスすると，左のURLから右に変わったと案内されるが，どちらでも利用できる。主にハングル資料であるが，一部の資料は英語でも提供されている。
- 環日本海経済研究所＝［http://www.erina.or.jp/index.html.ja］東アジア経済を研究しており，北朝鮮関係の資料も多く提供されている。
- 韓国統一部＝［http://www.unikorea.go.kr/］北朝鮮との事業を担当する韓国の政府機関であり，関連した資料が多く提供されている。
- 韓国統計庁＝［http://kostat.go.kr/］韓国で作成されるいろいろな統計をまとめて提

供している。
- 韓国銀行＝［http://www.bok.or.kr/］韓国の中央銀行で，現在，北朝鮮関係の資料を一番体系的に提供していると言える。
- 韓国開発研究院＝［http://www.kdi.re.kr/］韓国の政府系研究所で，韓国の発展戦略を研究しており，北朝鮮関係の資料も多く提供されている。
- 韓国対外経済政策研究院＝［http://www.kiep.go.kr/］韓国の政府系研究所で，対外経済戦略を研究しており，北朝鮮関係の資料も多く提供されている。
- サムソン経済研究所＝［http://www.seri.org/］企業の研究所だが，サムソンの経済力を背景に研究が盛んに行われ，いろいろな資料が提供されている。
- 現代経済研究院＝［http://hri.co.kr/］創業者が北朝鮮出身であるなどの関係から，北朝鮮との事業を重視する現代グループの研究機関なので，北朝鮮関係の資料も多く提供している。
- 現代アサン＝［http://www.hyundai-asan.com］現代グループの一つで，金剛山特区や開城特区の開発業者なので，関連資料を多く提供している。
- DailyNK＝［http://www.dailynk.com/korean/dailynk.php］北朝鮮の民主化を掲げて活動するサイト。立場の中立性は保証できないが，北朝鮮に対する新しい情報が多く提供される。なお，情報が事実であるかの確認には時間がかかるので，扱いには注意が必要である。韓国語だけではなくて，英語，中国語，日本語でも提供している。

参考文献案内

　社会主義体制論や北朝鮮経済体制論に関する本をいくつか紹介する。なお，本文で引用されたものを全部取り上げているのではない。また，一部は本文で引用されていない（主に筆者の勉強不足のせいである）。なるべく，私の論評も簡単に付けることにする。順番は，社会主義体制論に関するものを先に，北朝鮮経済体制論に関するものを後に並べる。

・Kornai, 1992,『The Socialist System—The Political Economy of Communism—』, Princeton University Press, Princeton, New Jersey。社会主義体制のハンガリーで生まれ・成長し，計画経済の効率性向上のため関与した経験も持つ著者が，長年に亘る社会主義体制研究の成果をまとめた研究書である。今や社会主義体制論の「古典」になったと言える。本書でも詳しく紹介し，論評した(2-1. Kornai)。ところが，著者のその前の本『不足の経済学(Economics of Shortage)』(1980)で十分であると思われたためか，社会主義体制論に対する関心が弱まったためか，この本がまだ日本語に訳されていないのは不思議なところである。

・Chavance, 1992,『Les réformes économiques à l'Est de 1950 aux années 1990』, NATHAN, Paris。／和訳・1993,『システムの解体—東の経済改革史 1950〜90 年代—』，斎藤日出治・斎藤悦則訳，藤原書店，東京。「レギュラシオン派」の代表的な理論家と評価される著者が，東欧経済の歴史的変化を，理論的枠組みを立てながら，歴史的に考察した研究書である。東欧で起こった多様な変化を「歴史的視角」から一般化したと言える。特に変化の過程において政治指導者たち，知識人たちがどのように考えていたかをよく捉えているし，歴史的洞察に基づいて解体・移行過程で現れる資本主義に対する幻想的な期待を批判している。また，社会主義を放棄し，その後新しい体制を建設する過程において，長期的に現れると予想される困難を鋭く指摘している。本書でも詳しく紹介し，論評した(2-2. Chavance)。なお，歴史的変遷を描写するのに力が入ったためか，理論的枠組みには再考の余地がかなりあると思われる。

・重田澄男，1994,『社会主義システムの挫折—東欧・ソ連崩壊の意味するもの—』，大月書店，東京。著者は，一般に 1989〜1991 年，東欧・ソ連で「社会主義体制が崩壊した」と理解されている事態について，崩壊したのは，マルクスやエンゲルスが構想した真の社会主義体制ではなくて，「国家所有制度」や「賃労働制」に基づく，歪んだ「ソ連型社会主義体制」だったと捉えている。「ソ連型社会主義体制」の特質については，(本書でも議論した)Kornai や Chavance の理論を援用しつつ，簡潔に説明している点で

評価できる．ところで，崩壊したのが「典型的な社会主義体制」ではなくて，特殊な「ソ連型社会主義体制」だったと主張するためには，マルクスやエンゲルスが構想したと推論される，真の社会主義体制はどのようなものであるかを提示する「義務」があるであろう．著者は，国家所有に基づくのではなく，「社会的・共同的所有」に基づく体制を示唆しながらも，積極的には提示しておらず，「今後の課題」として残している．ちなみに，私の観点からは，国家所有以外の「社会的・共同的所有」はありえない（もちろん，そのような構想が提示されるならば，議論することは可能であろう）．

・中川雅彦，2011，『朝鮮社会主義経済の理想と現実―朝鮮民主主義人民共和国における産業構造と経済管理―』，アジア経済研究所，千葉．北朝鮮経済の理念や実態の変化と状況を，当局の資料を利用する「上からの接近法」と新聞記事など個別的な情報を収集して利用する「下からの接近法」を駆使して，国民所得の推計，経済路線の変化，開放化と外資導入，工業管理の変化，企業連合の変化といった側面を考察した研究書である．限られた資料や各所にある情報を集めて全体像を把握しようとする努力が読者の理解を高めるのに大いに役に立つと言える．

・小牧輝夫編，2010，『経済から見た北朝鮮―北東アジア経済協力の視点から―』，明石書店，東京．「苦難の行軍」が終わって，北朝鮮経済がゆるやかな回復を見せている2010年の時点で，北朝鮮経済の状況や変化（経済再建の動き，エネルギー問題，農業と食糧問題，鉱工業の発展，法律の様子など）や対外関係の状況や変化（日朝関係，中朝関係，南北関係），ベトナムとの比較分析など多様な側面から考察している．また，巻末の座談会の記録には，北朝鮮経済体制に対する参加者の多様な見解が窺える点で，示唆するところが多い．

・小此木政夫・礒﨑敦仁編，2009，『北朝鮮と人間の安全保障』，慶應義塾大学出版会，東京．近年国際関係論で議論されている，国家の安全保障論から発展した，「人間の安全保障」という観点から，北朝鮮の多様な側面について考察している．その中で，北朝鮮の経済体制に対する議論も含まれていて，経済改革と経済実態の変化や食糧事情などが分析されている．なお，経済改革に対する理解は，私とはかなり異なる視点に立っていると思われる．恐らく，「経済運営にかなり大きい変化」のあるとき，それを経済改革として捉えているようであるが（三村光弘，「経済改革と経済実態の変化」），私は，「私的経済活動の活性化をもたらす変化」が経済改革に値すると捉えている．今後，お互いにさらなる議論を進める必要があるであろう．

・中川雅彦編，2009，『朝鮮社会主義経済の現在』，アジア経済研究所，千葉．「苦難の行軍」が終わって，北朝鮮経済がゆるやかな回復を見せる2009年の時点での，北朝鮮

経済の状況を，国家予算，人口統計，対外経済，国際社会の援助といった側面から考察した論文集である。

・北韓研究学会編・石坂浩一監訳，2007，『北朝鮮は，いま』，岩波書店，東京。韓国の「北韓研究学会」所属の研究者らが書いた文章を日本語に翻訳した本である。政治・外交，経済，社会・文化といった多方面に亘って考察している。その中で経済編は，評価が必ずしも一致してはいないが，本書の問題意識と密接な関係がある内容になっている。たとえば，「経済改革―'計画'に'市場'をプラス―」では，「7・1経済管理改善措置」を積極的な市場改革措置として捉えているようである。ところが，私の判断では，それは結果的に市場改革と若干関連を持つが，当局の趣旨は，市場改革を避けるための国家流通網の改編であると思われる。そのような改編をやってみて，満足な結果が出ないと，市場改革に移る可能性はあるであろう。

・今村弘子，2005，『北朝鮮「虚構の経済」』，集英社，東京。北朝鮮の経済はなぜ破綻したのか，という疑問を提示し，社会主義国が共通に抱える問題と共に，北朝鮮独自の問題があったと分析する。つまり，社会主義国でありながら計画経済が機能しない「計画なき計画経済」国家であり，また「自立的民族経済」を掲げながらも援助の上に成り立つ「"被"援助大国」であり，対外経済関係ではボーダレスにはほど遠いボーダ「フル」な経済国家だったと評価する。この本は，独特な論理展開で興味深い論点を提示していると言える。なお，北朝鮮の一般的性格，たとえば，経済計画が樹立され実行される特性が過小評価され，劇画化されうる点には注意が必要であろう。

・申照九，2004，『朝鮮経済論序説―1950年代から6・15共同声明まで―』，大阪経済法科大学出版部，大阪。著者は，北朝鮮の経済体制について，朝鮮戦争の期間に形成された「戦時経済」を受け継いだ「50年体制」を原型と捉え，その体制が長く続いた後，「1993年転換」と「2002年転換」が起きたと捉えている(特に，「2002年転換」は「根本的転換」だと評価している)。ここで，「1993年転換」とは「三大第一主義」(農業第一主義，軽工業第一主義，貿易第一主義)を掲げたことを指していて，「2002年転換」とは「7・1経済管理改善措置」を実施したことや「4大経済特区」を設けるようになったことを指している。北朝鮮経済体制の歴史的変化を捉えようとする数少ない研究書の一つであり，この点で高い意義を持つと言える。ただ，北朝鮮経済体制の原型が，戦争という，経済体制にとっては「外部的・偶然的」な経験から形成されたとすると，北朝鮮での社会主義体制成立の「必然性」を見出すことが難しいのではないか。世界的に見て，何らかの「設計図」を想定しなくては，地球の人口や面積の1/3まで席巻した社会主義圏の形成を説明しにくいであろう。しかも，国ごとの形成過程の差があったにもかかわらず，ある程度の期間が経てば，かなり類似した経済体制が成立した(その

ような現象をKornai・1992は「社会主義体制の鞏固化」と呼んだ)。たとえば,特に戦争の経験がなかったモンゴル人民共和国のような国でも,北朝鮮とあまり変わらない体制が成立した。やはり,何らかの設計図から説明する必要があろう。

・鄭英喆(정영철),2004,『北韓の改革・開放—二重戦略と実利社会主義—』(韓国語),ソンイン,ソウル。南北経済協力の活性化を願って,北朝鮮の変化を歴史的・理論的に分析することを掲げてなされた研究書である。北朝鮮経済体制の変化を部分的な変化と言える「体制内的改革」と全面的な変化と言える「体制の改革」という概念で捉え,北朝鮮は両方の変化を,「主体」と「実利」を掲げて,推進する「二重戦略」を取っていると把握し,2002年以後の北朝鮮の様子は「中国型社会主義市場経済」を北朝鮮式に実験していると評価している。2002年の「7・1経済管理改善措置」で高まった北朝鮮経済改革への期待が感じられる(なお,意見が分かれるところではあるが,私の判断では,以後の展開を見ると,このような期待は外れたと思われる)。

・パク・ヘンジュン(박형중),2002,『北韓の経済管理体系—機構と運営・改革と変化—』(韓国語),図書出版ヘナム,ソウル。北朝鮮の「経済管理体系」についての知識の提供を掲げてなされた研究書である。標榜のとおり,北朝鮮の経済管理体系に対する説明がうまくなされている。また,社会主義体制の(下位)類型を四つに分けて[スターリン的中央集権命令体制,部分改革体制,社会主義商品経済,社会主義市場経済],北朝鮮の経済体制は2002年6月の時点で「部分改革体制」に該当するとみなしている。ところで,かなり多くの研究者に見られる考え方ではあるが,「部分改革」と「市場改革」を共に「改革」と捉えるには問題があるのではないか。恐らく,前述のように,「経済運営にかなり大きい変化」があるとき,それを改革と捉える考え方であろうが,そうすると,「部分改革」と「市場改革」に潜む「断絶性」を捉えにくくなるのではないか。「部分改革」とは私的経済活動を清算しようとする本来の経済運営方向にそれといった変化がない動きであるが,「市場改革」とは本来の方向から反対方向[私的経済活動を活性化させる方向]への動きである。その差を表すためには,「部分改革」とは「保守的振動」と捉えなおした方が適切であろう(ただ,社会主義体制に生きる当事者の観点からは,「保守的振動」も「大きい変化」として理解されうる。そのような変化の場合,当事者は「改革」という表現だけでなく,「革命」という表現まで使った事例がある。しかし,それを客観的に「改革」や「革命」として捉えるべきか否かは,別の問題であろう)。

・キム・ヨンチョル(김연철),パク・スンソン(박순성)編,2002,『北韓経済改革研究』(韓国語),フマニタス,ソウル。北朝鮮の「7・1経済管理改善措置」の直後,北朝鮮経済体制の状況や当時までの変化について,いろいろな側面から韓国の多数の北朝鮮

研究者が書いた論文を集めている。その中で，キム・ヨンチョル(김연철，「北韓経済管理改革の性格と展望」)は，北朝鮮経済体制の変化の試みを三つの局面として捉えている。第一の局面は1972～1980年代後半の「貿易拡大と制限的な外資誘致段階」で，第二の局面は1991年以後の「制限的な経済特区の段階」で，第三の局面は2002年の「7・1経済管理改善措置」に始まる「市場改革の段階」と規定している。「7・1経済管理改善措置」直後，多く見られた北朝鮮の改革への期待が高かった雰囲気が感じられる(なお，意見が分かれるところではあるが，私の判断では，「7・1経済管理改善措置」を「市場改革」と捉えたのは，国家流通網の「市場接近」を「市場化」と間違えたのではないかと思われる)。また，経済の対外関係の変化を改革の一面として捉える考え方に立っているが，そうすると，内部的な構造変化と対外関係変化の間の相対的な独自性やその「ズレ」を捉えにくくなるのではないか。

・梁文秀(양문수)，2001，『北韓経済の構造―経済開発と沈滞のメカニズム―』(韓国語)，ソウル大学出版部。著者の博士論文(『北朝鮮の経済開発―経済低迷メカニズムの形成と展開―』，東京大学，1999年11月)を補充し，韓国語に翻訳した研究書である(日本語でも出版された。『北朝鮮経済論―経済低迷のメカニズム―』，2000，信山社出版，東京)。北朝鮮経済体制の変化を，「初期条件」，「経済実績」と「開発戦略」の3者関係から捉え，2000年の時点まで，北朝鮮では「局面交代」の試み，つまり開発戦略の変化が「ほとんどない」と評価し(つまり，2000年の時点では「改革・開放」への動きが見られないと判断している)，北朝鮮の経済開発のメカニズムがいかに低迷のメカニズムに転化したかを考察している。また，多くの資料を利用しながらも，資料の制限性を考慮し，経済成長の「絶対水準」ではなくて「一つの傾向」の把握に努めている。

・申志鎬(신지호)，2000，『北韓の'改革・開放'―過去・現況・展望―』(韓国語)，ハンウルアカデミー，ソウル。著者の博士論文(「北朝鮮の'改革・開放'―過去・現状・展望―」，慶應義塾大学，東京，1999年9月)を，若干の加筆を施して韓国語へ翻訳した研究書である。北朝鮮の経済破綻の状況を分析し，改革・開放の必要性を唱え，2000年6月の「南北首脳会談」以後の北朝鮮の変化は「戦術的変化」ではない「戦略的変化」だと捉えている。ところが，金正日は，対外関係の改善に成功しても，「改革・開放」には進まないだろうと予想しており，「戦略的変化」と「改革・開放」がどのような関係にあるかが分かりにくくなっている。

和文要旨

北朝鮮経済体制の変化 1945〜2012

朴鍾碩

　本書は,「北朝鮮経済体制の歴史的変化を, 成立から現在までの過程(1945〜2012)において, 社会主義圏の変遷という世界史的な文脈を考慮しながら, 体系的に把握する」ことを課題として設定した。そして, 次のように議論を進めた。

　第一に, 世界史的次元での社会主義圏の変遷を五つの「局面」(phase)として整理した(1-3. 社会主義圏の変遷)。第1は, 現実には社会主義体制が成立しておらず, それを成立させようとした「社会主義運動の局面」である。この局面は, 19世紀初頭に始まり, 1917年のロシア革命の直前に亘る。第2は, 現実で最初に社会主義体制が成立した「社会主義体制登場の局面」である。この局面は, ロシアでソビエト革命が成功した時点(1917年)から, 初期の混乱を乗り越えて社会主義体制が定着した1930年代に亘る。第3は,「社会主義圏の形成と拡大の局面」である。この局面は, ソ連が「最初の社会主義体制」でありながら, 他の社会主義体制を誕生させ, 率いる「先導国」(the leading state)の役割を果たすことによって可能になった。第4は,「社会主義圏崩壊の局面」である。この局面は, 1985年頃から1991年までに亘る。第5は,「残存社会主義体制の局面」である。この局面は, 1991年以後, 現在に亘る。

　第二に, 北朝鮮経済体制の変化を分析する方法論を設定した(1-4. 北朝鮮経済体制分析論)。具体的には, 三つの「基準」を設定し, その変化を考察する方法を取った。第一の基準は,「私的経済活動の程度」である。これは普通,「改革」という論点で語られる側面である。つまり, 私的経済活動を清算しようとする「正統的」路線を「保守的」と捉え, その方向を変えて, 私的経済活動を活性化しようとする「修正的」路線を「改革的」と捉えることである。第二の基準は,「開放度」である。これは普通,「開放」という論点で語られる側面である。つまり, 資本主義圏を消滅させようとして, その過程で断絶を追求する「正統的」路線を「閉鎖的」と捉え, その方向を変えて, 資本主義圏との交流を高めようとする「修正的」路線を「開放的」と捉えることである。第三の基準は,「経済成長の程度」である。これは普通, 文字どおり,「経済成長」という論点で語られる側面である。

　第三に, 北朝鮮経済体制を分析する基準の一つである「私的経済活動の程度」と関連して, 社会主義体制論を若干詳しく論じた(第2章 社会主義体制論)。具体的には, 主な先行研究としてKornai(1992, 2000)とChavance(1992)を検討し, それを踏まえて本書の考え方を構築した。

第四に，北朝鮮経済体制の変化を分析した。まず，北朝鮮の経済体制を「上下関係」として捉え，いくつかの項目を設定し，それらに従って「全般的変化」を把握した(第3章 変化の概観)。具体的な項目としては，「経済路線，生産組織，流通構造，物量的変化」を設定した。次に，北朝鮮の経済体制を「並列関係」として捉え，そのいろいろな分野の中で相対的に変化が目立つ「農業」と「経済特区」を若干詳しく分析した(第4章 農業の変化，第5章 経済特区の実験)。

　第五に，第5章までの議論に基づいて，北朝鮮経済体制の変化を社会主義圏の変遷という世界史的脈絡で位置づけその全般的特徴を整理し，以後の変化の可能性を展望した(第6章 結論)。つまり，社会主義圏の変遷と北朝鮮経済体制の変化を対比させると，次のようになる。

社会主義圏の変遷と北朝鮮経済体制の変化

社会主義圏		第1局面	第2局面	第3局面 (1940〜85)		第4局面 (1985〜91)	第5局面 (1991以後)	
北朝鮮	私的経済活動			建設期 (1945〜58)	固い正統的体制 (1958〜96)		揺らぐ正統的体制 (1996以後)	
	開放度			ごく閉鎖的 (1945〜72)	かなり閉鎖的 (1972〜84)	開放模索 (1984〜91)	やや開放的 (1991〜2002)	かなり開放的 (2002以後)
	経済成長			かなり速い (1954〜75)	鈍い (1975〜85)	停滞 (1985〜90)	縮小 (1990〜98)	ゆるやかな回復 (1999以後)

　このような対比で現れる特徴は，次のように整理できる。

　第一に，北朝鮮での社会主義体制の樹立期に現れる特徴である。その過程を眺めてみると，その誕生は「外因型」に属すると言える。

　第二に，「私的経済活動」の変化という側面に現れる特徴である。それは，社会主義体制の下位類型によって把握できるが，次のようなことが言える。1)北朝鮮で正統的な社会主義体制が樹立する過程，つまり建設期体制の期間が，朝鮮戦争期間(1950.6〜1953.7)を含めても，15年程度にすぎないので，かなり短い。2)正統的体制が長く持続している。3)改革を模索する期間が長い。

　第三に，「開放度」の変化という側面で現れる特徴である。社会主義体制での開放とは，主に資本主義圏との関係を意味するが，この側面では次のようなことが言える。1)全般的に開放度が低くて，閉鎖的な期間が長い。2)開放への模索をはじめるのが，他の

社会主義国家より，遅くて，その期間が長い。3)遅くなったが，一度，開放戦略を取ると，かなり積極的に推進している。

　第四に，「経済成長」という側面で現れる特徴である。この側面では，次のようなことが言える。1)朝鮮戦争以後，相当長期間(1954～1970)は，かなり速く経済が成長した。2)初期にかなり速く成長した後，10年(1971～1980)程度は，成長が鈍くなった。3)以後10年間(1981～1990)は，経済の停滞が現れた。4)1990年代は，経済規模が成長するのではなくて，むしろ縮小した。5)1999年からは，外部の支援を受けながら，ゆるやかな回復の状態にある。

　このような分析から，北朝鮮経済体制の変化で現れる「全般的特徴」としては，次のようなことが言える。1)北朝鮮経済体制の変化は，社会主義圏の変化から大きな影響を受けている。つまり「自立的民族経済」は樹立できなかったのである。2)正統的な理念に対する執着が強い。そして，経済体制の構造的側面での変化を意味する改革には消極的である。3)社会主義圏が崩壊した状況で特に2002年以後，改革には消極的でありながら，開放にはかなり積極的な姿勢を示している。

　最後に，今後，北朝鮮の経済体制はどう変化するだろうか，ということについて考えた。それは，現在の権力が続く限り，北朝鮮指導部が今までの変化をどう評価するか，どのような道が望ましいとみなすかによる。この観点から考えてみると，しばらくは，北朝鮮の指導部は，経済体制の構造的側面での変化を意味する改革はできるだけ棚上げにして，韓国・日本・米国を主な相手とする資本主義圏との関係を改善しながら，開放を段階的に進めることによって，経済の回復と成長を試みると予想される。

한국어 요지

북한 경제체제의 변화 1945～2012

박종석

　본서는 '북한 경제체제의 변화'를, 성립에서 현재에 이르는 전체 과정(1945～2012)에 걸쳐서 사회주의권의 변천이라고 하는 세계사적 맥락을 고려하면서 체계적으로 파악하는 것'을 과제로 설정했다. 다음과 같이 논의를 진행하였다.

　첫째, 세계사적 차원에서의 사회주의권의 변천을 다섯 '국면(phase)'으로서 정리했다(1-3. 사회주의권의 변천). 첫째는 현실에서 사회주의 체제가 성립하지 않는 상태에서 그것을 성립시키려고 한 '사회주의운동의 국면'이다. 이 국면은 19세기 초기부터 1917년의 소비에트 혁명까지 이른다. 둘째는 현실에서 최초로 사회주의 체제가 성립한 '사회주의체제 등장의 국면'이다. 이 국면은 러시아에서 소비에트 혁명이 일어나서(1917년), 초기의 혼란을 넘어 사회주의체제가 정착하는 데 성공한 1930년대까지 이른다. 셋째는 '사회주의권의 형성과 확대의 국면'이다. 이 국면은 소련이 '최초의 사회주의체제'이면서, 다른 사회주의체제를 이끄는 '선도국(the leading state)'의 역할을 완수하는 것에 의해서 가능하게 되었다. 넷째는 '사회주의권 붕괴의 국면'이다. 이 국면은 1985년 무렵부터 1991년까지 이른다. 다섯째는 '잔존 사회주의 체제의 국면'이다. 이 단계는 1991년 이후 현재에 이른다.

　둘째, 북한 경제체제의 변화를 분석하는 방법론을 설정했다(1-4. 북한 경제체제 분석론). 구체적으로는 세 가지 '기준'을 설정하고, 그 변화를 고찰하는 방법을 취했다. 첫째 기준은 '사적 경제활동의 정도'이다. 이것은 보통 '개혁'이라는 논점에서 이야기되는 측면이다. 곧, 사적 경제활동을 청산하려고 하는 '정통적' 노선을 '보수적'이라고 파악하고, 그 방향을 바꾸어 사적 경제활동을 활성화 하려고 하는 '수정적' 노선을 '개혁적'이라고 파악하는 것이다. 둘째 기준은 '개방 정도'이다. 이것은 보통 '개방'이라는 논점에서 이야기되는 측면이다. 곧, 자본주의권을 소멸시키고자 하여, 그 과정에서 단절을 추구하는 '정통적' 노선을 '폐쇄적'이라고 파악하고, 그 방향을 바꾸어 자본주의권과의 교류를 강화하려고 하는 '수정적' 노선을 '개방적'이라고 파악하는 것이다. 셋째 기준은 '경제성장의 정도'이다. 이것은 보통 말 그대로 '경제성장'이라는 논점에서 이야기되는 측면이다.

　셋째, 북한 경제체제를 분석하는 기준의 하나인 '사적 경제활동'에 관련하여, 사회주의 체제론을 약간 자세하게 논했다(제2장. 사회주의 체제론). 구체적으로는 주된 선행 연구로서 Kornai(1992, 2000)와 Chavance(1992)를 검토하고, 그것을 비평하면서 본서의 견해를 정립하였다.

넷째, 북한 경제체제의 변화를 분석했다. 먼저, 북한의 경제체제를 '상하 관계'로서 파악하여, 몇 가지 항목을 설정하고, 그에 따라서 '전반적 변화'를 파악했다(제 3 장. 변화의 개관). 구체적인 항목으로서는 '경제노선, 생산조직, 유통구조, 물량적 변화'를 설정했다. 다음으로, 북한의 경제체제를 '병렬 관계'로서 파악하여, 그 여러 분야 가운데에서 상대적으로 변화가 두드러진 '농업'과 '경제 특구'를 약간 자세하게 분석했다(제 4 장. 농업의 변화, 제 5 장. 경제 특구의 실험).

다섯째, 제 5 장까지의 논의에 근거하여 북한 경제체제의 변화를 사회주의권의 변천이라고 하는 세계사적 맥락에서 위치지어 그 특징을 정리하고, 이후의 변화 가능성을 전망해 보았다(제 6 장. 결론). 곧 사회주의권의 변천과 북한 경제체제의 변화를 대비해보면 다음과 같다.

사회주의권의 변천과 북한경제체제의 변화

사회주의권		제 1 국면	제 2 국면	제 3 국면 (1940~85)	제 4 국면 (1985~91)	제 5 국면 (1991 이후)
북한	사적경제활동			건설기 (1945~58)	견고한 정통적 체제 (1958~96)	흔들리는 정통적 체제 (1996 이후)
	개방도			극히 폐쇄적 (1945~72)	꽤 폐쇄적 (1972~84)	개방 모색 (1984~91)	약간 개방적 (1991~2002)	꽤 개방적 (2002 이후)
	경제성장			꽤 빠르다 (1954~75)	느리다 (1975~85)	정체 (1985~90)	축소 (1990~98)	느릿한 회복 (1999 이후)

이러한 분석 결과, 북한 경제체제의 변화에서 나타나는 '전반적 특징'은 다음과 같이 말할 수 있겠다.

1) 북한 경제체제의 변화는 사회주의권의 변화에서 큰 영향을 받고 있다. 그래서 자립적 민족경제를 구축하는 데는 실패하였다.

2) 정통적인 이념에 대한 집착이 강하다. 그래서 경제의 구조적 변화를 의미하는 개혁에는 소극적인 자세를 견지하고 있다.

3) 사회주의권이 붕괴한 상황에서 특히 2002 년 이후, 개혁에는 소극적이면서도 개방에는 꽤 적극적인 자세를 보여주고 있다.

마지막으로, 향후 북한의 경제체제는 어떻게 변화할 것인가 하는 것에 대하여 가늠해 보았다. 현재의 권력이 지속하는 한, 북한 지도부가 지금까지의 변화를 어떻게 평가하는가, 어떠한 방향이 바람직하다고 보는가에 따라 달라질 것이다. 이런 관점에서 생각해 보면, 당분간 북한의 지도부는 경제체제의 구조적 측면에서의 변화를 의미하는 개혁은 가능한 한 미루고, 한국, 일본, 미국을 주된 상대로 하는 자본주의권과의 관계를 개선하면서 개방을 단계적으로 진행함으로써 경제의 회복과 성장을 도모할 것으로 보인다. 그리고 이러한 전략의 성과를 보면서, 다시 이후의 전략을 모색할 것이다.

中文摘要(田凯訳)

北朝鲜经济体制的变化 1945-2012

朴锺硕

本书旨在将北朝鲜经济体制放诸于社会主义阵营变迁的世界史大背景下，系统的考察其成立至今的历史变化过程(1945-2012)。具体的讨论了以下五部分内容：

第一、本书将世界史视角下的社会主义阵营变迁划分为五个时期。第1期是指从19世纪初到1917年十月革命前的阶段，是为确立社会主义体制而展开社会主义运动的时期；第2期是从十月革命成功到克服初期困难并最终确立社会主义体制的1930年代，也就是最初的社会主义体制确立期；第3期是社会主义阵营的形成与扩大期。在这一时期，苏联作为最初的社会主义体制，在其他社会主义国家诞生的过程中，起到了主导国(the leading state)的作用。第4期是指从1985年到1991年，社会主义阵营的崩溃阶段；第5期是指1991年以后的社会主义体制"残存"的局面。

第二、本书设计了北朝鲜经济体制变化的分析方法。具体的设定了三个"标准"来考察其变迁。第1标准是"私营经济的活跃程度"，这通常被称为"改革"而展开论述，即将以消灭私营经济为目标的"正统"路线视作"保守"，而将活跃私营经济的"修正"路线称为"改革"；第2标准是"开放度"。它通常被称为"开放"而展开讨论，即将以消灭资本主义阵营为目标，试图中止改革的"正统"路线视作"封闭的"，而将以提高与资本主义阵营交流程度为目标的"修正主义"路线视为"开放的"；第3标准是"经济增长的程度"，它通常被称为"经济增长"而展开论述。

第三、与北朝鲜经济体制分析标准之一的"私营经济活动程度"相关联，详细阐述社会主义体制论。具体的，在详细总结Kornai(1992、2000)与Chavance(1992)研究的基础上，构建本书的基本思路。

第四、分析北朝鲜经济体制的变化。首先，将北朝鲜经济体制作为"上下关系"来考量，设定"经济路线"、"生产组织"、"流通结构"、"物量变化"等变量以把握其整体变化。其次，将北朝鲜经济体制视作"平行关系"，以"农业"与"经济特区"为实例，深入考察就其若干领域内的相对变化。

第五、基于以上讨论，在社会主义阵营变迁的世界史大背景下，全面整理北朝鲜经济体制的变化并展望今后的可能性。将社会主义阵营的变迁与北朝鲜经济体制的变化作对比，得出以下对比内容。

社会主义阵营的变迁与北朝鲜经济体制的变化

社会主义阵营		第1期	第2期	第3期 (1940~85)		第4期 (1985~91)		第5期 (1991以后)	
北朝鲜	私营经济活动			建设期 (1945~58)	僵硬的正统体制 (1958~96)			摇摆的正统体制 (1996以后)	
	开放度			极封闭 (1945~72)	相当封闭 (1972~84)	开放摸索 (1984~91)	相对开放 (1991~2002)	非常开放 (2002以后)	
	经济增长			相当迅速 (1954~75)	缓慢 (1975~85)	停滞 (1985~90)	放缓 (1990~98)	逐渐恢复 (1999以后)	

通过对以上内容的讨论，得出以下结论：

第一、鸟瞰北朝鲜社会主义体制成立期的特征，可发现其诞生属于"外因型"。

第二、"私营经济活动"变化中所表现出的特征可以依据社会主义体制的"下位类型"来考察，并得出以下结论：(1)北朝鲜的正统社会主义体制确立过程，即使包括朝鲜战争期(1950.6-1953.7)，建设体制期间，也不过很短的15年的时间；(2)正统体制长期持续；(3)改革的摸索时期很长。

第三、从"开放度"的变化所体现的特征，即与资本主义阵营的关系的维度来观察，表现为以下几点特征：(1)全体开放度很低，封闭期很长；(2)推动"开放"政策晚于其他社会主义国家且摸索期较长；(3)起步晚，可一旦采取了开放战略却相当积极。

第四、从"经济增长"的角度，可以发现以下特征：(1)朝鲜战争以后，在相当长的时期内(1945-1970)，北朝鲜的经济增长速度很快；(2)在经历了初期的高速增长后，进入了10年(1971-1980)的增长放缓期；(3)此后的10年(1981-1990)经济出现停滞；(4)1990年代经济规模缩小；(5)1999年以后，在外部支援下，进入了逐渐恢复的状态。

从以上分析得出的北朝鲜经济体制变化的全体特征如下：(1)北朝鲜经济体制变化受到社会主义阵营变迁的影响很大。换言之，北朝鲜并未确立"自立的民族经济"；(2)强烈执着于正统理念，对经济体制的结构改革表现出消极态度；(3)在社会主义阵营崩溃的背景下，特别是2002年以后，对"改革"态度消极，但在开放政策方面体显出积极态度。

最后，本书思考了北朝鲜经济体制今后变化的趋势问题。当然在现政权持续存在的情况下，这一问题与北朝鲜领导层对政策变化的评价以及经济路线选择密切相关。从这样的视角来考察，从长期来看，北朝鲜领导层仍然会将经济体制的结构改革问题放置不管，而尝试着通过修复与韩国、日本及美国等主要资本主义阵营国家的关系阶段性的实行开放，以施行恢复经济增长的战略。

English Abstract

Change of The North Korean Economic System 1945~2012

Jongseok PARK

This book aims at "understanding the changes of the North Korean economic system in the context of the vicissitude of the socialist block on the world-wide scale". The analyses are as follows.

Firstly, this paper understands the vicissitude of the socialist block on the world-wide scale as five "Phases" (1-3. the vicissitude of the socialist system). The first phase is "the Phase of the Socialist Movement" during which socialist activists tried to establish one or more socialist systems in the world when there was none of such. This phase covers from the beginning of the 19th century to the time of Soviet Revolution in 1917. The second phase is "the Phase of the Appearance of the Socialist System" in which the first socialist system was established in the real world, needlessly to say in Russia. This phase covers from the time when Soviet Revolution occurred in Russia (1917) to 1930's when the system succeeded in becoming stabilized overcoming the disorders of the first period of it. The third phase is "the Phase of the Formation and Expansion of the Socialist Bloc". This phase was possible to come into being from the fact that the first socialist system USSR was able to carry out the role of "the leading state" which leads the other (possible) socialist systems. The fourth phase is "the Phase of the Collapse of the Socialist Block". This phase covers from 1985 to 1991. The fifth phase is "the Phase of some socialist systems left". This phase covers from 1991 until the present time.

Secondly, this paper established the methodology by which we could analyze the changes of North Korean economic system. Concretely, it introduces three "Marks". The first mark is "the Degree of Private Economic Activity". It points out the aspect usually explained in the context of "reform". In this context, we understand the "orthodox" line which tries to annihilate private economic activity as "conservative" and the "revisionist" line which, on the contrary, tries to activate private economic activity as "reformative". The second mark is "the Degree of Openness". It points out the aspect usually explained in the context of "Opening". In this context, we understand the "orthodox" line which pursues severing the relationship with the capitalist bloc in the course to annihilate the block as "closed" and the "revisionist" line which, on the contrary, tries to heighten such relationship as "open". The third mark is "the Degree of Growth" in the quantitative aspect of economy. It points out the aspect usually explained in the context of "Growth".

Thirdly, this paper delved somewhat more in detail into some theories concerning "private economic activity" of the socialist system which is one of the three marks (Chapter 2. Theories of the Socialist System). Concretely, after analyzing Kornai (1992, 2000) and Chavance (1992) as major precedent studies, this paper presented its own point of view.

Fourthly, this paper analyzed the changes of the North Korean economic system. First of all, understanding the system in the "vertical" relation, this paper posed several items and analyzed "Overall Changes" according to them (Chapter 3. General Survey of the Changes). It posed as concrete items "Economic Lines, Production Organization, Distribution System and Quantitative Changes". In succession, dividing the system in the "horizontal" relation, this paper analyzed "Agriculture" and "Special Economic Zones" in which changes are relatively apparent among many fields (Chapter 4. Change of Agriculture, Chapter 5. Experiment of Special Economic Zones).

Fifthly, being based on the analyses carried out to the fifth chapter, this paper tried to place the changes of North Korean economic system in the historical context of the vicissitude of the socialist block and tried to prospect the possible changes of North Korean economic system from now on (Chapter 6. Conclusion). It could be summarized as follows.

Based on the analyses to chapter 5, the vicissitude of the socialist block and the changes of the North Korean economic system could be contrasted as follows.

Vicissitude of the Socialist Block and Changes of North Korean Economic System

Socialist Block		Phase 1	Phase 2	Phase 3 (1940~1985)		Phase 4 (1985~91)		Phase 5 (After 1991)	
NK	Private Economic Activity			Construction (1945~58)	Rigid Orthodox System (1958~96)			Considering Reform (After 1996)	
	Openness			Highly Closed (1945~72)	Rather Closed (1972~84)	Considering Opening (1984~91)	A Bit Open (1991~2002)	Rather Open (After 2002)	
	Economic Growth			Quite Rapid (1954~1970)	Slow (71~80)	Stagnant (81~90)	Shrinking (90~98)	Slow Recovery (After 1999)	

Several characteristics revealed from this contrast could be summarized as follows.

Firstly, we can see a characteristic that appeared in the course of "Construction of the Socialist System" in North Korea. Reviewing the overall process of the socialization of North Korea, its birth of the socialist system could be classified as "exogenic".

Secondly, we can see some characteristics that appeared in the mark of "the changes of the degree of the private economic activity". We can understand it using the subclasses of the socialist system, and some characteristics could be referred to as follows. 1) The duration of the process during which the orthodox system was formulated in North Korea, was not more than 15 years even including the period of Korean War (1950. 6~1953. 7), so it could be said quite short. 2) The orthodox system persisted quite long. 3) The duration during which North Korea considers whether or not to execute Reform is quite long.

Thirdly, we can see some characteristics that appeared in the mark of "the change of the degree of openness". Openness under the socialist system concerns the relation with the capitalist block. And some characteristics could be referred to as follows. 1) On the whole, the degree of openness of North Korea is low and the duration of the closed system is long. 2) The duration during which North Korea considers whether or not to execute opening is later and longer than other socialist countries. 3) Even though the beginning is late, once it is determined, the opening process is quite actively being executed.

Fourthly, we can see some characteristics that appeared in the mark of "Economic growth". It concerns the quantitative aspect of economy, and some characteristics could be referred to as follows. 1) After Korean War, for quite a long time (1954~1970), North Korean economy grew by quite rapid speed. 2) After accomplishing quite rapid growth, during a decade (1971~1980), the economic growth was slow. 3) And after that, during another decade (1981~1990), North Korean economy was stagnant. 4) For 1990's North Korean economy shrank. 5) From 1999, North Korean economy is under the slow recovery with foreign help.

Based on this kind of analyses, we can see some characteristics as "General Characteristics" of the North Korean economic system as follows. 1) The changes of North Korean economic system has been strongly influenced by the vicissitude of the socialist bloc. 2) Attachment to the orthodox ideology has been strong. 3) After 2002 under the condition of the collapse of the socialist block, North Korea has been quite active in opening.

Finally, this paper tried to prospect how North Korean economic system would change from now on. On the condition that the current regime continue, it depends on how the current leadership estimates the changes until now and which way, it considers, is desirable. Prospecting from this kind of viewpoint, we can conclude that the current leadership of North Korea, for the time being, will postpone active reform which means the changes of the structural aspect of the economic system and instead will try to recover and raise the economy by heightening step by step the degree of openness with improving the relationship whit the capitalist block among which South Korea, Japan and America are major partners. And checking the accomplishments of this kind of strategy, it will consider the next strategy.

朴鍾碩（박종석／Jongseok PARK）
　韓国慶尚南道山清生まれ（1965年）
　韓国国立ソウル大学外交学科（政治学学士）
　韓国慶尚南道晋州国立慶尚大学国語国文学科（文学修士）
　韓国国立ソウル大学政治学科（政治学修士）
　北海道大学大学院法学研究科（法学博士）
　北海道大学大学院法学研究科助教（現在）
　主要論文
・『北朝鮮経済体制の変化に関する研究』（2010/06，博士論文）
・『北朝鮮経済政策の変化に関する研究』（2004/08，修士論文，韓国語）
・『借用語に関する研究』（2000/02，修士論文，韓国語）
・「北朝鮮経済体制における生産組織と流通構造の変化」（2010/11）
・「社会主義体制変化論に関する一考察」（2010/09）
・「北朝鮮農業の変化に対する一考察」（2010/05）
・「北朝鮮経済特区の実験」（2010/03）
・「服制礼訟に現われる宗統に対する認識」（2004/12，韓国語）
・「'漢字語'の問題」（2000/12，韓国語）
・「形態素の起源による単語の分類」（2000/06，韓国語）

北朝鮮経済体制の変化1945〜2012
　　　──社会主義圏の盛衰と改革・開放──
2013年11月25日　第1刷発行

　　　　　　著　者　朴　　鍾　　碩
　　　　　　発行者　櫻　井　義　秀

　　　　　発行所　北海道大学出版会
　　　札幌市北区北9条西8丁目 北海道大学構内（〒060-0809）
　　　Tel. 011(747)2308・Fax. 011(736)8605・http://www.hup.gr.jp

アイワード／石田製本　　　　　　　　　　　© 2013　朴鍾碩

ISBN978-4-8329-6788-5

書名	著者	体裁・価格
韓国政治と市民社会 ―金大中・廬武鉉の10年―	清水　敏行著	A5・482頁 価格6000円
コリアン・ネットワーク ―メディア・移動の歴史と空間―	玄　武岩著	A5・472頁 価格6500円
越境する日韓宗教文化 ―韓国の日系新宗教　日本の韓流キリスト教―	李元範 櫻井義秀 編著	A5・500頁 価格7000円
北海道大学スラブ研究センター 〈スラブ・ユーラシア叢書1〉 国境・誰がこの線を引いたのか ―日本とユーラシア―	岩下明裕編著	A5・208頁 価格1600円
北海道大学スラブ研究センター 〈スラブ・ユーラシア叢書4〉 近代東北アジアの誕生 ―跨境史への試み―	左近幸村編著	A5・400頁 価格3200円
北海道大学スラブ研究センター 〈スラブ・ユーラシア叢書8〉 日本の国境・いかにこの「呪縛」を解くか	岩下明裕編著	A5・266頁 価格1600円
北海道大学スラブ研究センター 〈スラブ・ユーラシア叢書9〉 ポスト社会主義期の政治と経済 ―旧ソ連・中東欧の比較―	林　忠行 仙石　学 編著	A5・362頁 価格3800円
アジアに接近するロシア ―その実態と意味―	木村　汎 袴田茂樹 編著	A5・336頁 価格3200円
20世紀ロシアの開発と環境 ―「バイカル問題」の政治経済学的分析―	徳永　昌弘著	A5・368頁 価格6000円
もう一つの経済システム ―東ドイツ計画経済下の企業と労働者―	石井　聡著	A5・312頁 価格5600円
身体の国民化 ―多極化するチェコ社会と体操運動―	福田　宏著	A5・272頁 価格4600円
ポーランド問題とドモフスキ ―国民的独立のパトスとロゴス―	宮崎　悠著	A5・362頁 価格6000円
冷戦後日本の防衛政策 ―日米同盟深化の起源―	柴田　晃芳著	A5・378頁 価格4700円
日本の対中経済外交と稲山嘉寛 ―日中長期貿易取決めをめぐって―	邱　麗珍著	A5・172頁 価格4000円
アジア日系企業と労働格差	宮本　謙介著	A5・196頁 価格2800円
現代中国刑事裁判論 ―裁判をめぐる政治と法―	坂口　一成著	A5・410頁 価格7500円

北海道大学出版会

価格は税別